KB272774

콘텐츠 실크로드
미디어 오디세이

즐거운지식 11

콘텐츠 실크로드 미디어 오디세이

김원제 지음

여는 글

우리가 마주하고 있는 미디어 패러다임은 '변화' 수준을 넘어서 '혁명'을 겪고 있다.

위성방송, 디지털 케이블TV, 위성DMB, 지상파DMB, IPTV, 웹TV, 인터넷방송 등 이름만으로는 쉽게 그 차이점을 구별하기 어려운 미디어들이 우리의 미디어라이프를 새롭게 구성하고 있음이다. 이들 새로운 미디어들은 초고속망을 통해 웹2.0 환경의 인터넷에 대한 접속을 지원하며 게임, 생활정보, 음악, 비디오 등 다양한 분야의 콘텐츠를 온-디멘드(on-demand)방식으로 제공해 준다. 이러한 새로운 미디어 환경에서 이용자는 어떤 콘텐츠를 어떤 채널을 통해 언제 이용할 것인지에 대한 자신의 선택권을 강화하고 있다. 또한 이용자들은 이들 미디어(플랫폼)를 통해 2.0 환경에 접속함으로써 콘텐츠 생산과정에도 직접 참여하고 있다.

매년 전 세계에서 개발되는 기술의 80%가 미디어 관련 기술이라고 한다. 그만큼 미디어 혁명은 전 지구적인 이슈이자 추동력이다. 미디어 환경의 지각변동은 콘텐츠 생산과정, 유통프로세스, 소비환경에 이르기까지 광범위한 변화를 동반한다.

매체 간 상호 결합과 융합이 촉진되면서 방송과 통신의 경계도 사라지고 있다. 하나의 콘텐츠가 다양한 창구의 채널을 통해 소비자에게 전달되는 COPE, 신문이 TV나 인터넷·휴대전화 등 다른 미디어와 결합하는 '크로스 미디어' 현상도 확대되고 있다. 따라서 현재 미디어 플랫폼은 기술적인 차원의 매체개념보다는 고객접점의 윈도우라는 개념이 보다 중요한 상황으로 변화 중이다. 또한 아날로그 시대에는 콘텐츠제작자와 매체가 별개가 아닌 하나로 소비자에게 콘텐츠가 전달된 반면, 디지털 시대에는 콘텐츠제작자와 매체가 구분되어 콘텐츠가 소비자들에게 전달되는 가치사슬 구조를 가지게 되었고, 최근에는 DMB(위성/지상파), WiBro, IPTV 등 융합플랫폼의 등장으로 매체부문이 다변화하는 동시에 소비자와 플랫폼 간 양방향성이 향상되고 있다.

융합플랫폼 등장에 따라 미디어콘텐츠 접근에 대한 병목현상이 사라지면서 미디어산업의 가치사슬은 콘텐츠 중심으로 재편 중이다. 방송, 통신, 영화 및 음악 등의 유형에 따라 수직적으로 배열된 네트워크, 플랫폼, 콘텐츠 등의 구분이 모호해지고 있는 것이다. 기존의 미디어 콘텐츠들은 미디어의 진화에 따라 신규 미디어의 콘텐츠로 수렴되고 새로운 유형의 콘텐츠를 창조하는 요소로 활용된다.

콘텐츠산업은 영상, 음악, 게임, 교육 등을 중심으로 한 기존의 장르 구분이 허물어지고 있으며, 사용자의 니즈와 필요에 따라 장르가 융합되는 개인 맞춤형 탈장르 현상이 가속화되고 있다. 이러한 문화적 경향이 '3F(Freestyle 자유로움, Feedback 상호작용, Fresh 신선함)'로 대변되는 형식적 의미의 뉴트렌드를 창출해 내고 있다. 게임과 스포츠 개념이 결합된 'e-스포츠', TV와 드라마가 합쳐진 무비라마(Movierama), 다큐와 드라마와 결합된 다큐드라마, 게임과 영화를 결합한 머시니마(Machinima: Machine+Cinema) 등 혼종장르들이 지속적으로 생겨나고 있다.

내용적으로는 또 다른 '3F(Fun 재미, Function 기능, Feel 감동)'가 어우러지는 멀티테인먼트적인 즐거움이 대세이며, 감성적 소비 성향을 가진 감성세대의 등장으로 콘텐츠 소비의 Fun 코드가 일상화되고 있다. 교육적 기능(에듀테인먼트), 건강 증진(노인용 두뇌 게임) 등 세부 기능이 강조된 콘텐츠의 소비도 늘어나고 있으며, 개개인의 욕구와 감정을 고려한 콘텐츠 소비환경을 제공하는 감성지향형 콘텐츠 개발이 중요해지고 있다. 콘텐츠 서비스를 실제 경험하고 느끼며 자신을 만족시키고 싶은 욕구를 충족하는 경향이 커지면서, 콘텐츠 향유도 체험이라는 코드를 중심으로 변화하고 있다.

기존의 미디어1.0 환경은 미디어기업과 웹1.0 기업들에 의해 주도되었다. 매스미디어기업과 웹1.0 기업이 주도하는 상황에서는 양방향 커뮤니케이션을 가능하게 하는 네트워크 인프라와 비즈니스 모델이 열악했다. 따라서 신문이나 방송 등 매스미디어의 콘텐츠를 생산하는 사람과 소비하는 소비자의 구분이 명확했다. 뉴스 등 콘텐츠의 생산은 기자만이 담당했고 독자나 시청자는 뉴스 소비자에 머물러 있을 수밖에 없었다. 뉴스에 대한 의견을 다른 사람과 공유할 수 있는 수단도 인터넷 기사에 댓글을 다는 수준에 머물러야 했다. 하지만 미디어2.0 환경을 구성하는 미디어들은 언제 어디서나 인터넷 접속을 지원하는 방향으로 진화해 가고 있다. 따라서 미디어1.0 환경에서 콘텐츠 소비자의 위치에만 머물러 있던 사람들도 미디어2.0 환경을 구성하는 미디어들을 통해 인터넷에 접속하여 자신이 자발적으로 만든 UCC를 다른 사람과 공유할 수 있게 되었다. 콘텐츠 생산자와 소비자의 경계가 소멸한 것이다. 또한 미디어2.0 환경에서는 기존 매스미디어의 콘텐츠에 다양한 개인들이 창출한 콘텐츠들까지 더해지고 있고, 최근에 생산된 콘텐츠와 더불어 오래전에 생산된 콘텐츠들도 함께 유통되고 있다.

미디어2.0 환경의 도래에 따라 세분화된 개인들의 특화된 수요 만족과 콘텐츠 생산과정에 대한 개인들의 자발적인 참여가 강조되는 구조가 소수에 의한 정형화된 콘텐츠 생산과 다수에 의한 획일적 소비를 기본 메커니즘으로 하는 미디어1.0 패러다임을 대체해 가고 있다. 따라서 미디어2.0 환경은 이용자가 정보창출과정에 자발적으로 참여하고 창출된 정보를 개방적인 환경에서 상호 공유하며, 이 과정에서 집단지성이 구축되고, 이렇게 구축된 다양한 콘텐츠 중 자신이 원하는 것을 선택할 수 있게 한다.
미디어2.0 환경에서는 미디어와 이용자 사이의 관계가 역전된다. 미디어2.0 환경에서는 소수의 독점적 매체가 지배하는 구조가 다양한 개인형 매체들의 공존과 분점구조로 대체되고 있다. 과거에 독점적 지위를 점유하던 기존 매체들은 다양한 개인형 매체들과 경쟁해야 하는 상황에 놓여 있으며 이에 따라 매체 선택과 이용의 주도권이 이용자에게로 이동하고 있다.

'Content is King, Media is Kingdom.' 미디어2.0 환경을 대변하는 아포리즘은 이렇게 정리된다. 미디어1.0 환경에서는 콘텐츠가 가치창출의 핵심동력이었다. 하지만 미디어2.0 환경에서는 플랫폼이 핵심적 역할을 수행하고 있다. 미디어2.0 환경에서 콘텐츠는 플랫폼을 자유롭게 옮겨 다닐 뿐이다. 디지털 컨버전스에 의해 TV를 통해서도 인터넷을 이용할 수 있으며, 인터넷에 접속된 PC를 통해서도 TV 등 기존 미디어의 콘텐츠를 이용할 수 있게 되어 가고 있다. 따라서 TV나 인터넷 등 플랫폼은 '광장'이 된다. 이용자가 자신이 생산한 정보 및 콘텐츠를 다른 이용자와 공유하고 미디어 기업과 언론사의 정보 및 콘텐츠 생산에도 관여하는 광장이 되는 것이다. 미디어2.0 시대의 미디어는 기존의 매스미디어와 달리 채널의 개념이 아니라 광장으로서의 플랫폼개념이 된다. 이러한 플랫폼 위에서 사회구성원들은 다양한 형태로 양방향 커뮤니케이션을 전개할 수 있다. 참여와 공유, 그리고 개방 및 집단지성, 다양하게 차별화된 이용자의 수요 만족 등 미디어2.0 환경에서 강조되는 요인들은 모두 광장인 플랫폼에서 구현되는 것이다.

미디어2.0이라고 불리는 미디어 혁명 패러다임이 촉발하는 새로운 콘텐츠 세상으로의 문명 여행. 이 책의 명제요 목적이다. 미디어2.0 패러다임은 그야말로 새로운 콘텐츠 실크로드를 열어 주고 있음이다. 이러한 상황은 미디어 - 콘텐츠 수용자의 미디어라이프를 새롭게 구조화하고 있는바, 우리 삶을 에워싸고 있는 작금의 미디어 콘텐츠 세상을 정리해 보자는 것이다.
하여 이 책은 다음의 세 부분으로 구성된다.

'1부 콘텐츠 실크로드'는 우리 앞에 실크로드처럼 펼쳐지는 새로운 콘텐츠2.0 세상을 살펴보는 것이다. 우선 창조경제, 녹색성장 시대에 콘텐츠가 갖는 의미를 살펴보고, 감성시대 콘텐츠 트렌드를 살펴 콘텐츠의 현재 및 미래를 진단한다. 콘텐츠 장르에 대한 구체적 탐색으로 방송프로그램의 새로운 화두인 포맷차별화 및 세분전문화, 프리퀼(prequel) 전략 등을 살펴본다. 콘텐츠 실크로드의 패스파인더가 되고 있는 모바일콘텐츠, 애니메이션과 게임, 음악시장의 변화모습을 정리하고 미래전망을 시도한다. 콘텐츠 비즈니스 전략으로서 OSMU와 블루오션 전략을 소개한다.

'2부 미디어 오디세이'는 미디어가 열어 주는 새로운 세상을 둘러보자는 것이다. 즉 2.0으로 대표되는 미디어세상을 성찰해 보자는 것이다.

구체적으로 TV의 진화가 어떤 세상을 열어 주는지, 라디오는 어떻게 진화하고 있는지, 마이크로 블로깅 서비스 트위터(Twitter)는 커뮤니케이션 방식을 어떻게 바꾸고 있는지, 지식제공서비스 및 검색서비스는 어떻게 진화하고 있는지 등을 다룬다. 게임 유통시장의 새로운 비즈니스 모델은 무엇인지, 2.0 미디어 비즈전략으로서 롱테일과 미드테일 전략, 프리코노믹스는 무엇인지, UCC 기반 비즈니스 모델은 가능한 것인지 등을 탐색한다. 신문, 출판 등 올드미디어들은 2.0 시대에 어떤 생존방식을 취하는지 등도 고찰한다. 또한 생태계 개념을 적용해 2.0 시대 미디어산업의 지속성장가능한 조건은 무엇인지를 탐색한다.

'3부 디지로그 미디어라이프'는 미디어－콘텐츠2.0 시대를 살아가는 우리의 모습을 반추해 보자는 것이다. 미디어2.0이 열어 주는 콘텐츠2.0 실크로드를 걷는 우리는 누구인지, 어디로 나아가고 있는지 등을 조망해 보는 것이다. 먼저 경기 침체에 따른 콘텐츠 소비행태의 변화를 진단하고, 게임 유저 및 네티즌의 미디어－콘텐츠 소비행태 변화를 분석한다. 촛불집회 및 오바마의 미디어선거 전략 등 구체적인 사례를 통해 미디어2.0 시대 미디어라이프의 변화된 모습을 진단한다. 마지막으로 미래 미디어라이프를 전망하고, 디지털미디어 문명 혹은 미디어2.0 패러다임에 대해 성찰한다.

이 책에 포함된 아이디어 및 원고는 저자의 지난 5년여간 각종 강의, 강연 및 원고 등에 기반을 둔다. 대학(원) 강의노트, 기업 및 기관 강연 자료, 저널 및 잡지 원고, 인터넷 공간에 제공된 전문가칼럼 등이다. 이들을 새롭게 분류하고 각색한 것이다. 2.0 시대 문화현상인 리믹스 버전인 셈이다.

자, 이제 콘텐츠 실크로드를 따라 미디어 오디세이를 떠나 보자.

2009년 6월
김원제

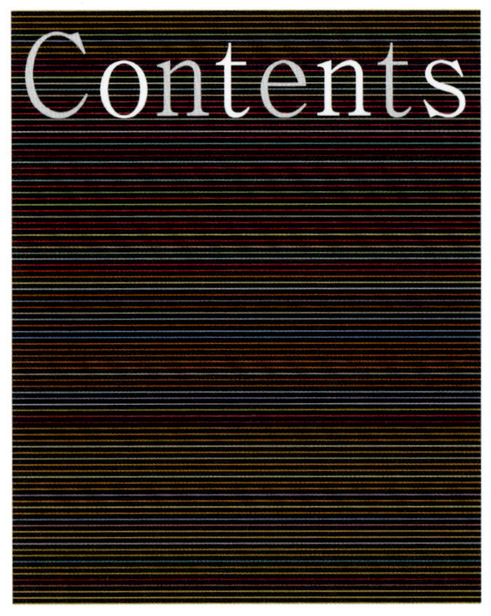Contents

1부 콘텐츠 실크로드

창조경제, 녹색성장 그리고 그린콘텐츠

창조경제 패러다임

"정보화 사회 다음엔 드림 소사이어티(Dream Society, 꿈의 사회)라는 해일(海溢)이 밀려온다. 경제의 주력 엔진이 '정보'에서 '이미지'로 넘어가고, 상상력과 창조성이 핵심 국가 경쟁력이 된다." 미래학의 대부(代父)로 통하는 짐 데이토(Jim Dator)의 말이다. 인간의 본래적 속성 중 하나인 창조성이 경제성장의 새로운 동력으로 부각되고 있음을 갈파하고 있다.

창조성은 독립적 부문이 아니라 경제 부문 전체에 걸쳐 투입되는 생산요소로 작동한다. 기술과 지식을 초월하는 '창의, 상상, 감성' 기반의 새로운 재화 및 서비스 경제를 구축하는 것이다.

지식과 정보는 창조적 경제를 움직이는 창조성의 도구이자 재료에 해당하며, 이들은 반복해서 사용할 수 있고, 사용할수록 가치가 증가하는 수확체증의 원리가 작동한다. 이 같은 경제흐름을 2008년 유엔무역개발회의(UNCTAD)는 '창조경제(Creative Economy)'로 명명하면서, 창조성과 혁신이 경제성장의 열쇠임을 강조하고 있다.

창조경제는 예술, 문화, 거래 같은 지적 자본을 핵심요소로 한 재화와 용역의 '창조 - 생산 - 분배'를 아우르는 개념이다. 창조경제는 사회통합과 문화적 다양성, 그리고 인간개발을 촉진하는 동시에 소득과 일자리를 창출하는 잠재력을 갖고 있다. 경제, 문화, 사회 제 측면을 아우르며 기술, 지적 재산, 관광과 상호작용한다. UN은 전 세계 창조산업이 매년 10% 정도 확대될 것으로 예상하고 있다.

창조경제의 핵심동력은 기술(Technology), 수요(Demand), 관광(Tourism) 등 세 가지이다.

첫째, 멀티미디어와 원거리통신기술의 발전 및 융합 등의 기술환경 변화로 새로운 예술 양식과 창조적 표현물에 대한 생산, 분배, 소비가 증가한다. 둘째, 창조상품에 대한 수요증가, 인터넷 등 이용증가, 참여소비자로 문화소비 패턴 변화 등에 따른 창조제품 수요증가 등이다. 셋째, 관광지 등에서 창조상품 판매 증가, 특히 문화관광(cultural tourism) 분야의 급성장이 문화유산, 박물관, 미술관, 음악, 무용, 오페라, 공연예술에 대한 수요를 확대한다.

창조경제 패러다임 및 구조

뉴욕에서 베를린에 이르기까지 오랫동안 문화와 패션 등의 예술적, 문화적 활동의 중심지였던 도시들이 유능한 사람들을 끌어들이고, 새로운 기술집약적 산업을 활성화하는 선도적인 중심지로 부상했다. 기업이 있는 곳에 인적 자원이 모여드는 것이 아니라, 창조적 인력이 풍부한 곳으로 기업이 이동한다는 것이다. 창조경제 시대에 창조도시는 이동성이 크고 유연한 기업들이 창조적·인적 자원의 중심지에 대거 집적하는 새로운 경제여건이 최적의 공동체 환경임을 증명하고 있다.

창조경제의 핵심은 '창조산업(Creative Industries)'이다. 창조산업은 창조성과 지적 자산을 1차 요소로 하여 생산된 재화와 용역을 창조, 생산, 분배하는 산업을 말한다. 유형 산출물뿐 아니라, 콘텐츠, 경제가치 등을 포함한 무형지식·예술서비스를 포함한다. 전통예술, 축제, 음악, 책, 그림,

공연예술(전통적), 영화, 방송, 디지털 애니메이션, 비디오게임(기술집약적), 건축, 광고(서비스 중심적) 등을 망라한다. 크게 네 가지 범주로 구체화되는데, 첫째, 유산(heritage)이다. 예술품, 공예품, 축제, 민속, 문화유적(박물관, 건축물, 전시 등) 등이 대상이다. 둘째, 예술(arts)로, 시각예술(그림, 조각, 사진, 골동품), 공연예술(라이브뮤직, 극장, 무용, 오페라, 곡예 등)을 포함한다. 셋째, 미디어(media)로 출판인쇄(책, 인쇄 등), 시청각물(영화, TV, 라디오, 기타 방송)을 포함한다. 넷째, 기능성 창조물(functional creatives)로, 디자인(장식, 그래픽, 패션, 장난감 등), 뉴미디어(비디오게임, 디지털콘텐츠 등), 창조적 서비스(설계, 광고, 레크리에이션, 창조적 R&D, 디지털 서비스 등)를 포함한다.

창조계급, 창조기업가, 창조도시, 창조클러스터 등이 창조산업의 핵심개념이다. 창조계급은 과학, 기술, 건축, 디자인, 교육, 예술, 음악, 엔터테인먼트 분야에 종사하며 새로운 아이디어, 기술, 콘텐츠를 창출하는 경제기능을 하는 계급을 의미하며, 이런 유형의 기업가를 창조기업가(예, 빌 게이츠)라고 하며, 창조산업이 도시경제의 주요기반이 될 때 창조도시(예, 에딘버러)로 명명하며, 창조산업 집중지역을 창조클러스터라고 한다.

창조경제의 대표주자는 영국이다. 문화산업을 '창조산업'으로 명명해, 1997년부터 미래전략산업으로 육성하고 있다. 영국정부는 블레어 전 총리가 집권한 1997년부터 창조적 기업을 적극적으로 육성하기 시작했으며, 그 결과 지난 10년간 창조산업 성장률은 전체 경제 성장률의 2배를 상회하는 등 규모와 중요성을 더해 가고 있다. 2008년 4월 영국정부는 '창조적 영국: 새로운 경제를 위한 새로운 재능(Creative Britain: New Talents for the New Economy)'이라는 보고서를 통해 영국을 더욱 혁신적이고 창조적인 경제로 발전시키기 위해 여러 정부기관과 관련단체들이 중·장기적으로 수행해야 할 8개 부문 26개 정책과제를 제시했다. 그 핵심은 영국이 혁신적이고 창의적인 경제를 계속해서 유지·발전시키기 위해서는 창의적 역량을 보유한 청년들을 교육하고, 혁신적 아이디어를 보유한 중소

기업을 중심으로 관련 업체들의 창업과 성장을 지원하는 정책을 추진해야 한다는 것이다.

최근 중국, 인도 등 아시아를 중심으로 창조경제가 급성장 중이나, 대부분 국가에서 자본, 기술, 인프라 등 제약요인이 상존한다. 우선 자본이 부족하다. 기존산업에 비해 창조산업이 지닌 고위험적 특성으로 초기 단계부터 충분한 투자재원 확보가 곤란한 실정이다. 기술(재능)이 부족하다. 기업가적 재능과 예술문화 재능을 함께 갖춘 인력이 부족하다. 또한 창조산업 추진 주체의 역할, 책임 및 가치체계에 대한 인식이 미흡하다. 기반시설과 제도 역시 부족하다. 가치창출 투입요소의 공급체인이 현실과 괴리, 생산품의 효과적 마케팅에 필요한 분배시스템의 부적절성과 제도화된 지원체계가 미비한 상황이다.

창조경제를 떠받치는 창의성은 '기술적 창의성(Technological Creativity)'이 과학적, 경제적, 문화적 창의성과 상호작용하여 발현되며, 창의성은 다양한 자본과 상호작용함으로써 발현된다.

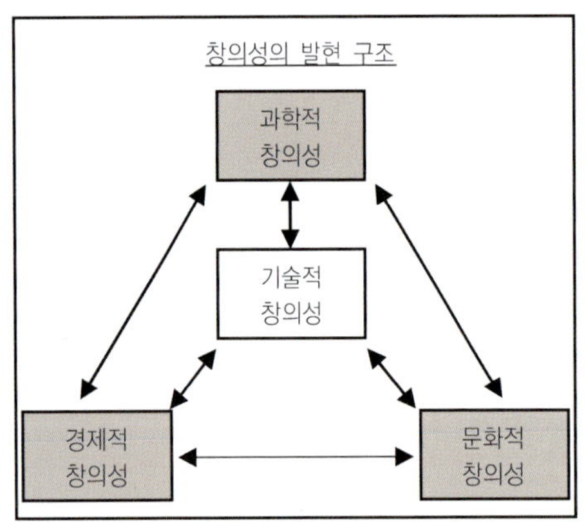

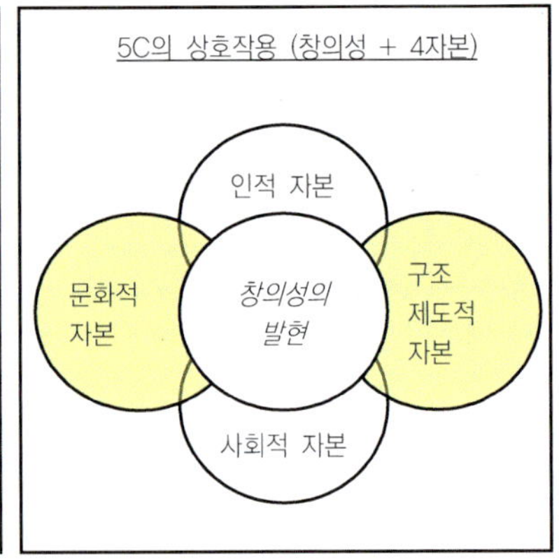

창의성과 상호작용

창조적 경제는 제도적 시스템에 의해 뒷받침되는데, 첫째, 기술적 창조성과 기업가정신을 위한 새로운 시스템, 둘째, 제품과 서비스를 생산하기 위한 참신하고 더욱 능률적인 방법, 셋째, 모든 종류의 창조성에 이바지하는 광범위한 사회적, 문화적, 지리적 환경 등이다.

일상적 수준의 다양한 소비, 여가시설이 창조적 계급을 유인하는 효과적인 지역자산이 되고 있다. 활기찬 거리의 삶, 쉽게 이용할 수 있는 휴양시설, 공연무대 및 극장 등 다양한 문화 및 여가시설, 다양성과 개방성을 포용하는 분위기 등이 바로 그 조건이다.

창조적 공동체로의 성장을 향한 지역개발과 문화전략의 연계는 현대 산업경제에서 창조성, 창조적 인적 자원이 갖는 중요성을 시사한다. 경제개발과 예술문화의 전략적 연계를 통한 살 만한 공동체, 창조적 공동체, 창조경제 시스템으로 진화하는 조건이자 지향점이다.

녹색성장 시대, 그린비즈니스 열풍

'온실가스와 환경오염을 줄이는 지속가능한 성장'을 테마로 하는 에너지·기후시대(ECE: Energy·Climate Era)의 도래가 혁명적 패러다임을 촉발하고 있다. 바야흐로 녹색혁명(Code Green)이 인류의 중요한 생존·번영의 솔루션으로 부상하고 있는데, 양적 성장보다는 질적 성장을 통한 행복추구를 목표로 한다. 행복, 조화, 정체성, 성취감, 자긍심, 웰빙, 초월성, 계몽 등으로 대표되는 질적 성장을 통해 인간의 행복 지수를 제고한다는 것이다. 이를 위해 단기적으로는 경제적 수단과 기술적 수단이 필요하지만, 궁극적으로는 재생에너지의 확대와 생태계 및 자연과정을 고려한 친환경적 발전이 추구되어야 한다.

이러한 흐름에 따라 세계적으로 그린비즈니스가 부상하고 있는데, 그린비즈니스는 에너지·환경 문제를 해결하면서 새로운 부가가치를 창출하는, 이른바 그린 오션(Green Ocean) 전략이라 하겠다. 우리 역시 2008년 8월 '저탄소 녹색성장(Low Carbon, Green Growth)'을 국가비전으로 설정했으며, 그에 따라 녹색산업이 새로운 국가발전 패러다임으로 부상 중이다. 이와 관련하여 고부가문화서비스에 대한 관심이 특히 집중되고 있는데, 구체적으로 녹색뉴딜과 녹색 R&D사업과 연계해 고부가문화서비스를 신성장동력으로 육성하는 것이다.

녹색성장과 그린콘텐츠

창조시대의 궁극적인 목적은 지속가능한 성장, 즉 '녹색성장(Green Growth)'이다. 창조경제의 핵심은 창조산업인데, 콘텐츠산업이 바로 창조산업이다. 콘텐츠산업은 부가가치창출력과 산업파급효과가 큰 산업인 동시에 인간의 창의적이며 감성적인 노동을 핵심적인 생산요소로 하기 때문에 '저탄소 녹색성장'을 선도하는 '청정산업(Clean industry)'이다. 콘텐츠산업은 제조업과 달리 생태계 파괴 없이도 생산물(콘텐츠상품)을 만들어 내어 기업과 국가 이미지를 강화시키며 연관산업(관광, 제조업)의 동반성장을 유도한다. 뉴질랜드의 경우, 영화 <반지의 제왕>으로 관광, 영상산업 등이 상호 발전해 국가 브랜드 광고효과가 4,800만 달러(NZD)에 이르는 걸로 추정된다. 관광객 수 연평균 5.6% 증가, 영상산업은 164% 성장, 약 2만 명 고용효과 창출 등의 성과를 달성했다. 첨단 CG기술로 호평받은 <반지의 제왕>의 콘텐츠적 가치가 이러한 인기를 뒷받침한 것이다.

영화 <반지의 제왕>이라는 콘텐츠를 활용해 국가브랜드를 향상시킨 뉴질랜드

　　‘누가 더 많은 콘텐츠를 확보하여 재미있게 상품화하느냐’가 국부 창출의 근원이 되는 시대이다. 콘텐츠산업이 창조경제 패러다임에서 지속가능한 성장, 이른바 녹색성장을 견인하는 새로운 성장동력으로 자리매김하고 있다.

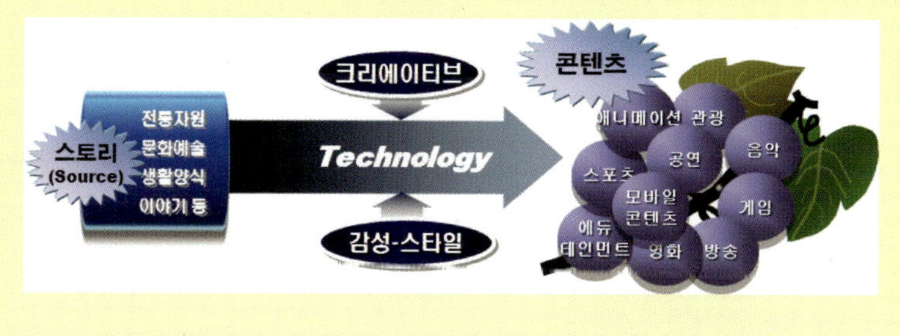

　　창조경제 시대 녹색성장을 이끄는 콘텐츠산업은 이제 그린콘텐츠 개념으로 진화하고 있다.

　　그린콘텐츠는 친환경적이며 자원효율적이고 지속가능한 인간 삶의 질 향상을 관통하는 콘텐츠로 웰빙 엔터테인먼트의 실현을 의미한다. 그린콘텐츠를 통해 인간은 한 차원 질 높은 삶을 영위할 수 있으며, 지속가능한 경제적 성장까지도 이룩할 수 있게 되는 것이다. 이와 같이 녹색성장의 핵심으로 부상하는 그린콘텐츠의 활성화를 위해서는 '재생', '효율', '균형', '조화' 등의 요소가 필요하다.

그린콘텐츠는 '환경 – 인간 – 건강'의 그린체인(Green Chain)을 구축한다. 그린콘텐츠의 이용을 통해 인간은 환경과 조화로운 세계를 구성하게 되며, 친환경적이며 지속가능한 웰빙라이프를 향유할 수 있게 된다. 따라서 그린콘텐츠는 에너지와 자원 사용을 최소화하면서 환경과 행복, 건강을 극대화하는 신국가발전 패러다임으로서 21세기 지속가능한 녹색성장을 견인할 것으로 기대된다.

그린콘텐츠의 구체적인 유형은 영화, 드라마, 게임, 음악 등의 콘텐츠에 친환경적이며 웰빙 증진을 목적으로 개발된 명상, 요가, 생태체험 등의 아이템이 융합된 콘텐츠를 의미한다. 결국 그린콘텐츠는 환경이라는 큰 바탕 위에 인간과 건강이 어우러진 콘텐츠를 모두 포함한다고 할 수 있겠다.

그린콘텐츠는 '인간을 위한 콘텐츠'이다. 그린콘텐츠는 인간의 오감을 콘텐츠 기술에 접목한 감성기반(human – emotion) 콘텐츠인 동시에 체험기반 엑스퍼테인먼트(expertainement)를 지향한다. 창조경제시대의 콘텐츠소비 트렌드는 '무료체험 & 실제와 가상공간 융합'이다. 페스티벌과 테마파크 그리고 차별 없이 누구에게나 체험기회를 제공하는 '문화 누림'의 공간으로서 문화와 오락(entertainment)이 결합한 UEC(Urban Entertainment Center)도 새로운 체험의 장으로 대두하고 있다.

그린콘텐츠는 건강 / 휴식형 콘텐츠이다. 여기에는 두뇌 콘텐츠와 온라인상의 건강을 위한 콘텐츠들, 그리고 일상 속 편안함을 서비스하는 휴(休) 콘텐츠와 실버세대의 삶의 질 향상에 기여하는 효(孝) 콘텐츠가 포함된다. 닌텐도가 바로 대표적인 사례이다. 닌텐도는 교육콘텐츠, 건강콘텐츠에 오락콘텐츠를 결합해 '브레인 에듀테인먼트(brain edutainment) 콘텐츠'라는 영역을 만들어 냈다. 닌텐도 DS는 인터페이스를 변화시켜 몸으로 직접 체감할 수 있는 환경을 구축했고 단순한 오락적 측면 외에 교육이나 훈련, 치료 등의 공익적인 측면까지 재미를 가미하였다.

NDS는 두 개의 화면과 터치스크린 및 터치 펜 인터페이스를 적극 활용하여 기존의 단순한 키 입력방식 게임에서 벗어나 누구나 부담 없이 쉽게 즐길 수 있는 다양한 아이디어가 반영된 게임들을 출시하고 있다. 위(Wii) 역시도 재미있고 쉬운 게임 플레이를 지향하고 있으며, 특히 모션 센서를 장착한 리모컨 형태의 컨트롤러를 통해 다양한 게임상의 동작(적을 때리거나, 물건을 던지는 등)이 구현가능하다는 독특한 특성을 갖고 있다. 두 게임기는 모두 단순하게 조작의 용이성과 타이틀의 다양성으로 소비자들에게 인기를 끈 것은 아니다. NDS는 두뇌관리와 학습효과를 극대화한다는 광고와 함께 대대적인 두뇌관리 타이틀을 공개하면서 큰 인기몰이를 하였고, 위(Wii)의 경우 컨트롤러를 움직이면서 운동효과를 얻을 수 있다는 특징이 부각되면서 가족단위의 체험게임기로서 포지셔닝에 성공했다.

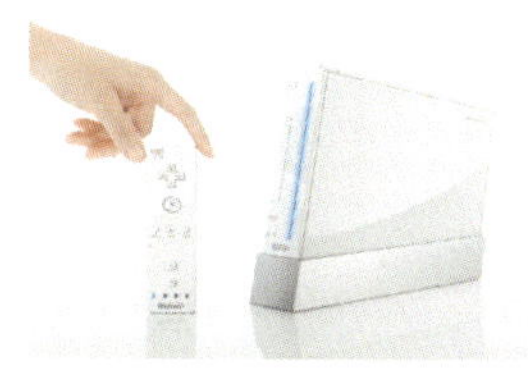

최근 게임 시장에서 의학적인(Medical) 요소와 오락적인(Entertainment) 측면을 결합한 '메디테인먼트(Meditainment)' 게임 상품이 주목을 받고 있는 것도 이 두 게임기의 성장세를 높여 준 중요한 동인이 되었다. NDS는 고령화로 치매나 건망증 등에 대한 사회적 관심이 높은 이웃

그린콘텐츠의 대표사례, 닌텐도 DS와 Wii

일본에서는 의사들로부터 적극적인 두뇌훈련 도구로서 인정받고 있으며, 위(Wii)의 경우에는 뇌경색 환자의 재활에 효과가 있음이 밝혀졌으며, 척추 부상 환자의 재활치료의 보조기구로서도 활용되는 등 그 의학적 가치가 크게 입증되고 있다.

영상, 미디어분야의 그린프로젝트

유럽의 방송사들에서는 그린콘텐츠 제작과 홍보가 활발하게 이루어지고 있다. 특히 이들 방송사의 그린콘텐츠 실행 전략은 규제나 정책에 의한 것이 아닌 자율적 실천 전략이라는 점에서 의미하는 바가 크다.

세계 풍력에너지 시장의 23%를 차지하고 있는 신재생에너지의 선도국인 덴마크에서는 친환경 방송국 건설로 녹색성장을 실천하고 있다. 최근 태양열 방식의 방송국으로 이주한 덴마크 국영방송국은 자연친화적인 에너지 조달방식으로 탄소배출을 자율적으로 저감하고 있다. 덴마크는 이미 재생에너지의 활용이 보편화된 그린산업의 선진국이다. 덴마크 정부는 코펜하겐 인근지역 오레스타드(Orestad)에 위치한 디지털미디어 구역에 친환경 방송국을 건립하기 위해 2003년부터 착공에 들어갔다. 2006년 완공된 덴마크 국영방송국은 옥상에 1,200㎡가 넘는 대규모 태양전지판을 설치하여 전기를 생산하고, 인근에 있는 저수지를 지표수로 저장해 냉각용으로 사용한다. 이러한 시설을 이용한 냉방은 기존 압축방식을 이용한 냉방보다 75% 정도의 에너지를 절감한다고 한다. 이는 세계 최초 친환경 방송사로서의 의미도 크지만, 그린콘텐츠를 직접 제작하는 방송사의 앞선 환경실천이라는 점에서 의미가 크다.

세계 최초의 친환경 방송사, 덴마크 국영방송국(DR)

영국의 국영방송 BBC도 그린콘텐츠를 위해 적극적인 실천 의지를 보이고 있다. 2008년 3월부터 각종 환경정보를 제공하는 환경전문 사이트 'BBCgreen.com'을 운영 중이다. BBC는 시청자들로 하여금 환경의 중요성과 올바른 정보 제공을 위해 이처럼 환경전문 사이트를 개설하고 다양한 정보를 제공하고 있다. 사이트에서는 친환경적인 생활방식에 대한 정보, 환경타운(eco-towns) 추진현황, 재활용품 사용을 통한 환경보호 등 일상생활에서 흔히 실천할 수 있는 다양한 정보를 제공한다.

방송사의 그린콘텐츠 제작 움직임은 미국에서도 목격할 수 있다. 일례로 2008년 4월 라스베이거스에서 열린 전미방송인협회(NAB: National Association of Broadcasters) 전시회와 콘퍼런스에서 친환경 실천에 대한 구체적인 방안이 제시되었다. 환경 방송사 건립을 위해 시공단계부터 친환경 인증마크인 LEED(Leadership in Energy and Environmental Design)를 획득한 업체를 선택해 활용하고, 친환경자재 이용과 친환경적 폐기물관리, 재활용 그리고 방송기자재의 친환경화를 추진하는 것이다.

한편, 매년 수많은 영화제와 영화촬영이 있는 뉴욕에서 2006년 12월부터 구체적인 그린콘텐츠 제작 운동이 전개되고 있다. 친환경 영화제작을 목표로 하는 '그린스크린(Green Screen)' 운동은 영화촬영 전반에 걸쳐 환경을 보호하자는 취지이다. 뉴욕시는 영화 촬영 전과 촬영 중, 그리고 촬영 후의 세 과정에 관련된 쓰레기 줄이기와 재활용 지침을 마련했다. 예컨대 촬영 전에는 나무를 훼손하지 못하도록 입간판이나 재활용이 가능한 테이프를 사용하도록 권고하고, 촬영 중에는 공회전을 삼가고, 연비가 높은 차량 사용은 자제할 것, 촬영이 끝난 후에도 폐기물 처리와 재활용품 분류를 철저히 할 것 등이다.

뉴욕의 '그린스크린' 운동은 시의 환경보호 의지와 시민의 의견이 일치해 자발적으로 추진되었다는 측면에서 더욱 큰 의미가 있다.

그린콘텐츠의 중요성이 커지고 친환경 실천 움직임이 확산됨에 따라 세계 미디어기업들은 자발적으로 제작 지침을 정하고, 이를 준수하기로 했다. 2006년 미국 캘리포니아대학(UCLA) 보고서에 따르면 영화와 TV 방송 산업이 배출하는 온실가스가 항공기 제작이나 의류, 반도체 생산을 합친 산업부문이 배출하는 것보다 더 많다고 분석했다. 즉 콘텐츠를 제작함에 있어 엄청난 양의 온실가스가 배출되는 것을 의미한다. 이에 미국, 캐나다, 독일, 프랑스 등의 미디어기업들은 자체적으로 환경보호 규정을 정하고 그린콘텐츠 제작에 임하기로 합의했는데, 이른바 '그린코드 프로젝트(The Green Code Project)'이다.

구체적인 프로젝트 내용으로는 제3세계에서 생산된 커피이지만 어린이 노동이 아닌 정당한 노동력을 활용한 커피를 구매하여 마시고(공정무역: fair trade), 친환경적인 제품을 구매할 것, 그리고 촬영장에서의 폐기물 처리와 재활용 등 구체적인 친환경지침을 실천할 것 등이 있다. 영화배포나 제작품에서 그린코드 로고를 사용할 수 있는데, 이 로고는 제작업체가 친환경적인 방식으로 프로그램을 만들었

영화촬영 전, 중, 후에 맞춰 권고하는 뉴욕의 '그린스크린' 운동

다는 것을 의미한다. 영화업계의 '미니 교토의정서'라고 할 수 있는 그린코드 프로젝트는 2008년 12월 기준, 미국을 비롯해 캐나다, 프랑스, 독일에서 약 130여 개 영화와 미디어 단체가 회원으로 가입했다.

컬처투어리즘과 그린투어

그린콘텐츠는 문화콘텐츠와 관광의 화학적 융합을 통해서도 구현되고 있다. 최근 관광의 선택요인 및 소비패턴이 체험 및 참여형 관광 등 개별적인 관심 위주로 변화함에 따라 문화예술, 문화콘텐츠 등을 결합한 새로운 관광수요가 증가하고 있다. 따라서 예술-관광-콘텐츠의 연계 상품 기획 및 마케팅 개발을 통해 연관산업의 시너지 효과 달성이 가능하게 되었다.

자연관광, 모험관광, 문화관광, 테마관광, 크루즈관광 등 감성체험 중심의 관광으로 다양화되고 있는 가운데 미래의 관광은 경험과 '3E(Entertainment, Excitement, Education)'가 결합된 감성체험 관광행태가 주류를 이룰 것으로 기대된다. 그에 따라 환경보존과 실천을 바탕으로 한 친환경 테마관광, 즉 그린관광이 부상하고 있다. 이 같은 관광형태는 환경의 중요성과 위기를 간섭적인 정보와 지식으로는 알고 있으나 직접 체험하고 실천할 기회가 없던 이들에게 놀거리, 볼거리, 먹을거리를 제공해 환경과 더불어 할 수 있는 기회를 제공한다. 생태공원이나 지역을 방문해 체험하거나 자연 레포츠 체험(리프팅, 암벽등반), 지역특산 웰빙식품 맛보기 등은 여기에 해당하는 대표적 관광이다. 이러한 그린관광은 지역자치단체와 연계할 수 있어 지역경제 활성화는 물론 다양한 콘텐츠 체험도 가능하다. 국내에서도 많은 지역자치단체들이 케어, 휴양, 여가(휴식), 관광 등이 복합된 후(休), 정(情), 안(安) 등을 콘셉트로 한 관광프로그램들을 개발하고 있다. 농어촌 지역에서는 실버세대, 조기은퇴자, 다운시프트족 등 고향, 전원을 희망하는 사람들을 위한 문화공간(정주기능 포함)에 문화콘텐츠를 융합하는 관광 프로그램 개발을 시도하고 있다.

'슬로우 시티(Slow City)'는 이 같은 지역자치단체들의 시도에 하나의 모델이 될 수 있다. 슬로우 시티는 원래 '치타 슬로우(Citta Slow)'에서 유래한 개념이다. 치타(Citta)는 이탈리아어로 도시(City)를 의미한다. 전 세계적으로 City라는 단어보다 Citta라는 단어가 더 많이 쓰이는 까닭은 슬로우 시티 운동이 최초로 일어난 곳이 이탈리아이기 때문이다. 느림의 미학을 바탕으로 지속가능한 발전을 추구하며 속도지향적인 사회 대신 느리게 사는 삶을 지향, 공해 없는 자연환경 속에서 자연의 먹을거리와 고유문화를 느끼며 인간답게 사는 것이 '치타 슬로우'의 목표이다. 1999년 10월 와인으로 유명한 작은 도시 끼안띠(Greve in Chiantti)에서 최초로 시작된 이 운동은 슬로우 푸드로부터 영감을 받아 시작되었다. 현재 10여 개국의 100여 개 도시가 슬로우 시티로 지정되었으며 슬로우 시티 국제 연맹의 실사를 거쳐 통과해야만 슬로우 시티로 인정받을 수 있다. 우리나라는 완도군 청산도, 신안군 증도, 담양군 창평면, 장흥군 유치면 등 네 개 지역이 2007년 12월 1일 슬로우 시티로 선정되었다.

대표적인 슬로우 시티로는 농촌체험 및 독특한 볼거리로 관광객 유치에 성공한 프랑스 갈리마을(www.gally.com)이 유명하다. 이 마을은 1984년부터 40ha의 땅에 과수원과 채소밭을 조성하여 주말 도시민을 유치하고 있다. 이 외에도 새들의 습성을 체험하기 위한 거대한 옥수수 밭 미로를 조성하여 또 다른 볼거리를 제공한다.

그린관광의 또 다른 유형으로는 웰빙문화와 명상문화를 연계한 녹색문화관광콘텐츠를 들 수 있다. 대표적인 사례로는 인도의 오쇼 라즈니쉬(Osho Rajneesh)명상센터, 프랑스의 틱낫한 플럼빌리지(plum village) 등이 있다.

또한 저탄소 생활문화콘텐츠와 융합된 관광프로그램 개발도 그린관광의 유력한 모델로 부상하고 있다. 이 유형은 탄소배출을 최소화할 수 있는 걷기, 달리기, 자전거 등 저탄소 스포츠를 지역의 관광자원과 결합한 것이다. 독일 프라이부르크(Freiburg)에서는 도시의 중심하천인 드라이잠 (dreisam)을 중심으로 하이킹 등이 가능한 친환경 자전거 전용도로를 건설해 호응을 얻고 있다. 국내에서 이 모델을 도입할 경우 강변 및 산악지역, 생태문화도시의 외곽에 자전거로, 하이킹로, 도보트레킹 코스, 체험장 등을 건설할 수 있겠다.

이 밖에 콘텐츠와 관광을 결합한 컬처투어리즘도 그린콘텐츠의 중요한 유형이다. 예컨대, 다양한 역사문화의 이야기가 있는 스토리텔링 관광이 가능하다. 스토리텔링 관광은 소설이나 영화, 드라마 속에 등장한 장소를 돌아보면서 작품을 통해 공유한 상상력과 감성을 재확인하고 이를 개인적 체험에 근거한 자기만의 서사와 결합하여 감흥을 느끼는 관광방식이다. 4대강(광역권) 물줄기를 따라 스타-스토리텔링 주인공을 선정하고, 스타의 유소년 시절, 일상생활 및 작업과정, 도시공간 및 작업시설(촬영지)을 연계한 스토리를 개발하면 고품질의 스토리텔링 관광을 서비스할 수 있을 것이다. 영국에서는 비틀즈가 음반을 녹음했던 '애비 로드 스튜디오'와 '애비 로드' 횡단보도, 그리고 멤버들의 고향인 리버풀은 영국의 주요한 스토리텔링 관광의 주요한 자원으로 활용되고 있다. 이 같은 차원에서 비틀즈의 고향인 리버풀에서는 비틀즈 투어 프로그램과 비틀즈 관광버스도 운행 중이나. 비틀즈의 초창기 공연이 이루어진 캐번클럽과 스타클럽을 재현해 놓은 리버풀의 '비틀즈 스토리(The Beatles Story)'는 영국 최고의 스토리텔링 관광지 중 하나로 평가되고 있다.

컬처투어리즘은 다양한 형태로 개발이 가능한데, 다음과 같은 결합 모델들이 있다.

녹색성장 위한 핵심정책과제는 그린콘텐츠 생태계의 구축!

그렇다면, 녹색성장을 달성하기 위해 우리가 주목해야 할 선결 핵심과제는 무엇인가. 그린콘텐츠 생태계 구축이 바로 그 해답이다. 궁극적으로 그린콘텐츠 생태계는 콘텐츠산업의 질적 성장, 건전한 프로그램 정착, 다양한 서비스, 이용자의 참여와 공유 등이 보장되는 환경 구축을 목표로 한다. 그린콘텐츠 생태계의 지향점은 콘텐츠 사이클을 구성하는 모든 요소들의 상호 활성화를 통한 콘텐츠산업의 선순환구조를 구축하는 것으로 요약된다. 콘텐츠 제작, 유통, 서비스 등 제 분야의 상호 의존적 관계를 인식하고 상생을 지속적으로 모색해야 한다.

여기서 정부의 역할은 다양한 이해관계자 사이의 공생적 네트워크를 촉진하고, 생태계환경을 관리(governance)하는 것이다. 정부는 콘텐츠의 경제적 가치를 촉진하는 지원자이며 동시에 시장실패를 보완하는 조정자 역할을 수행해야 하는 것이다. 따라서 콘텐츠산업생태계 의 정책목표는 개방형 산업혁신 생태계가 효율적으로 작동될 수 있도록 투자의 효율화,

혁신역량 강화, 비즈니스 인프라가 선순환구조를 이루는 데 맞추어져야 한다.

단순히 성장지향적 콘텐츠산업생태계 개념을 구축하는 것에 그쳐서는 안 되며, 콘텐츠 생산과 소비, 유통의 문제점과 왜곡을 바로잡기 위한 창의적 해결방안들이 고려된 건전 생태계 구축을 최종적인 목표로 삼아야 한다. 성장만을 지향하는 정책 구도하에서 콘텐츠 생산, 유통, 소비 과정에서 파생될 수 있는 다양한 문제점들은 생태계 전체의 균열과 파괴를 초래할 수 있기 때문이다.

콘텐츠기업의 비즈니스 활동 역시 녹색성장시대의 패러다임을 지향해야 하는바, 이는 그린비즈니스로 요약된다. 그린비즈니스는 에너지·환경 문제를 해결하면서 새로운 부가가치를 창출하는 그린 오션 영역이다. 그동안 미디어(기기), 네트워크, 서비스 사업자들은 경쟁(레드 오션) 또는 차별화(블루 오션)를 통해 사업영역을 확장해 왔다. 그린 오션 전략은 사회문화적 요소(창의성·감성·재능 등)가 결합된 콘텐츠를 중심으로 테크놀로지와 미디어가 상호 교자와 통합되는 '콘텐츠 생태계'의 선순환구조정착을 의미한다. 환경과 경제의 상생모델 구축을 위해서는 기존의 인프라 중심 그린비즈니스보다는 콘텐츠 중심의 그린비즈니스에 집중해야 할 필요성이 제기된다.

"미래 기술의 핵심은 단순성(simplicity), 환경·인간에 대한 순응성(adaptability), 창조성(creativity)이다. 과거 산업기술은 인간을 이해하지 못했다. 미래 디지털 기술은 인간을 배우면서 인간을 이해하는 쪽으로 나아가고 있다. 더 많은 인간의 정보를 기술이 습득할수록 인류는 도움을 받게 될 것이다."
−MIT 미디어랩 프랭크 모스 소장 인터뷰 중에서

R&D관점의 전환, 서비스R&D로 확대 필요

새로운 성장 패러다임에 걸맞게 정부의 콘텐츠 R&D 정책 역시 변화해야 하는데, 서비스R&D가 그 대안이다. 서비스R&D는 서비스산업에서의 연구개발 활동을 말하는데, 일반적으로 제조업의 제품 및 신공정 개발에 대응하여 새로운 서비스 상품 및 서비스 전달체계 개발을 의미한다. 콘텐츠 분야에도 이러한 개념을 도입하여, 새로운 콘셉트의 콘텐츠서비스 R&D를 지향해야 할 것이다.

콘텐츠서비스 R&D는 콘텐츠서비스업에서의 연구개발 활동을 의미하는데, R&D를 통해 새로운 콘텐츠상품 및 서비스 전달체계를 혁신하는 것이다. 즉 콘텐츠상품의 기획, 창작, 유통, 비즈니스, 소비 등에 걸친 일련의 창의적 혁신R&D를 의미하며, 콘텐츠의 기획, 마케팅, 운영, 프로세스 관리 등 콘텐츠상품 수명주기의 각 단계를 고려한 R&D로서 기술과 시장을 함께 진흥하는 진화된 R&D 개념이다. 또한 공학, 인문학, 사회과학, 경영학 등 다양한 학문분야가 참여하는 융합 R&D 성격을 갖는다. 콘텐츠서비스 R&D의 또 다른 특징은 하드웨어에 대한 투자보다 콘텐츠 및 프로세스 혁신을 위한 비즈니스 모델개발, 서비스 프로세스 혁신방법론 개발 도입 등이 주요내용이 되어야 한다는 점이다.

현재 콘텐츠의 개발단계와 상용화 초기 기술지원에 집중되어 있는 지원사업의 범위를 서비스상품의 수명주기를 기준으로 시장진입 직전단계, 상용화 이후 성장기, 성숙기까지 R&D사업 범위를 확대할 필요가 있다. 이는 개발된 기술, 서비스가 시장에 진입하지 못하고 사장되는 경우를 방지하기 위함이다. 지원방식에 있어서도 장르별·분산지원에서 장르 간 연계·통합지원으로 전환해야 한다. 장르를 초월한 우수하고 실험적인 콘텐츠 육성 및 산업화 지원이 요구된다. 자유롭고 창의적인 콘텐츠 생산작업을 유도함으로써 문화영역을 지속적으로 확장·발전해야 한다. 비보이, 넌버벌극 등은 그 대표적인 사례이다.

그린콘텐츠 기반 창조경제 실현 전략

　　그린콘텐츠(서비스)들은 사회, 문화, 경제, 예술 등 다양한 방면으로 진화할 것으로 전망되며 새로운 글로벌 문화트렌드로 자리 잡고 있다. 유럽위원회 EC에서는 사용자가 탄소 이력을 계산할 수 있는 휴대용 애플리케이션을 공개했다. 21개 언어로 제공되는 애플리케이션인 몹개스(mobGAS)는 위원회의 합동연구소(JRC)에서 개발되었다. 실제로 휴대폰은 하루 종일 휴대하고 다니고 버스 이동과 같이 '조용한 순간'에 데이터 입력이 가능하기 때문에 몹개스와 같은 애플리케이션을 제공할 수 있는 이상적인 방법이다. 구글의 온라인 매장에서도 환경 문제를 다루고 있다. 구글 온라인 매장에서는 유기 재배된 면을 사용한 티셔츠와 재활용가능한 청바지, 연필 등과 같이 재활용 제품이나 환경에 좋은 제품을 판매하고 있다. 친환경 기업임을 천명하는 것은 앞으로 글로벌 기업에게 중요한 마케팅 전략이 될 것이다.

　　이처럼 그린콘텐츠를 새로운 국가성장동력으로 활용하여 녹색성장을 창출하기 위해서는 이제 창조경제가 제도적 시스템을 통해 뒷받침되어야 한다. 특히 인간의 창조성은 역사와 사회문화적 단절이나 진공상태에서 창출될 수 없으며 다양한 사회문화적 경험과 학습을 통해 발현된다는 측면에서 창조성에 유익한 환성조싱은 기장 중요한 과제라 할 수 있다.

　　세계 각국은 창조경제를 활용하여 국가경제의 지속가능한 성장을 견인하고 자국 국민의 삶의 질 향상과 친환경적이고 자원효율적인 녹색성장을 추구하고자 정부 차원에서 정책적인 제도화를 추진하고 있다. 대표적으로 2008년 4월 영국정부는 '창조적 영국: 새로운 경제를 위한 새로운 재능(Creative Britain: New Talents for the New Economy)'이라는 보고서를 통해 영국을 더욱 혁신적이고 창조적인 경제로 발전시키기 위해 여러 정부기관과 관련단체들이 중·장기적으로 수행해야 할 8개 부문 26개 정책 과제를 제시했다. 그 핵심은 영국이 혁신적이고 창의적인 경제를 계속해서 유지·발전시키기 위해서는 창의적 역량을 보유한 청년들을 교육하고, 혁신적 아이디어를 보유한 중소기업을 중심으로 관련 업체들의 창업과 성장을 지원하는 정책을 추구해야 한다는 것이다. 영국정부는 이 보고서의 내용을 현실적인 정책으로 구현하기 위한 효과적인 제도 마련을 추진하고 있다.

국내에서도 그린콘텐츠 및 창조산업을 제조업을 대체하는 지역경제 활성화의 핵심산업으로 활용하기 위한 각 지역자치단체의 제도적 시스템 정비 노력이 이루어지고 있다. 하지만 서울과 몇몇 대도시를 제외한 대부분의 지역은 창조인력이 정주할 수 있는 사회문화적이고 지리적인 환경조성이 제대로 이루어지지 못하고 있다. 지역 내에 창조산업의 '제도적으로 뿌리내림(institutional embeddedness)'을 위해서는 무엇보다 창조인력이 정주할 수 있는 환경이 조성되어야 한다. 창조산업이 지역 내에 뿌리내리기 위해서는 관련 분야의 창조인력이 지역에 정주하면서 지속적으로 문화상품을 생산해 내고, 지역 내에 문화산업 특유의 분위기를 분출할 수 있도록 환경을 조성하는 것이 급선무이다.

이제 부(wealth)는 창조적 대규모 육체노동력이 풍부한 지역에서 창조적 인력이 풍부한 곳으로 이동하고 있다. 창조경제 시대에 창조도시는 각종 최첨단 트렌드와의 풍부한 네트워킹과 이동성 및 유연성을 갖춘 창조기업들이 창조적 인적 자원의 중심지에 대거 집적하는 창조적 공동체의 모습을 보여 준다. 또한 세계적인 창조도시들은 창조인력의 정주를 위해 이들이 생계를 유지할 수 있는 지역 내 관련 산업이 경쟁력을 지녀야 하며, 트렌드에 민감한 이들의 문화적 감수성을 만족시켜 줄 수 있는 공간문화가 지역 내에 구조화되어야 한다는 점을 알게 해 준다. 하지만 모든 지역의 사회문화적 배경이 뉴욕, 도쿄, 런던, 파리, 베를린 등 '글로벌 시티'들처럼 최첨단 문화트렌드의 수준을 유지하기는 어렵다. 따라서 각 지역의 기존자원을 최대한 활용하여 창조인력을 유인할 수 있는 사회·문화·지리적 배경을 시스템화하는 것이 전략적으로 요구된다. 대표적으로 소설가 '이외수'의 감성마을 건립 사례(강원도 화천시)를 보자. 화천시가 20억~30억 원의 국비와 도비를 지원받아 거주공간을 포함한 이외수 문학공원(감성마을)을 조성해 지속적으로 관광객들이 찾아들어 외지였던 화천 다목리가 관광명소가 되었다.

이처럼 각 지역 고유의 역량과 역사·문화·사회적 배경을 잘 활용하면 창조인력 및 창조계급을 유인하는 효과적인 지역공동체를 만들어낼 수 있다. 따라서 그린콘텐츠 기반 창조경제를 공동체 내에 뿌리내리게 하기 위해서는 각 공동체가 지닌 고유의 장점들을 적극 활용한 창조적 공동체 환경을 조성하는 전략이 요구된다. 경제개발과 그린콘텐츠의 전략적 연계를 통한 살 만한 공동체, 창조적 공동체는 우리나라가 창조경제로 진화하는 조건이자 지향점이 되어야 하는바, 가장 중요한 요소는 언제나 '사람'이라는 점을 간과해서는 안 될 것이다.

감성시대 콘텐츠 트렌드와 전략

'셀링 드림스(selling dreams)'

이탈리아 자동차회사 페라리(Ferrari)의 슬로건이다. 페라리는 단순히 차를 파는 것이 아니라 꿈을 파는 것이라고 말한다. 페라리는 일상생활의 도구로만 사용되던 자동차에 예술적 디자인을 도입하여 미(美)적 가치를 부여했고, 최고급 자동차라는 상징적 가치와 함께 편안함과 안전감이라는 경험적 가치까지 추가함으로써 소비자의 감성을 자극했다.

단지 비행기를 타고 싶거나 산에 오르고 싶어서 여행하고 관광하는 것은 아닐 게다. 경험과 추억을 만들기 위해 기꺼이 돈을 지불하는 것이다. 테마파크를 찾는 것 역시 단순히 시설 방문이 아니라 경험을 구입하는 것이다. 친구들과의 즐거움, 연인과의 추억, 가족들과의 좋은 시간을 함께하기 위함이다.

왜 지금 감성인가

우리가 사는 이 시대는 감성시대다. 물론 인간이 감성을 가진 존재이기에 인간세상이 감성으로 꾸려지는 건 일견 당연하다. 그러나 21세기 오늘은 그 어느 때보다 인간의 감성이 존중되고 감성에 대응하는 환경과 제품이 삶의 질을 결정하는 중요한 요인으로 작동하고 있다는 데서 더 두드러진다. 특히 경제 분야에서 그러한데, 오늘날 소비자는 상품이 아니라 상품에 담겨 있는 스타일과 이야기, 경험과 감성을 구매한다. 여기서 경험은 일차 상품, 이차 상품, 서비스가 아닌 그 상위의 가치로 신체적, 정신적 또는 미적 감동을 의미한다.

기실 우리 주위에는 감성을 자극하는 상품들이 넘쳐나고 있으며, 시장에서는 감성에 대한 욕구가 거래되고 있고, 사람 사이의 감성적 관계 맺기가 강조되고 있다. 인간의 감성에 대한 연구도 단순한 의미 해석의 수준을 벗어나 인간의 삶을 향상시키기 위한 제품과 서비스의 개발을 목적으로 하는 감성과학과 감성공학으로 발전하고 있다. 또한 세계화의 확산과 심화에 따라 경쟁이 치열해지고 기술과 서비스의 격차가 줄어들게 됨에 따라 감성은 경쟁우위 확보의 중요한 원천으로 각광받고 있다. 경쟁이 치열하고 서비스와 제품의 품질에 뚜렷한 차이가 없어지게 되면서 감성은 차별화의 수단이자 시너지 효과 창출의 결정요인 중 하나로 주목받고 있는 것이다. 일상생활에서도 우리는 남의 시선을 의식하기보다는 우리 자신의 내면적 감성에 집중하고 당당하게 표현하고 있다.

하이테크 시대를 지나 하이컬처 시대로 나아가고 있다. 과거에는 하이테크라는 매력 자체가 수요를 창출했으나, 이제는 하이테크 제품을 만든 회사의 브랜드 가치, 디자인, 사용자 간의 공감대 형성, 감성적인 만족도 등이 제품 선택에 큰 영향을 미치고 있다.

경제적이고 비즈니스적인 측면에서 감성이 창출하는 부가가치와 효과가 주목받고 있다. 인간의 판단과 행위에 감성이 영향력이 크게 작용한다는 사실이 밝혀지면서 '감성 디자인'이나 '감성 마케팅' 그리고 '감성경영' 등이 대두되고 있는 것이다. 감성 디자인과 감성 마케팅 또는 체험 마케팅은 제품과 서비스의 기능적 차이가 점점 줄어들면서 감성적 측면에서의 차별화를 시도하는 것이라고 볼 수 있다. 그리고 감성경영은 무한경쟁 상황에서 고객에게 긍정적인 감성경험을 유발하며, 동료들과 팀을 이루어 문제를 해결하고 목표를 달성할 수 있는 종업원의 감성역량까지도 이용하여 시너지 효과를 창출하려는 기업의 시도로 해석된다.

감성전략은 이미 대세

　　감성의 중요성은 식당이나 상점의 공간구성에서 쉽게 포착된다. 이제 식당은 단지 끼니만을 해결하는 공간이 아니다. 식사를 하면서 TV시청은 물론 영화감상과 음악감상, 그리고 공연관람도 할 수 있는 식당이 늘어나고 있다. 2006년 문을 연 미국의 디지털 엔터테인먼트 레스토랑 '유윙크(uWink)'는 '먹으면서 놀고, 놀면서 먹는' 것을 의미하는 '이터테인먼트(Eatertainment)' 개념을 최초로 도입했다. 이 식당은 이터테인먼트 구현을 위해 IT기술을 적극 활용하고 있다. 유윙크에서 고객은 각 테이블마다 설치된 17인치 크기의 터치스크린을 통해 음식주문은 물론 온라인 게임과 TV 시청, 영화 감상까지 할 수 있다.

　　중소상점이나 대형마트들도 상품구매와 문화향유를 동시에 해결할 수 있도록 하는 감성스토어인 '아티언스(Artience＝Art＋Science)' 개념을 도입하고 있다. 백화점이나 할인매장 등의 유통업체가 생활서비스 제공을 넘어서 고객의 감성 만족을 위해 문화예술, 건강, 첨단 서비스 등의 서비스를 중요하게 고려하고 있다. 문화를 향유할 수 있는 감성스토어로 주목받는 '삼성 테스코 홈 플러스'의 경우, 쇼핑뿐만 아니라 문화예술, 건강 서비스 등을 더한 새로운 의미의 콘셉트를 구축하고 있다. 테스코 홈 플러스에는 '아트빙(Art－being)', '웰빙(Well－being)' 그리고 '터칭(Touching)', '하이테크(High－Tech)' 네 가지 콘셉트를 매장에 적용하여 대고객 감성서비스를 지속적으로 제공하고 있다.

　　첨단 기업들은 패션과 같은 감성관련 산업분야와 결합하여 새로운 디지털 명품을 탄생시키고 있다. 디지털 기기의 특성상 대량생산 및 복제로 개성이 없다는 단점을 극복하기 위해 소비자에게 감수성과 자부심 등을 제공할 수 있는 상품을 생산하고 있는 것이다. 노키아는 자신의 고객층을 14단계로 세분화하고, 그중 전 세계 0.001%를 대상으로 '버투(Vertu)'라는 브랜드를 만들어 내 고급화를 시도하였다. '버투'는 최저가격이 700

만 원에 달하고, 3천만 원이 넘는 스페셜 버전과 2억 원을 호가하는 한정판까지 만들어 내 예상외의 성공을 거두었다. LG는 '프라다폰'을 개발하여 국내 소비자들은 물론 전 세계 소비자들의 감성소비를 유인하였다. 이 밖에도 '아르마니TV', '보르도TV', '람보르기니 노트북' 등 다양한 디지털기기들이 감성을 자극하는 명품상품화 전략에 의해 지속적으로 출시되고 있다.

감성기반 가전제품의 대표사례

명품의류와 같이 디지털기기에도 브랜드에 민감하게 반응하는 '브랜드 홀릭(Brand‐holic)' 등 디지털브랜드 추종자집단이 등장하고 있다. 이들은 디지털기기의 기능뿐 아니라 자신의 감성에 맞는 디자인에도 주목하고 있으며, 자신의 감성적 취향과 욕구를 만족시키는 상품에 대해서는 마니아 성향을 나타낸다. 예컨대, '애플 홀릭(Apple‐holic)'이라 불리는 이들은 세계 각국의 새로 여는 애플매장을 성지처럼 방문하는 애플 마니아들이다. 애플 마니아의 형성에는 애플의 차별적인 감성마케팅과 감성적으로 디자인된 아이팟(iPod) 플레이어의 인기가 기폭제가 되었다.

아날로그 노스탤지어로 은유되는 과거회귀지향적인 '감성적 소비' 경향도 대두되고 있다. 최첨단 기기가 주류인 디지털 시대에 아날로그 제품에 대한 소비가 꾸준히 이루어지고 있다. PDP와 LCD TV 등 첨단제품이 대세임에도 브라운관 TV와 카세트테이프 등의 아날로그 제품들이 온라인 매장에서 여전히 인기를 얻고 있다. 이 같은 소비경향의 근원에는 기능에 대한 수요보다는 향수와 추억 등 감수성에 대한 수요가 존재한다. 디지털화가 고도화되면서 아날로그적 감성에 대한 향수가 부상하고, 이에 따라 아날로그 상품에 대한 소비가 새로운 트렌드로 떠오르고 있는 것이다.

아날로그 감성 자극 제품들

아날로그 감성 자극 제품들

아날로그 지향적 소비는 '레트로(retro)'라는 개념으로 설명될 수 있다. 재(再)유행, 리바이벌을 뜻하는 레트로는 '복고, 복고주의'를 대신해서 쓰이면서 최근 유행 트렌드를 주도하는 말로 자리 잡고 있다. 2007년 한국 음반시장의 최대 히트상품이라 할 수 있는 '원더걸스'와 '소녀시대'의 경우가 그러한데, 1980년대의 히트곡을 샘플링하거나 리메이크함으로써 이전 시대의 감성을 자극한 것이다. 원더걸스의 빅 히트곡인 '텔미(Tell me)'는 1980년대 인기 팝스타 '스테이시 큐(Stacey Q)'의 '투 오브 하츠(Two of hearts)'를 샘플링하였고, 소녀시대는 그룹명과 동명의 곡인 이승철의 1989년 히트곡인 '소녀시대'를 리메이크했다.

이처럼 디지털 시대에 아날로그가 주목받는 가장 큰 이유는 휴머니티(humanity)에 대한 그리움에서 찾아진다. 즉 하루가 다르게 고도화되고 있는 디지털 사회에 비례해서 상대적으로 위축되고 있는 인간적 감수성에 대한 욕구가 되살아나고 있는 것이다. 이처럼 오늘의 소비자는 디지털화에 대한 반향과 복고경향, 자연에의 순응과 조화 등 탈디지털화를 추구한다. 이른바 디지로그(DigiLog)인 셈이다. 그에 따라 디지털 제품과 아날로그 기반, 디지털 기술과 아날로그적 정서가 결합한 제품과 서비스가 늘어나고 있는 것이다.

감동을 서비스하는 감성전략, 블루오션 창출의 조건

이제 소비는 제품과 서비스의 양과 질을 기준으로 한 단순소비에서 유쾌함이나 기분 좋음이라는 감성적 차원이 기준이 되는 '감성소비'로 전환되고 있다. 그에 따라 경제적 효용 못지않게 감성적 실속을 추구하는 '감성소비자'가 주류로 부상하고 있다. 이전의 감성개념은 '충동'이라는 뉘앙스가 강하게 묻어나는 것이었지만 최근 감성소비에서의 감성개념은 '감동'의 이미지가 강하다. '감성소비'는 가장 '감동'적인 제품과 서비스를 골라낼 수 있는 고차원적인 소비행위를, 그리고 '감성소비자'는 감성적 만족인 '감동'을 추구하는 소비자를 의미하는 것이다.

감성시장은 매우 특이하며 가끔은 분명하지조차 않다. 감성전략의 기반이 관심과 애정, 동경, 불안, 희망, 존경과 신용 등이기 때문이다. 그리고 심오한 동경과 불안, 희망 등이 이를 떠받치고 있다. 또한 관심과 애정이라는 감성의 핵심에는 존경이나 신용처럼 깨지기 쉬운 카테고리가 존재한다. 감성시장은 곧 욕망의 시장이다. 필요(니즈)에 따른 시장은 이미 포화 상태다. 하지만 욕망을 사고파는 시장은 끝없이 펼쳐진다. 따라서 감성의 시작은 끝도 없고 시작도 없으며 테두리도 없다. 욕망은 줄어드는 게 아니고 늘어나는 것이기 때문이다. 사람들은 물건의 기능을 유심히 살펴보고 이것저것 기능을 따져 보고 사는 것이 아니라 그 상품에 내재된 감성을 보고 구입한다. 그리고 그것을 삶에 접목시킨다. 따라서 소비자의 원초적인 욕망을 충족시키는 감성전략은 비즈니스 블루오션으로 나아가는 길을 열어 줄 것이다.

콘텐츠 비즈니스, 감성전략이 중요하다

영화 <디워>의 미국시장 진출 실패원인은 타 문화권의 문화감성에 대한 이해 부족과 스토리 부재에 있다. 스토리 부족이 1차 원인으로 지적되지만 보다 근본적인 문제는 미국인의 문화감성, 문화인지, 문화취향에 대한 고려가 부족했기 때문이라는 분석이 설득적이다. 동양문화권에서의 용은 신비한 대상이지만, 기독교 문명인 서양권에서 실사수준의 용은 문화적으로 쉽게 수용되지 않는 거부감이 있다. 감성에 대한 이해 부족, 즉 감성에 비즈니스 전략적 고려가 충분하지 못했기 때문이다. 이처럼 감성은 콘텐츠산업에 있어 중요한 비즈니스 전략적 고려요인이 된다.

2005년 제작된 영화 <남극일기>는 한국 최초의 남극미스테리 등 화려한 수식어가 따라붙었고 송강호와 유지태 등 호화캐스팅과 뉴질랜드 현지 촬영을 위해 100억 원의 제작비가 투자되었지만 기대 이하의 참패

를 맛보아야 했다. 비슷한 시기에 개봉한 <웰컴 투 동막골>은 전쟁을
소재로 하였고, 코믹영화라는 점에서 큰 기대를 모으지 못했다. 하지만 뚜
껑을 열자 결과는 정반대로 나타났다. 800만 명을 동원하며 한국영화의
역사를 새롭게 썼다. 특히 호화캐스팅도 아니었고, 소재 역시 자칫 진부할
수 있었음에도 일궈 낸 성과여서 더욱 놀랍기만 했다. 그렇다면 <웰컴
투 동막골>은 왜 역대 4위에 오를 만큼 엄청난 관객을 동원하며 열풍을
불러일으킬 수 있었을까. 이에 대한 답은 바로 감성에 있었다. 등장인물이
갖고 있는 사람 냄새가 바로 다양한 관객의 마음을 움직였고, 코믹한 전
개가 지루하고 진부할 뻔했던 전쟁영화를 재미있고 감동적인 영화로서 탈
바꿈해 준 것이다. 산골 마을의 순박한 인간미와 곳곳에 숨어 있는 코믹
한 연기는 영화를 보는 내내 입가에 흐뭇한 미소를 짓게 해 주었다. 관객
의 감성을 슬그머니 자극한 것이다.

우리의 감성'만' 고려한 <디워>, 우리'만'의 감성을 끌어낸 <웰컴 투 동막골>과 <라디오스타>

2005년에 <웰컴 투 동막골>이 있었다면, 2006년에는 <라디오스
타>가 있었다. <왕의 남자>로 일약 스타감독으로 떠오른 이준익 감독의
차기작 <라디오스타>는 전형적인 감성영화로 특히 문화소비에 인색하고
소외되어 있는 '3040 세대'의 지갑을 열게 했다. 80년대를 주름잡던 슈퍼
스타가 지금 우리가 살고 있는 2000년대에 버겁게 살아가는 모습은 오늘

날을 살아가고 있는 3040 세대의 모습 같기도 했다. <라디오스타>는 개봉 한 달 만에 160만 명을 돌파하며 손익분기점을 넘어섰다. <라디오스타>는 추억과 공감이라는 감성이 문화소비에 얼마나 중요한 요소인지를 우리에게 보여 준 것이다.

재미, 기능, 감동이 어우러진 감성콘텐츠

감성문화시대, 소비자가 원하는 콘텐츠는 재미(Fun), 기능(Function), 감동(Feel)이 어우러진 '멀티테인먼트(multi + entertainment = multitainment)' 즐거움이다. 개개인의 욕구와 감정을 고려한 감성지향형 콘텐츠를 바라는 것이다. 유치한 재미를 선사하는 키덜트(Kidult) 콘텐츠가 인기이며, 키티(kitty)를 소재로 한 캐릭터 제품은 소녀들뿐만 아니라 20~30대 여성들도 꾸준히 즐겨 찾고 있다. 교육적 기능과 즐거움의 감성을 접목한 에듀테인먼트 콘텐츠 이용이 일반화되고 있으며, 건강 증진을 목적으로 하면서 재미를 더한 노인용 두뇌 게임의 소비도 늘고 있는 추세이다.

감성 기반 게임이나 영화, 디지털 북, 생리적인 지표를 응용한 홈오토메이션 등 새로운 제품과 콘텐츠가 시장에 지속적으로 출시되고 있다. 예컨대, 인공지능(AI)을 통해 게임 속 캐릭터와 게이머 상호간에 감성작용이 일어나도록 하는 '감성게임'이 등장하고 있다. 감성 온라인게임인 '프리우스 온라인'이 그러한데, 게임 내 등장하는 영혼의 파트너 '아니마'와 게이머가 선택한 캐릭터의 상호 교감을 통해 이야기를 풀어 나가는 방식으로 아니마와의 교감은 전투력 강화 등 게임을 하는 과정에서 중요한 요소이다. 이 외에도 소니가 자사의 게임기 플레이스테이션2(PS2)를 통해 선보인 '이코'는 이용자가 게임의 과제를 해결하면 남자 주인공과 여자 주인공이 손을 잡는데 이때 게임기에 미묘한 진동 효과가 발생하도록 구성되었다.

플레이스테이션의 판매는 단순한 게임기의 판매가 아니다. 플레이스테이션 구매자는 익숙함과 체험의 관성을 체험하게 되고 이것은 또 다른 구매 관성을 일으키게 된다. 체험을 극대화한 게임기로는 닌텐도의 '위(Wii)'가 있다. 닌텐도에서 출시한 차세대 게임기 '위'에는 햅틱스(haptics) 기술 등이 적용된 전용 리모컨인 '위모콘'이 제공되어 좌우로 흔들거나 눌러서 게임을 진행할 수 있게 한다. 블록 장난감으로 유

감성게임 콘텐츠, '프리우스 온라인'과 '이코'

명한 레고사의 블록로봇인 '마인드스톰(Mindstorm)'과 소니사의 로봇 애완견인 '아이보(AIBO)'도 대표적인 기술융합형 체험 아이템이다. 많은 기업들이 소비자가 직접 체험하고 콘텐츠를 사용해 볼 수 있는 공간을 마련하고 있다. 체험을 통한 감성만족은 감성시대 콘텐츠산업의 핵심 키워드가 되고 있는 것이다.

체험을 동해 감성을 창출하는 감성체험콘텐츠는 엑스퍼테인먼트(Expertainment)라고도 불린다. 출시된 지 1년도 안 돼 세계적으로 1,300만 개가 판매된 닌텐도 DS용 소프트웨어인 '닌텐독스'의 경우도 엑스퍼테인먼트의 사례이다. 닌텐독스는 휴대용 애완견 게임이지만 과거의 다마고찌와는 전혀 다른 방식으로 이용자가 터치스크린을 통해 직접 쓰다듬고 강아지는 거기에 반응하는 것을 체험하면서 감성을 생성하게 한다.

인간의 감성을 자극하는 음악을 활용한 '뮤직마케팅'도 감성콘텐츠 전략이다. 뮤직마케팅은 음악의 멜로디나 리듬에 따라 사람들의 기분이 달라지고 마음이 움직인다는 점에 기반하고 있다. 와인을 판매하는 매장

의 경우 클래식 음악을 사용하였을 때 가격이 비싼 고급 와인이 더 많이 팔리고, 식당의 경우에도 느린 템포의 음악을 배경음악으로 할 때 식사시간이 길어지며 음료수의 주문이 늘었다고 한다. 맥도널드가 10대들의 인기를 독차지하는 이유도 따지고 보면 가방 속 MP3를 그대로 옮겨 놓은 듯한 친근한 음악을 또래 친구들과 어울려 들을 수 있기 때문이다. 그래서 맥도널드에는 음악을 들으며 수다를 떨고 숙제를 하는 10대들이 많다. 맥도널드가 10대들의 아지트라면, 스타벅스는 바쁜 직장인과 20~30대 여성들의 커뮤니티 공간이다. 스타벅스의 음악은 스타벅스라는 공간을 '공유'하는 이들을 함께 묶는 기능을 한다. '내 일을 하면서도 누군가와 함께 있다'는 강한 소속감을 음악으로 공유할 수 있기 때문이다. '따로 또 같이'의 개념이다. 스타벅스의 음악은 전 세계 어디에서나 똑같이 나온다. 1989년 스타벅스가 인수한 '히어 뮤직'이라는 음반 제작회사에서 한 달에 한 장씩 전 세계 39개국 1만 3천여 군데의 매장에 일제히 공급하기 때문이다. 이는 스타벅스만의 음악을 들으며 '감성'을 '체험'하는 마케팅 전략을 통해 브랜드의 통일성을 추구하기 위함이다.

감성콘텐츠 전략 = '기쁨의 경험'을 '기획'하고 '감성적'으로 '공유(공감)'

『퍼플 카우(Purple Cow)』의 저자 세스 고딘(Godin, S.)은 감성적 욕구를 자극하기 위해 '보랏빛 소'가 필요하다고 주장한다. 가족과 함께 프랑스 여행 도중 동화에나 나옴직한 소 떼 수백 마리가 고속도로 바로 옆 그림 같은 초원에서 풀을 뜯고 있는 모습을 보고 절로 "아~ 정말 아름답다."라고 탄성이 나왔으나, 채 20분도 지나지 않아 소들을 외면하기 시작했다. 새로 나타난 소들은 아까 본 소들과 다를 바가 없었고, 평범하다 못해 지루하기까지 했기 때문이었다. 그 소들 중 아무리 완벽하고 매력적이고 성질 좋은 놈이 있을지라도 지루하기는 마찬가지였다. 하지만 세스 고딘은 여기서 '보랏빛 소'라면 어떨 것인가라는 질문을 제기한다. 같은 소지만 흥미가 다시 동할 것이라는 것이 바로 독특한 착상의 이유이다. 그는 "산업혁명 이후 우리는 초원에서 풀을 뜯고 있는 같은 소를 보아 왔다. 소들은 기술의 발달로 기능적인 측면은 상향평준화되어 있었지만 소비자의 변화된 욕구를 충족시켜 주기에는 무리가 있었다."고 주장한다. 그리고 지루해하는 소비자에게 보랏빛 소는 감성의 소통을 의미한다고 설명하면서 감성의 욕구를 충족시켜 줄 수 있어야 다시금 흥미와 관심을 갖게 된다고 단언하였다. 세스 고딘은 이 같은 현상을 종합하면서 "대다수 사람들의 니즈를 충족시키는 마케팅에서 이제 사람들의 욕구(Wants)를 충족시키는 마케팅의 시대에 접어들었다."고 말한다.

21세기 고객의 욕구는 감성의 소통이다. 감성사회의 가치와 생활의 중심이 즐거운 삶으로 이동해 가고 있기 때문에 감성시장은 더욱 확대될 것이다. 이제 현대사회는 통제와 규율을 바탕으로 하는 경직된 이성주의를 넘어서 인간의 자율성을 중시하는 문화적 감성주의가 중심이 되는 사회로 옮겨 가고 있다. 따라서 감성콘텐츠 역시 사람과 사회에 대한 이해를 바탕으로 인간의 즐거움이 강조될 수 있도록 기획되고 만들어져야 할 것이다. 재미있는 경험, 즉 '기쁨의 경험'을 '기획'하고 '감성적'으로 '공유(공감)'하는 것, 이것이 바로 감성콘텐츠 전략의 기본이다. 미디어비즈니스에 감성 키워느들 접목하는 것은 소비자를 살맛 나게 함으로써 새로운 비즈니스 기회를 창출하는 전략이 된다.

하이콘셉트의 콘텐츠 트렌드 및 전략

음악은 물론 대화와 사랑도 자유롭지 못한 미래 어느 시점의 통제된 사회에서 네 명의 전사가 휴대전화로 음악을 전파하며 싸운다는 내용의 애니콜 광고('애니밴드' 편)가 광고계는 물론 문화콘텐츠 시장에 신선한 충격을 던져 주고 있다.

2005년 추리연작 드라마로 시작한 애니콜 광고는 시리즈가 발표될 때마다 신선한 충격을 던져 주었는데, 2007년 말 '애니밴드'는 그 결정판이라 할 만하다. 애니밴드는 팝·가요·랩·재즈 등 다양한 장르를 아우르는 네 명의 스타로 구성된 프로젝트 밴드에다 광고인 동시에 뮤직비디오, 콘서트 등 온·오프라인을 넘나드는 형식으로 폭발적인 인기를 얻고 있다. 애니밴드의 'TPL(Talk Play Love)'은 음악사이트마다 1위를 차지했고 뮤직비디오는 공개한 지 10일 만에 500만 조회를 기록했다. 뒤이어 12월 27일 88체육관에서 열린 첫 번째 콘서트는 3,000여 명의 관객으로 가득했다.

94년 9월부터 98년 6월까지
'한국지형에 강하다!'라는
컨셉트로 캠페인 전개

즐겁게 대화(Talk)하고
인생을 즐기고(Play)
더욱 사랑하라(Love)
07년 Anycall 광고

이번 애니밴드 기획은 우리 문화콘텐츠산업의 최신 트렌드를 극명히 보여 준다. 기존의 애니 시리즈가 뮤직 비디오를 광고, 온라인 음원·동영상 등으로 다양하게 활용하는 '토털 엔터테인먼트 광고' 스타일을 보여 주었다면, 애니밴드는 기획부터 연출까지 총괄하며 홍보와 공연이 밀접히 결합된 새로운 방식의 마케팅, 광고와 엔터테인먼트를 결합한 '브랜디드 엔터테인먼트 마케팅' 스타일로 진화했다. 결국 애니밴드는 광고와 엔터테인먼트, 음악과 영상, 온라인과 오프라인 매체를 아우르는 하이브리드 콘텐츠인 것이다.

하이컬처 시대, 하이콘셉트 필요

우리 주변의 현상 중 문화콘텐츠와 관련한 변화를 이끄는 추동력은 거의 절대적으로 테크놀로지의 파워에서 나온다고 해도 과언이 아니다. 최근 이 테크놀로지 추동력에 무언가 변화가 일고 있는데, 하이테크(High Tech.)에서 하이컬처(High Culture)로 패러다임이 변화하고 있다는 것이다. 하이테크 기반의 다양화된 정보들과 제도적인 중심이 이끌던 사회를 지나 하이컬처 시대로 나아가고 있다. 과거에는 하이테크라는 매력 자체가 수요를 창출했으나, 오늘날에는 하이테크 제품을 만든 회사의 브랜드 가치, 디자인, 사용자 간의 공감대 형성, 감성적인 만족도 등이 제품 선택에 큰 영향을 미친다. 얼마나 사용자의 요구를 잘 반영하는가가 매우 중요해지며 미래에는 이러한 사용자의 역할이 보다 확대되어 실제 기술 개발에도 큰 영향을 미치는 사용자 중심의 사회가 된다. 이른바 하이콘셉트(High Concept)의 시대인 것이다.

하이콘셉트는 원래 다니엘 핑크(Daniel H. Pink)의 저서 「새로운 미래가 온다(A Whole New Mind, 2005)」에서 제시된 개념이다. 그는 18세기 이후 산업의 변화를 농경 시대, 산업화 시대, 정보화 시대, 그리고 하이콘셉트 시대로 구분한다. 특히 그는 현재 지식근로자가 주도하는 정보화 시대가 조만간 창의성, 감성 등의 새로운 능력으로 무장한 창조근로자가 주도하는 하이콘셉트 시대로 진화할 것이라고 강조하였다. 하이콘셉트는 트렌드와 기회를 감지하는 능력, 무관해 보이는 아이디어의 결합을 통해 남들이 전혀 생각하지 못했던 새로운 아이디어를 창조하는 역량, 예술적·감성적 아름다움을 창조하는 능력 등을 종합적으로 지칭하는 개념이다. 즉 하이콘셉트는 인간의 창의성과 독창성에 기반을 둔 새로운 아이디어의 창출과 실현 능력인 것이다. 하이콘셉트의 성공적 구현을 위해서는 하이터치(high touch)가 중요하다. 하이터치는 인간의 미묘한 감정을 이해하는 것, 공감을 이끌어 내는 것 등을 의미한다.

미디어-콘텐츠 공존, 퓨전, 롱테일-매쉬업 등 하이콘셉트의 콘텐츠 트렌드

하이콘셉트 시대를 이끄는 컨버전스와 유비쿼터스 패러다임은 문화콘텐츠의 개념을 획기적으로 바꾸어 놓고 있다. 하이콘셉트 시대 문화콘텐츠 속성의 변화를 정리하면 다음과 같다.

첫째, 미디어와 콘텐츠의 공존, 클로스플랫폼화이다. 예컨대 TV를 통해 시청하던 드라마를 이제는 PC를 통해 다운로드받아 볼 수도 있고, 휴대폰을 통해 이동 중에 시청할 수도 있게 된 것이다. 물론 현실적으로는 미디어와 콘텐츠의 기술적 분리가능성 여부와는 상관없이 관련 진영 간의 다양한 이해관계나 규제에 의해 미디어와 콘텐츠 간의 높은 결합도가 여전히 존재하고 있어 당분간 결합과 분리가 다양한 수준에서 공존해 나갈 것으로 기대된다.

둘째, 콘텐츠 퓨전(fusion)이다. <반지의 제왕>과 같이 영화의 개봉과 동시에 동일 시나리오(콘텐츠)에 기반을 둔 게임, 만화, 음반의 동시 발매가 이루어지는 것이다. 콘텐츠 퓨전 스타일은 에듀테인먼트, 무비라마

(영화＋드라마), 머시니마(영화＋게임), 뮤비라마(뮤직비디오＋드라마), 모비소드(모바일＋에피소드), 게임 속 광고(advertising in game) 등 다양한 모습으로 등장한다. 이제 콘텐츠 간 퓨전은 자연스러운 현상으로 받아들여진다. 이러한 이종결합의 확산은 시너지 효과를 낳는 것은 물론 고갈된 소재와 제작방식을 극복하는 방안으로 효과적이다. 또한 새로운 콘텐츠 시장을 형성하며 수익모델 확장에도 일조를 할 것으로 기대된다.

셋째, 롱테일(long tail) 콘텐츠와 매쉬업(mash up) 콘텐츠의 부상이다. 롱테일 법칙은 기존의 마케팅 법칙인 20 : 80의 법칙, 즉 매출의 80%는 상위 20%의 고객에서 나온다는 법칙이 인터넷 등 뉴미디어를 활용한 마케팅 환경에서는 통하지 않고, 기존에 외면받았던 80%의 고객층에서 훨씬 큰 매출이 나온다는 법칙이다. 예컨대, 인터넷 서점인 아마존에서 주된 매출은 구매력이 작았던 부분인 80%의 꼬리 부분에서 나오며 이것들의 총합은 20%의 고객에서 나오는 매출을 능가한다. '매쉬업'이란 본래 음악 세계에서 가수나 DJ가 두 가지 곡을 조합해 또 다른 곡을 만들어 내는 것을 의미한다. 하지만 최근 논의되고 있는 매쉬업 개념은 서로 다른 성격의 콘텐츠가 합쳐서 새로운 가치의 콘텐츠를 생산하는 것을 일컫는다. OSMU 차원을 넘어 MSMU(Multi Source Multi Use), MSQU(Multi Source Quick Use) 차원으로 나아가는 것이다. e－스포츠, 이종격투기 등은 재생산이 아닌 재창조에 가깝나.

결국 하이콘셉트 시대 문화콘텐츠는 컨버전스 및 유비쿼터스 환경에 적합한 고품질 콘텐츠로 진화함과 동시에 사회적 자본(지인 네트워크)에 대한 니즈를 충족할 수 있는 콘텐츠로 이동·발전할 것으로 기대된다. 개인 이동형 단말기(PMP, DMB 등)의 대중화, 디지털콘텐츠 제작기기(디카 등)가 확산됨에 따라 이용자의 수요와 취향을 반영하는 개인형 미디어 및 콘텐츠 서비스 요구 증대, 콘텐츠프로슈머(prosumer)화 가속화 등이 기대된다.

공유의 경제학, 개방의 네트워크 기반 '하이콘셉트'의 콘텐츠 창조해야

하이콘셉트 시대에 무엇보다도 중요한 화두는 바로 우리들이 단순한 사용자나 소비자가 아니라는 점이다. 이는 웹2.0 시대가 가지는 속성과도 일치한다. 이제 우리는 생산자이자 평가자이다. 단순히 콘텐츠를 소비만 하던 것에서 벗어나 이제는 직접 참여해 무엇인가를 만들어 내고 이를 다른 사람과 공유한다. UCC열풍이 그렇고, 집단지성이 그렇다. 이에 기반을 두어 향후 힘 있는 소수보다 평범한 다수의 힘이 더욱 큰 위력을 발휘하게 될 것이다. 80%의 '긴 꼬리'(롱테일) 집단이 세상을 움직이는 힘을 얻게 된다. 이러한 참여시대의 도래는 미래의 이야기만이 아니라 현재 진행형이다. 공유의 경제학, 개방의 네트워크가 하이콘셉트 시대의 새로운 화두인 것이다.

콘텐츠 기업 입장에서 하이콘셉트는 기능, 성능 가치 대신 새로운 감성 가치를 창조하거나, 차세대 기술/제품의 추구 대신 새로운 제품 콘셉트를 창조하는 것 등으로 정의된다. 즉 사회와 소비자의 시대적 변화 속에서 새롭게 등장하는 감성적 니즈를 기회로 포착하고, 현재 존재하는 다양한 기술들을 모아 새롭고 매혹적인 콘셉트의 제품으로 구현해 내는 것을 의미한다.

하이콘셉트 시대에는 가치와 경쟁력의 원천이 품질, 기능, 성능 중심에서 모방이 어렵고 쉽게 범용화되지 않는 디자인, 창의력, 스토리 등의 콘셉트 중심으로 점차 이동한다. 이에 따라 차별화와 경쟁의 틀 역시 감성적 가치와 새로운 제품/서비스의 콘셉트 중심으로 고도화된다. 이러한 과정에서 고객과의 감성적 교감과 시대를 앞서는 콘셉트 창조는 핵심적인 시장 성공 요인이 될 것이다. 시장 점유(market share)보다는 시간 점유(time share)의 확대가 보다 중요한 요소가 된다. 콘텐츠 관련 사업자 간 경쟁적 협력관계가 팽배한 상황에서 기업의 경쟁은 '소비자 접점의 장악'과 '소비자 시간점유율의 극대화'에 초점이 맞추어져 있다.

미디어2.0 시대에 소비자는 자신이 좋아하는 것을 남들에게 적극적으로 말하기 시작했다. 다른 이의 관심을 끌 수 있다면 UCC든 화상전화든 무엇이건가를 통해서 '쇼' 하기를 주저하지 않는다. 이런 상황에서 콘텐츠기업은 소비자들이 자유롭게 말하는 것을 통제할 수도 없고 기업이 원하는 것만을 소비하도록 유도할 수도 없다. 하여 이제 기업은 소비자들이 관심을 가질 만한 입소문거리를 제공하여 활발한 참여와 재생산을 유도해야 한다. '소비자의 관심을 끌라', 이것이 바로 하이콘셉트 시대 콘텐츠기업의 지상과제가 되는 것이다.

콘텐츠 서비스 기획 시 고려요인

- 일상적 적용성: 인간의 습관을 연구하라.
- 매혹적 요인: 테크놀로지도 섹시해야 한다(예, 천문학적 비용의 우주여행).
- 좌절감 요인: 사용법이 복잡한 기계에 기가 죽는다.
- 대체요인: 소비자의 소비행태를 관찰하라.
- 구조적 요인: 인프라 구조를 혁신하는 발명품은 보급속도가 느리다.
- 시장 세분화 요인: 누구를 위한 상품인가를 명확히 하라.
- 복합성 요인: 복합적 기능(컨버전스)보다는 조화가 중요하다(디버전스).
- 윤리적 요인: 기술의 윤리성도 중요한 시대이다(CCTV, 적외선 카메라 등).

하이콘셉트로 미래 콘텐츠 시장의 지속성장 조건 마련해야

다양한 행위자들의 참여 유도를 통해 미래 콘텐츠 시장의 지속성장 조건을 마련해야 하는데, 다음과 같은 방안들을 고려할 수 있겠다.

먼저 고객 접점 지역의 확보로 향후 킬러앱(killer application)의 등장에 부응해야 한다. 하이콘셉트가 어떤 기기, 어떤 서비스로 구현되든 고객과의 접점에서 발생한다고 가정할 때, 결국은 최종 소비자와의 연결고리를 확보하는 사업자가 승리하게 된다. 향후 어떤 킬러 애플리케이션이 등장하더라도 그 서비스는 최종 소비자와의 접점 공간에서 시작될 것임은 당연하다. 사용자가 가장 편리하게 콘텐츠를 이용할 수 있는 환경을 제공하는 업체가 시장의 패권을 차지하게 될 것이다.

다음으로 멀티 플랫폼에 적합한 양질의 콘텐츠가 제공되어야 한다. 컨버전스 및 디버전스(divergence)에 따라 다양한 단말 및 플랫폼이 등장하고 있는 상황에서, 각각의 플랫폼에 적합한 양질의 매력적인 콘텐츠를 제공하는 것이 중요해지고 있다. 융합형 콘텐츠, 실시간 맞춤형 서비스에 대한 요구에 맞춰 새로운 서비스 모델을 창출하는 것은 중요한 과제라고 할 수 있다. 플랫폼과 단말기의 특성에 맞는 '멀티유저(Multi User), 멀티 트랜스포메이션(Multi Transformation)' 전략을 추구해야 한다. 폭증하는 콘텐츠 수요를 신규로 제작해서 해결하는 것이 사실상 어렵기 때문에, 다양한 단말과 유통 환경에서 유사 내지 동일 콘텐츠를 공유(share)하려는 이용자 니즈를 활용하면서 다양한 비즈니스 우회 전략을 모색해야 한다.

하이콘셉트가 주목받는 이유는 무한한 확장가능성에 있다. 하이콘셉트는 인간이 추구하는 다양한 욕구를 충족시키기 위해 기능적 융합과 해체가 자유롭게 이루어지면서 지속적으로 진화해 나갈 것이다. 이에 예술적이고 감성적인 아름다움을 창조하고 트렌드를 감지하며 스토리를 만들어 낼 수 있는 하이콘셉트의 능력이 우리에게 요구된다고 하겠다. 바퀴를 만든 사람은 단지 기술자에 불과하다. 바퀴를 병렬로 연결하고 나무를 얹어 마차가 되어야만 운반체로서의 가치를 갖게 되는 것이다. 이것이 바로 하이콘셉트 능력이다. 기술을 아름답게 하는 디자인 능력, 공감을 이끌어 내는 스토리 구성 능력, 이질적인 조각들을 서로 결합하는 조화력, 즐길 줄 아는 여유, 의미와 만족을 추구하는 정신 등이 그 조건이다. 이는 단순한 기능적 융합(컨버전스)이 아님을 역설한다. 삶의 질 향상을 위해 새로운 가치를 창조해 내는 화학적 차원의 문화혁신이어야 하는 것이다.

하이콘셉트 시대에 우리 자신, 기업, 국가에 필요한 것이 바로 이것이다.

하이콘셉트의 구성(여섯 가지 법칙)

1. 디자인: 기능만으로는 안 된다(시각적으로 아름답거나 좋은 감정을 선사해 가치 제공).
2. 스토리: 단순한 주장만으로는 안 된다(설득, 스토리가 중요).
3. 조화: 집중만으로는 안 된다(통합, 이질적인 조각들을 서로 결합하는 능력이 중요).
 - "수레바퀴를 발명한 사람은 멍청이다. 바퀴를 네 짝으로 만든 사람, 그 사람이 천재다."
4. 공감: 논리만으로는 안 된다(유대 강화, 배려하는 정신).
5. 놀이: 진지한 것만으로는 안 된다(마음의 여유, 웃음, 유머).
6. 의미: 물질의 축적만으로는 안 된다(목적의식, 초월적 가치, 정신적 만족 등).

자료: Daniel Pink(2005), A Whole New World, Penguin Group Inc.

체험 연출과 몰입 전략

체험소비 기반 체험경제 패러다임

각종 팬클럽, 클럽 문화, 서포터즈의 집단 응원, 촛불집회, 주말휴가, 배낭여행, 사회봉사 활동, 장수프로그램 <체험 삶의 현장>, 체험 쇼를 지향하는 TV 토크쇼, 노래방과 찜질방 등, 우리가 일상적으로 향유하는 이런 문화의 공통적 키워드는 '체험(experience)'이다.

이처럼 체험을 소비하는, 이른바 체험 소비는 이미 우리 주변에 널리 퍼져 있다. 불황과 저성장이라는 침체 분위기에서 탈피하기 위해 즐거움을 추구하고자 하는 욕구가 더없이 강화되고 있다. 이러한 욕구는 단순히 제공을 받는 수동형 즐거움에서 벗어나 자신이 직접 움직이면서 즐거움을 느낄 수 있는 능동형 향유로 바뀌고 있다.

체험 소비가 기반이 되는 경제를 '체험경제(Experience Economy)'라고 부른다. 체험경제에서 기업은 체험에 기반을 둔 비즈니스 전략을 기획하는데, 체험마케팅으로 정의된다. 번 슈미트(Bernd Schmitt) 교수에 따르면, 체험마케팅은 고객의 욕구에 따라 정서적인 측면을 자극하는 커뮤니케이션을 하면서 고객 체험에 호소하는 마케팅전략이다. 좀 더 뛰어난 감각적 느낌과 감성적 느낌을 제공함으로써 고객의 사고와 라이프스타일, 소속감과 연대감에 소구해 고객체험을 창조해 내는 것이다. 체험마케팅 전략의 핵심은, 고객의 오감을 자극하는 '감각(sense)', 즐거움과 자부심에 영향을 미치는 '감성(feel)', 지적인 기능에 호소하는 '인지(think)', 육체적인 체험에 호소하는 '행동(act)', 고객과 관계를 형성하는 '관계(relate)' 등 다섯 가지에 호소하는 것이다. 소비자에게 다섯 가지의 총체적인 경험을 제공했을 때 최상의 가치를 창출할 수 있다. 예컨대, 싱가포르 항공의 경우 항공사는 시각적으로 세련되고 우아하며(감각), 친절하고 정성 어린 서비스를 제공하고(감성), 혁신적이고 창조적이며(인지), 서비스와 행동을 지향하는(행동), 국제적이면서 동시에 싱가포르적인(관계) 것으로서 완전히 총체적인 경험을 제공한다.

종합적인 체험으로 몰입 이끌기

많은 체험에 공통되는 것은 그 체험이 고도의 것일수록, 사람들이 거기에 열중해 '몰입'한다는 것이다. 바로 이러한 '몰입'이 감성적 커뮤니케이션 특유의 현상이다. 휴대전화를 이용하여 친구와의 커뮤니케이션에 푹 빠져 있는 것이 대표적인 예이다.

몰입에는 두 가지 종류가 있다. 첫 번째는 사람들의 역할이 정보의 수용자로서 수동적인 입장을 취하는 경우이다. 이를 '수동적 몰입'이라고 한다. 스포츠 감상과 영화 감상 등이 이에 해당한다. 또 다른 한 가지는, 사람들이 능동적인 관계를 통해 만끽하는 몰입이다. 이를 '능동적 몰입'이라고 한다. 예술적 창작 활동 등 통합적 체험을 수반하면서 느끼는 감각이 그러하다. 컴퓨터 게임은 본래 사람들이 게임에 주체적으로 관계되기 위해 능동적 몰입을 하게 하지만, 장시간 타성적으로 하다 보면 게임을 하고 있음을 깜빡 잊어버리는 수동적 몰입상태로 전이되는 경우가 많다.

감성체험시대를 사는 새로운 세대는 감성미디어를 이용한 능동적 몰입을 추구한다. 능동적 몰입은 종합적인 체험으로 구현된다. '몰입감'을 높이기 위해서는 단순한 물리적 체험이나 정신적인 체험보다는 두 가지 체험을 적절히 융합한 종합적인 체험이 필요하다. 종합적인 체험을 제공하는 행위로는 음악연주, 스포츠 등 참여자 스스로가 오랫동안 교육을 받아 직관적으로 몰입 상태에 빠지는 것이 대부분이다. 라디오나 TV 등 기존 미디어는 종합적인 체험을 제공하지 못했다. 그러나 디지털기기, 융합 미디어는 물리적 체험과 정신적 체험을 모두 가능하게 한다. 디지털 기기 이용자는 자신의 신체를 통해 물리적 체험을 하는 동시에 정신적인 교감 등의 추상적 체험을 얻을 수도 있다.

소니(Sony)의 플레이 스테이션(Play Station)은 재미와 경험을 동시에 판매함으로써 기업의 수익을 꾀하는 전형을 보여 준다. 소니는 단순히 오락기계 판매를 통해 수익을 꾀하지 않는다. 광범위한 게임목록, 콘텐츠에 승부를 건다. 각종 스포츠 게임을 비롯해 파이널 판타지, 아이토이 등의 히트작을 발매하면서 소니는 전 세계의 어린이뿐만 아니라 성인들까지 마니아로 만들어 내고 있다. 소비자는 자연스럽게 플레이 스테이션에 나오는 게임과 게임 속의 캐릭터들에 익숙해지게 되고, 후속작이 나오면 즉시 구매를 하게 된다. 가격에 상관없이 말이다. 이는 경험마케팅에 의해 구매 관성이 생기기 때문이다.

싸이월드와 블로그 등의 온라인 개인커뮤니티 미디어는 자신만의 공간을 꾸미고, 다른 이들의 삶을 직·간접적으로 체험할 수 있는 기회를 제공한다. 또한 사회참여의 장으로 콘텐츠 생산과 분배의 전초기지 역할을 수행한다. 인터넷 댓글은 이제 새로운 콘텐츠로 자리매김하고 있다. 유효성 있는 실시간 커뮤니케이션 수단으로서뿐만 아니라 댓글 달기는 놀이의 한 수단으로, 상품이용후기는 상품구매의 유용한 지침서로 활용되고 있다.

철옹성같이 높아 보이던 TV매체에도 일반인이 참여할 수 있는 기회가 증가하고 있다. 시청자 참여프로그램이 높은 인기를 얻고 있으며, 이보다 더 진일보하고 능동적인 참여를 요구하는 일반인 대상 리얼리티 프로그램은 지상파와 케이블TV를 막론하고 가장 인기 있는 콘텐츠로 각광받고 있다.

몰입을 위한 전략, 플로우 체험(스위트 스팟)

그렇다면 어떻게 체험을 종합적으로 제공해 몰입을 이끌어 낼 것인가. 무엇보다 체험은 쉽고 재미있는 것이어야 한다. 칙센트미하이(Mihaly Csikszentmihalyi)는 '플로(flow)'라는 개념을 통해 개인의 즐거움, 즉 기쁨의 체험을 설명하고 있다. 플로는 어떤 행위에 몰입(沒入)하고 있을 때 느끼게 되는 포괄적 감각으로, 어떤 대상에 집중하고 있을 때 느끼는 즐거움으로 거기에 완전하게 얽매여 그 이외의 다른 것(잡음, 시간의 경과)을 완전히 잊게 될 정도의 상태를 의미한다.

플로가 달성되는 구조는 '심리적 엔트로피(psychic entropy)'라는 개념으로 설명된다. 현재의 의지와 상반되는 정보 또는 의지의 수행으로부터 우리를 방해하려는 정보에 의해 의식이 혼란스럽고 집중할 수 없는 상태를 심리적 엔트로피(심리적으로 무질서 상태)라고 한다. 그리고 그 반대의 상태가 '최적 체험, 즉 플로 체험'이 된다. 의지와 상반되지 않고 의지의 수행이 방해받지 않는 때는 심리적 에너지가 보다 부드럽게 흘러 '기분이 좋다'라고 하는 긍정적 피드백이 나타나기 때문에 대상에서 제시되는 문제를 보다 잘 처리할 수 있는 상태가 된다. 플로는 바로 이와 같은 최적의 체험 상태에 있게 될 때 발생한다. 사용자에게 주어진 상황에서 자신이 느끼는 도전의 정도나 양, 그리고 도전을 감당할 만한 기술과 능력 등이 균형을 이룰 때 사람들은 대상에 '몰입'하게 되며 강하고 긴장된 즐거움을 체험하는 몰입을 경험하게 된다. 새로운 게임, 새로운 디지털미디어가 등장했을 때 이러한 원리는 그대로 적용된다.

따라서 콘텐츠 비즈니스는 최적의 체험, 즉 플로에 목표를 두어야 하는바, 몰입체험을 위한 기획이 요구된다. 플로라는 최적의 체험 상태에 있게 되면 자신이 사용하는 콘텐츠에 전적으로 집중하게 되기 때문이다. 이와 같은 정점의 상황은 흔히 '스위트 스팟(sweet spot)'에 속한다고 설명된다.

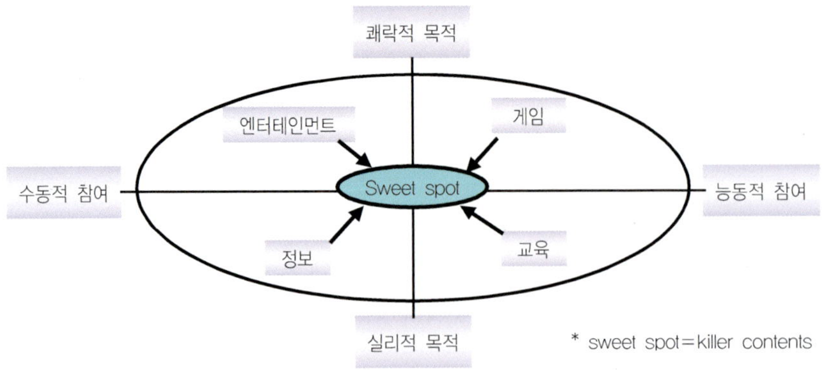

스위트 스팟과 콘텐츠 포지셔닝

원래 스위트 스팟은 야구 배트나 테니스 라켓 등에서 공을 맞히는 최적지점을 말한다. 그러나 이제는 점점 의미가 확대돼 마케팅에서는 고객과의 친밀감이 극대화되는 순간을 뜻하게 되었다. 예컨대 영화관에서는 감독이 의도한 음향을 가장 가까이 느낄 수 있는 좌석 등을 의미한다. 스위트 스팟에 속하기 위해서는 다음 네 가지 영역의 특성을 모두 가지고 있어야 한다. 첫째, 엔터테인먼트 체험을 제공해 사용자가 즐거움을 갖고 좀 더 많은 시간을 보내게 하며, 둘째, 게임적인 성격을 제공해 사용자로 하여금 무엇이든 될 수 있다는 자유스러운 기분이 들도록 해야 한다. 그리고 셋째, 교육의 체험을 제공하여 이용자로 하여금 체험을 통해 뭔가를 배울 수 있다는 느낌이 들도록 해야 하며, 넷째, 유용한 정보를 제공함으로써 사용자들에게 유익한 체험이 되도록 해야 한다.

연극 연출과 같은 '체험의 기획'

체험은 그 자체가 새로운 상품이다. 기업이 체험을 마케팅의 수단으로만 여기던 시대는 지나가고 있다.

오늘날 마케팅의 궁극적인 목적은 고객에게 가치 있는 체험, 즉 최상의 체험을 제공하는 것이다. 체험마케팅을 위해서는 체험이 소비자에게 중요한 경험으로 기억되어야 한다. 그리고 이를 위해서는 체험이 테마화되어야 하며, 긍정적 신호로 감정과 조화를 이루어야 하고, 체험을 통해 부정적 신호가 제거되어야 한다. 또한 기념이 될 만한 것에 체험이 혼합하여야 하고, 오감이 최대한 활용될 수 있어야 한다. 그리고 체험마케팅의 체험은 능동적이고 적극적이며 소비자가 주체적으로 참여할 수 있도록 구성되어야 한다.

체험은 어떤 자극, 구매 전후의 마케팅 노력에 의해 제공되는 자극에 대한 반응으로, 사건의 직접적 관찰과 참여로부터 발생한다. 체험은 대개 자동적으로 만들어지는 것이 아니라 유도되는 것이다. 따라서 체험 전략은 한 편의 연극을 준비하듯이 기획되어야 한다. 연극을 하기 위해서는 무대가 있어야 하고 연기자와 연출자가 있어야 한다. 그리고 어떤 드라마인지를 규정하고 연기자들이 연기할 수 있는 대본(script)이 있어야 한다. 체험마케팅은 기본적으로 연극의 무대와 같다는 콘셉트에서 출발하였기 때문에 그 개념도 연극의 것과 유사하다. 마케팅전략은 드라마(drama)로 표현되며, 연극의 대본인 스크립트(script)에 해당하는 것은 과정(process)이다. 또한, 연극무대는 수행(work)을 의미하며, 연극에서 제공하는 것을 퍼포먼스라고 한다면 마케팅적으로는 제공물(offerings)에 해당된다. 드라마는 연극을 위한 총체적인 세획을 의미하기 때문에 체험마케팅을 수행하기 전에 전략과 구체적인 실행계획을 수립하며, 단계별로 각 참여자들이 어떤 업무를 진행해야 하는지에 대한 총체적인 계획수립과정을 의미한다. 이렇게 한 편의 연극무대를 준비하듯이 체험 전략도 연출된 각본과 드라마에 의해 톱니바퀴가 맞물리듯이 조직적으로 수행되어야 하는 것이다.

방송프로그램의 새로운 화두, 포맷차별화 & 세분전문화

　　다매체·다채널 시대가 본격화되면서 방송콘텐츠의 다양화와 전문화가 필수적인 요소로 부각되고 있다. 방송사업자들은 시청자를 확보하기 위해 콘텐츠의 차별화에 힘쓰며, 새로운 콘텐츠 개발에 박차를 가하고 있다. 새로운 프로그램 포맷 개발은 시청자의 의견과 사회 분위기를 적극 반영한다. 아날로그가 디지털로 전환되고, 새로운 플랫폼이 대거 등장하면서 시청자들도 달라진 미디어 환경에 적합한 콘텐츠를 원하고 있다. 실제로 아날로그 TV의 디지털 전환은 전 세계적으로 매우 빠르게 이뤄지고 있는데, 새로운 플랫폼의 도입을 서두르면서 미디어 환경이 빠르게 변하고 있다. 즉 과거 일방향이던 프로그램 포맷이 양방향이 가능한 플랫폼의 등장으로 바뀌고 있는 것이다.

'리얼리티' 프로그램 포맷의 지속적인 인기

　　최근 전 세계적으로 콘텐츠의 차별화와 고급화, 전문화가 화두로 떠오르면서 방송사업자 및 제작자들은 킬러콘텐츠 확보와 새로운 포맷 만들기에 한창이다.

　　그 첫 번째는 방송콘텐츠의 '리얼리티'다. 꾸며지고 연출되는 것보다 내가 겪을 수 있고 누구에게나 일어날 수 있는 그런 일들을 소재로 만들어지는 프로그램이 인기를 얻고 있다. 리얼리티의 활용은 버라이어티뿐만 아니라 드라마, 영화, 다큐멘터리까지 다양해지고 있다. 예컨대, 국내에서 큰 인기를 얻고 있는 <무한도전>, <1박 2일> 등의 프로그램도 리얼리티 버라이어티 프로그램이다. 국내뿐 아니라 리얼리티 프로그램은 전 세계적으로 새로운 트렌드를 형성하며 지속적인 인기를 구가하고 있다. 미국의 인기드라마 <히어로즈>나 <페인킬러 제인>과 같은 영웅드라마도 평범한 사람들이 세계를 구하는 스토리의 리얼리티 형식을 차용하고 있다. 과거 미국의 슈퍼히어로는 근대 만화 특히, 마블코믹스와 DC코믹스의 영웅캐릭터들에서 기인한다.

美 코믹스에서 그려진 슈퍼히어로들(초기 미국의 슈퍼히어로 팬텀과 스파이더맨)

1930년대부터 팬텀과 슈퍼맨, 배트맨 등이 새롭게 창조되면서 1930년을 관통하는 대공황시대와 이어지는 2차 대전 시대를 상징하는 시대상을 반영한 각종 슈퍼히어로들이 미국에서 붐을 일으키기 시작하였는데, 이때의 슈퍼히어로는 초인적인 존재로서 인간과는 다른 영웅의 모습을 띠고 있었다. 사람들은 이들을 보면서 어려운 시기를 이겨내는 데 큰 힘을 얻었고, TV와 영화로도 확산되면서 하나의 장르로 자리 잡았다.

반면, 2006년 미국은 물론 세계 각국에 엄청난 센세이션을 불러일으킨 슈퍼히어로물 <히어로즈>는 평범한 사람들이 우연히 자신의 능력을 발견하면서 세상을 구할 수밖에 없는 상황에 이르러 세상을 구한다는 스토리 라인을 갖고 있다. 편당 제작비로 300억 원에 가까운 비용이 투자된 <히어로즈>는 시청자의 눈을 즐겁게 하는 특수효과와 슈퍼히어로 장르의 투철한 팬들과 심심풀이로 채널을 돌리는 일반 대중 사이에서 밸런

슈퍼히어로 드라마의 인기를 점화한 〈히어로즈〉와 여성 슈퍼히로 인이 활약하는 〈네버다이 제인〉

스를 유지해 내는 탁월한 시놉시스로 인해 미국뿐만 아니라 세계 각국의 마니아층을 형성했다. 우리 주변의 삶과 영웅의 삶을 리얼리티를 중심으로 새롭게 엮어 낸 〈히어로즈〉는 드라마의 성공에 힘입어 모바일 게임으로도 제작되었으며, 코믹스와 각종 캐릭터 상품 등으로 파생되어 성공한 OSMU로도 꼽힌다.

〈히어로즈〉의 성공에서 본 것과 같이 리얼리티는 다양한 프로그램과 어울려 새로운 포맷을 형성하고 있다. 특히 미국에서는 이러한 리얼리티 프로그램이 더욱 활성화되어 있어 많은 사람들이 미국을 리얼리티 프로그램의 본산으로 알고 있지만, 엄밀히 말하면 현대 리얼리티 프로그램을 창시한 국가는 영국과 스웨덴이다. 미국의 리얼리티 쇼로 알고 있는 〈서바이버(survivor)〉도 영국에서 창안되었고, 스웨덴에서 첫 방송되었으며 이후에는 세계적으로 프랜차이즈를 맺어 유명세를 떨치게 된 것이다.

세계 리얼리티 트렌드를 선도하는 미국의 동향 및 문제점

현재 리얼리티 프로그램의 메카는 단연 미국이다. 2000년에 CBS에서 제작한 〈서바이버〉는 세계 각국에 수출되어 호평을 받았고, 이후 CBS

는 관음적인 소재를 가진 <빅 브라더(Big Brother)> 등을 제작하였으며, ABC는 여성들의 생활을 관찰한 <싱글 걸즈(Single Girls)>, 서바이버와 유사한 포맷의 <라이벌스(Rivals)>를 내보냈으며, NBC도 다양한 스타일의 리얼리티 프로그램을 선보이고 있다. 하지만 이러한 리얼리티는 관음적 소재나 서바이버 형식에 국한되어 선정성 및 진부한 프로그램이라는 비평을 받았다. 이에 미국에서는 최근 좀 더 다양한 아이템들을 리얼리티 프로그램에 접목하고 있다. 예컨대 NBC는 우수한 패션 디자이너 발굴을 기치로 내건 <프로젝트 런웨이(Project runway)>, 인테리어 디자이너를 발굴하는 <탑 디자인(Top design)> 등의 디자인 관련 리얼리티를 내놓아 인기를 끌었고, ABC는 2005년부터 <스타와 함께 춤을(Dancing With the Stars)>이라는 프로그램을 내놓아 인기몰이를 하고 있다. 한편, 폭스TV는 인기스타(가수)의 등용문인 <아메리칸 아이돌(American idol)>을 내놓으면서 리얼

리티 프로그램의 새로운 강자로 자리매김하고 있다. 특히 <아메리칸 아이돌>은

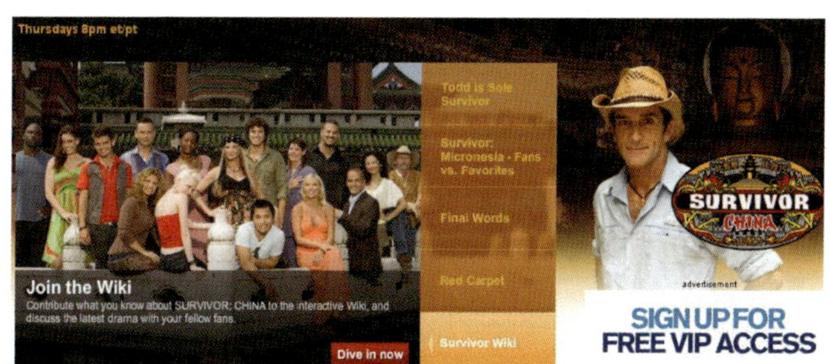

2,500만 명 이상의 시청자를 보유하며 최고의 시청률을 기록하고 있는 인기 프로그램으로, 시청자들이 직접 우승자 선정에 참여하고 투표할 수 있는 방식을 도입했다.

현대 리얼리티 쇼의 효시인 〈서바이버〉와 스타육성 프로그램인 〈아메리칸 아이돌〉

2008년에도 이러한 리얼리티 프로그램의 인기는 지속될 것으로 보이며, 미국의 지상파와 케이블 방송

사들은 새로운 라인업과 프로그램 리뉴얼을 통해 인기를 선점하기 위한 움직임을 보이고 있다. UCC가 보편화되고, 개인 미디어 시대가 본격화되면서 시청자들은 TV에서 만들어 낸 인위적이고 가공적인 이미지보다 현실과 가깝고 사실적인 요소가 살아 있는 포맷을 원하고 있다. 리얼리티 프로그램이 지속적으로 인기를 얻고 있는 이유도 여기에 있다.

반면, 리얼리티의 본질보다는 형식만을 차용해 선정성과 관음증을 부추기는 저질 프로그램에 대한 우려의 목소리도 높아지고 있다. 실제로 양성애자가 출현하여 30여 명이 넘는 남녀와 데이트를 즐기는 리얼리티 쇼인 <A Shot At Love With Tila Tequila>와 같은 선정적 아이템은 미국에서도 비판의 도마에 오른 바 있으며, 아이들의 리얼리티를 그려 낸 <키드 네이션(Kid Nation)>에서는 어린이들이 요리를 하다가 화상을 입고 표백제를 마시는 등의 위험천만한 상황이 벌어진 것으로 알려져 이 같은 문제점이 수위를 넘어서고 있음을 의미했다. 국내에서도 지상파, 케이블TV 할 것 없이 리얼리티 프로그램이 범람하고 있어 리얼리티가 갖고 있는 진정성이나 진실이 왜곡될 우려가 없지 않다.

아시아권과 영국의 FX채널 사이트

타깃의 세분화, 프로그램의 전문화

세계적인 방송 프로그램의 흐름 중 또 다른 하나는 전문화이다. 디지털

미디어 시대가 도래하면서 매체는 다양해졌고, 채널은 무한대로 늘어나고 있다. 즉 시청자는 불특정 다수를 위해 만들어졌던 기존의 정형화된 프로그램 소비행태와는 달리 내가 좋아하는, 내가 관심 있는 프로그램을 골라서 볼 수 있게 되었다. 방송 사업자들 역시 이러한 환경변화에 맞춰 프로그램 제작방식을 바꿔 나가고 있다. 연령층과 성별, 지역, 직업 등의 타깃을 세분화해서 그들에게 필요한 맞춤형 콘텐츠를 집중적으로 제공한다. 예컨대 미디어 그룹 '20세기 폭스社'는 남성들을 타깃으로 한 각종 스포츠 생중계 채널 FX를 런칭하며, 전문 콘텐츠 시대 개막을 알렸다. 남성시청자를 겨냥한 FX는 미국, 유럽, 남미, 아시아 등 전 세계 36개국에 있는 남성만을 위한 일반 엔터테인먼트 채널이다.

남성을 위한 채널이 거의 부재했던 상태에서 FX채널은 전 세계 최신 남성트렌드를 전달하고 다양한 장르를 선보이면서 차별화를 꾀했다. 남성들이 좋아하는 형태의 드라마 시리즈물, 게임, 영화, 리얼리티, 라이프스타일, 스페셜 프로그램 등을 편성하여 철저하게 남심(男心)을 공략했다. 여성시청자만 타깃집단으로 내세웠던 틈새채널 시장에 새로운 엔터테인먼트 채널의 모습을 보여 준 사례로 꼽힌다.

한편 폭스는 여성 전문 채널도 큰 호응을 얻고 있다. 전 세계 남성채널인 FX와 함께 FOXlife는 폭스그룹의 대표적인 여성채널로 자리 잡고 있다. 2004년 이탈리아에서 시작한 FOXlife는 미국, 유럽, 남미, 아

일본 HD전문채널 FOXlife 홈페이지와 FOXlife 공식웹사이트

시아권에서도 많은 인기를 얻으며 전 세계 채널로 자리 잡았다. 폭스라이프는 여성시청자의 입맛에 맞는 트렌드, 드라마, 리얼리티 쇼, 라이프스타일 등 다양한 콘텐츠를 제공한다. 특히 일본에서는 HD전문채널로 방영할 만큼 많은 인기를 얻고 있다. <앨리맥빌>, <30Rock>, <어글리베티>, <위기의 주부들> 드라마와 <헬스키친>, <더티댄싱>의 리얼리티 쇼 등 여성들에게 인기가 높았던 최신 방송 프로그램의 다시보기를 제공한다.

폭스의 사례에서 본 것과 같이 미래의 방송시장은 전문채널의 가치가 크게 높아질 것으로 전망된다. 시청자는 개개인에게 필요한 콘텐츠를 맞춤형으로 제공받기를 원하고, 방송 사업자는 전문콘텐츠를 제공함으로 이 같은 시청자의 욕구를 충족시켜 줄 것으로 보인다.

개인화가 강조된 콘텐츠가 부상할 전망

작금의 방송 콘텐츠의 흐름은 리얼리티를 바탕으로 한 콘텐츠 혹은 전문성을 부각시킨 콘텐츠가 주도하고 있다. 1인 미디어 시대가 본격화되면서 일상생활에서 풍부한 소재와 콘텐츠가 생산되고, 수용자는 더 이상 TV 안에서 만들어진 인위적인 콘텐츠에 만족하지 않는다. 직접 생산하고 유통하고 소비하는 프로슈머는 적극적으로 콘텐츠 제작에 참여한다. 자유롭게 의견을 제시하고, 다른 사람들과 의견을 공유한다. 이러한 과정에서 새로운 콘텐츠가 재가공 또는 재생산된다.

참여와 공유, 개방을 가능하게 한 웹2.0에서는 더욱 이러한 현상이 두드러진다. 콘텐츠의 흐름도 누구나 쉽게 참여하고 공감할 수 있는 우리 삶에서 가까운 소재들이 각광을 받고 있다. 예컨대 미국에서 인기를 얻고 있는 새로운 슈퍼히어로 시리즈나 일반인들이 직접 출연하는 버라이어티 쇼 등을 꼽을 수 있다. 전 세계적으로 꾸준한 인기를 얻고 있는 리얼리티 프로그램 포맷은 약간의 수정을 거쳐 2008년에도 지속으로 제작될 것으로 보인다. 하지만 선정성이나 관음증의 수위가 도를 넘어섰다는 지적과 천편일률적인 프로그램 포맷에 대한 지적은 리얼리티 프로그램의 수명을 좌우할 것으로 분석된다. 우리나라의 경우에도 최근 지상파나 케이블TV에서 이 같은 리얼리티 프로그램이 크게 증가했으나, 선정성이나 폭력성 등의 문제점이 다수 지적되고 있어 우려의 목소리가 높아지고 있다. 따라서 제작자들의 자발적인 개선과 더불어 규제방안의 수정도 고려해야 하겠다.

방송프로그램의 또 다른 흐름으로 꼽히는 콘텐츠의 전문화, 채널의 전문화는 계속 확산될 것으로 전망된다. 디지털의 전환이 완료되는 2010년을 전후해 채널은 무한대로 늘어나고, 그에 따른 시청자의 맞춤화된 콘텐츠 욕구 역시 높게 나타날 것으로 전망된다. 따라서 폭스와 같이 전문채널 혹은 전문콘텐츠 제작은 거대 미디어 기업을 중심으로 급증할 것으로 보이며, 개인이나 소규모 단위의 마니아 콘텐츠 제작도 활성화될 것으로 기대된다.

1970~80년대 할리우드를 풍미했던 프리퀄 제작 붐

'시퀄(Sequel)'이 시간의 순서대로 만들어져 작품의 시리즈를 구성하는 것이라면, '프리퀄(Prequel)'은 기준이 되는 어떤 작품이 보여 줬던 스토리보다 앞선 과거를 소재로 하는 속편을 의미한다. 소설이나 연극, 심지어는 특정 음악장르의 일부처럼 스토리가 존재하는 대부분의 창작품들은 속편을 가질 수 있고, 창작의 역사와 함께 프리퀄의 역사 역시 함께해 왔다. 영화계에서는 흔히 오리지널 필름이 매우 성공적이어서 작가나 감독이 그 후편을 만들고자 할 때에 한해서 만들어져 왔다.

할리우드에서는 프리퀄의 인기가 1970~1980년대 매우 높았다. 특히 당시 풍미했던 많은 할리우드 공포영화들이 대표적인 경우이다. 그러나 무엇보다도 관객들이 가장 쉽게 기억할 수 있는 프리퀄의 대표주자는 바로 스타워즈이다.

총 6편이 제작된 스타워즈는 3편이 먼저 제작되었고, 이어서 3편의 연작이 16년 뒤 프리퀄로 새롭게 제작되었다. 즉 <Episode Ⅳ - A New Hope(새로운 희망, 1977년)>, <Episoid Ⅴ - The Empire Strikes Back(제국의 역습, 1980년)>, <Episode Ⅵ - Return of the Jedi(제다이의 귀환, 1983년)>가 먼저 제작되었고, 이후에 <Episode Ⅰ - The Phantom Menace(보이지 않는 위험, 1999년)>, <Episode Ⅱ - Attack of the Clones(클론의 습격, 2002년)>, <Episode Ⅲ: Revenge of the Sith(시즈의 복수, 2005년)>가 순차적으로 제작되었다.

　　스타워즈 외에도 오컬트 무비의 고전
이라고 일컬어지는 <엑소시스트>의 프리퀄
인 <엑소시스트: 더 비기닝>, 안소니 홉킨
스가 연기했던 천재 살인마 한니발 렉터 시
리즈의 프리퀄인 <한니발 라이징> 등의 공
포 영화들뿐만 아니라, 전작의 기대 이하의
작품성과 흥행실패를 만회한 배트맨의 프리
퀄인 <배트맨 비긴즈> 등이 비교적 잘 알
려진 대표작품들이다.

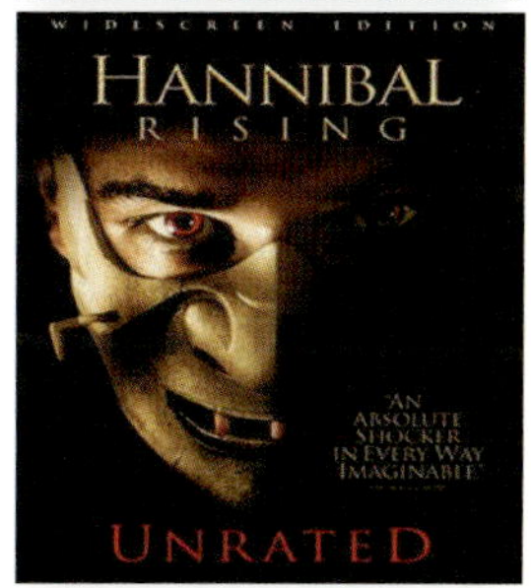

프리퀄 방식은 당분간 대세

할리우드의 새로운 생존방식이 된 프리퀄

　　2009년은 할리우드 블록
버스터의 프리퀄들이 어느 해보
다 많이 제작된 해이다. 가장
먼저 2001년 개봉한 첫 번째
영화인 <분노의 질주(The Fast
& The Furious)>의 프리퀄로
제작된 <분노의 질주: 더 오리지널>이 2009년 4월 개봉되었다. 박진감
넘치는 자동차 경주라는 소재와 힙합 등의 파워풀한 음악 등으로 큰 인기
를 누린 <분노의 질주: 더 오리지널>은 미국에서만 1억 3,600만 달러를
넘게 벌어들여 흥행에도 성공했다. 이 외에도 여러 캐릭터들이 등장하면
서 각자의 배경 스토리가 실려 있는 원작 만화로 인해 더욱 유명한 <엑
스맨> 시리즈의 프리퀄인 <엑스맨 탄생: 울버린>도 4월 말 개봉되었다.
특히 '울버린'이라는 인기캐릭터를 따로 분리한 캐릭터 영화라는 새로운
접근방식으로 주목받았다. 기계와 인간의 대결을 흥미롭게 그리면서 SF영

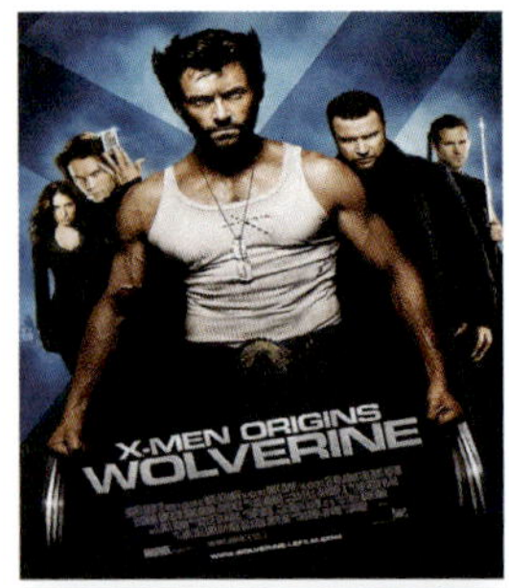

2009년 개봉 대표적인 작품들(엑스맨, 터미네이터, 스타트렉)

화의 새로운 기원을 열었던 <터미네이터> 시리즈도 프리퀄로 제작되어 2009년 블록버스터 대열에 합류했다. 미래를 배경으로 새로운 3부작을 시작하는 <터미네이터4: 미래전쟁의 시작>이 5월 개봉했다.

1966년 처음 시작해 수많은 TV 시리즈와 극장판을 만들어 냈던 원작 이야기의 출발 지점을 이야기하는 <스타트렉: 더 비기닝>과 엄밀하게 말하면 프리퀄은 아니지만 소설가 댄 브라운이 영화 <다빈치 코드>를 내기 전에 발표한 소설을 영화화한 <천사와 악마> 등도 개봉되었다. 이렇듯 2009년은 특히 과거의 인기작을 새롭게 변주한 프리퀄 영화의 시대라고 해도 과언이 아니다.

프리퀄이 지속적으로 제작되면서 관객의 기대도 더욱 높아지고 있는 상황이다. 관객의 기대치가 높기 때문에 성공적인 전편이 존재한다고 해서 이것이 바로 흥행의 성공으로 이어지는 것은 아닐 것이다. 관객은 프리퀄에 대해서 오리지널 이상의 재미와 이야기를 기대하기 마련이기 때문이다.

최근 이렇게 프리퀄 제작이 증가하게 된 가장 중요한 이유는 바로 참신한 소재의 발굴과 창의력을 잃은 할리우드가 근래 들어 가장 큰 어려움에 처해 있기 때문이라고 하겠다. 특히 2008년 작가파업 사태 등으로 창작 시나리오 찾기에 어려움을 겪은 할리우드는 어느 정도 흥행을 보장하는 프리퀄을 새로운 시장공략기법으로 내세우게 되었다. 물론 비판적인 시선도 일부 있지만 안정적 흥행을 보장한다는 점에서 프리퀄에 대한 제작열풍은 당분간 지속될 것으로 보인다.

해외에서는 프리퀄 제작이 영화계의 대세이지만, 영화시장 자체가 협소하고 프랜차이즈의 전통이 약한 국내시장에서는 프리퀄 제작에 대한 활발한 움직임은 거의 없다고 하겠다. 이는 인기캐릭터보다는 새로운 스토리에 더욱 열광적으로 반응하는 한국 영화관객들의 특성에 기인하는 것으로 이해된다.

모바일, 콘텐츠 실크로드의 패스파인더

컨버전스 시대가 본격화되면서 모바일에 대한 관심이 그 어느 때보다 높아지고 있다. 컨버전스 확산의 주역도 모바일이며, 미래 융합미디어도 모바일을 중심으로 틀이 짜이고 있기 때문이다. 통화만 가능했던 아날로그 전화에 문자 서비스가 제공되고, 게임과 사진 등이 결합되며 다기능의 매체로 부상했다.

모바일 테크놀로지 및 콘텐츠의 진화과정

누구나 손쉽게 소유하고 휴대할 수 있으며, 디지털 기술의 진화로 더 이상 모바일이 통신영역에만 머무는 것이 아니라 엔터테인먼트나 미디어 서비스의 기능까지 수행하게 되면서 웹의 개방성에 적시성과 이동성, 그리고 위치성이 가미된 멀티미디어로 격상되고 있다. 모바일 시장의 새로운 플랫폼은 향후 모든 단말기와 자동차, 그리고 가전을 포괄하는 통합 플랫폼으로 발전하게 될 것으로 전망되며, 이런 의미에서 새로운 모바일 플랫폼은 웹을 뛰어넘어 새로운 세상의 질서를 주도하는 원동력이 될 수 있다. 이에 새로운 미래의 질서를 주도하고자 하는 기업들의 움직임이 빠르게 가시화되고 있다.

국내 핸드폰 가입률은 단일 국가에서는 최고 수준의 가입률을 나타내고 있다. 특히 무선인터넷 가입자 수는 해가 갈수록 증가하는 추세이다. HSPDA와 와이브로의 보급이 본격화되는 시점에서 증가속도는 매우 빠르게 진행될 것으로 전망된다. 이와 같이 국내 모바일 서비스 시장이 급속하게 확대되면서 모바일콘텐츠 시장의 가치와 중요성이 더불어 커지고 있다. 고도화된 네트워크로 고품질의 데이터 서비스들이 가능해지고, 기술적인 진화로 사진과 동영상, 음악, 메신저 등 복합적인 기능을 지원하게 되면서 그에 따르는 다양한 모바일콘텐츠 시장이 부상하고 있다.

모바일콘텐츠란 휴대전화나 PDA, PMP 등과 같은 무선단말기에서 서비스되는 모든 콘텐츠를 의미하며, 모바일서비스는 모바일 인터넷서비스를 포함하는 개념으로서 무선단말기로 각 사업자가 제공하는 포털이나 서비스망 안에서 모바일콘텐츠를 이용할 수 있게 해 주는 것을 의미한다. 모바일2.0의 시대가 오면서 그에 적합한 모바일콘텐츠2.0에 대한 논의도 활발하게 진행 중에 있다.

모바일콘텐츠는 모바일의 이동성과 풍부한 콘텐츠가 하나로 컨버전스된 것으로서 새로운 고부가가치 산업으로 부상하고 있다. 모바일콘텐츠의 가장 큰 장점은 기존의 영화, 음악, 교육, 정보 등의 콘텐츠가 디지털화되어 유선이 아닌 무선으로 제공됨으로써 언제 어디서나 원하는 콘텐츠를 사용할 수 있는 데 있다.

이동통신 서비스와 디지털 콘텐츠가 결합된 모바일콘텐츠는 단문 메시징 서비스(SMS)를 시작으로 무선 인터넷과 결합하면서 본격적인 시장을 형성하고 있다. 모바일1.0 환경에서의 모바일콘텐츠 산업은 벨소리, 게

임 등의 단순 엔터테인먼트 콘텐츠를 중심으로 불균형하게 성장해 온 것
이 사실이지만 최근 무선인터넷이 발전하고, 모바일2.0의 시대가 열리면서
음악, 동영상 등의 멀티미디어 엔터테인먼트뿐만 아니라 정보 분야에서도
새로운 콘텐츠들이 등장하기 시작하고 있다.

다시 말해 엔터테인먼트가 성장의 중심에 서 있는 가운데, 정보콘
텐츠가 서서히 부상하고 있으며, 이는 모바일콘텐츠 시장의 질적인 성장
을 의미한다. 이처럼 모바일콘텐츠는 모바일의 진화와 그 축을 같이하며,
통신영역에서 엔터테인먼트, 정보 그리고 미디어까지로 그 영역을 넓혀
가고 있다. 모바일콘텐츠는 점차 유선과 무선의 구분 없이 하나로 통합되
는 양상을 보인다. 유무선 통합 콘텐츠가 현실화되면 콘텐츠의 구분보다
플랫폼의 구분이 더욱 중요해질 전망이다.

드라마와 모바일 폰이 형성하는 새로운 트렌드

새로운 사회문화 코드로 부상하는 드라마 속 여주인공

미디어는 지금까지 수많은 사회문화적 트렌드를 만들어 왔다. 미디어 소비 과정에서 이용자들은 등장인물과 자신을 순간적으로 동일시하기도 하고, 그들의 머리모양, 옷차림, 행동방식 등을 일상생활에서 모방해 왔다. 그리고 이 같은 모방은 사회적으로 확산되어 사회문화적 트렌드가 형성하였다. 한편 특정 계층이 어떤 미디어 환경에서 성장하고 생활하는가도 사회문화적 트렌드 형성에 영향을 미쳐 왔다. 수년 전 등장했던 'N세대'나 최근 등장하고 있는 '2.0 세대' 등의 용어는 모두 그들이 주로 사용하는 미디어 환경을 그 어원으로 하고 있다.

미디어 이용을 통해 사회문화적 트렌드가 창출되는 현상은 최근에도 발견되고 있다. <섹스 앤 더 시티(Sex and the City)>, <위기의 주부들(Desperate House Wives)> 등과 같은 미국 드라마가 인기를 끌면서 드라마 속 여주인공들의 패션과 행

최신 뉴욕의 패션을 선보인 美 새로운 TV드라마 시리즈 〈가십걸〉

동양식이 전 세계적으로 새로운 트렌드를 형성하였다. 또한 2007년 9월부

터 미국의 지상파채널 CWTV를 통해 방송되기 시작한 TV드라마 <가십
걸(Gossip girl)>의 등장인물들에 대한 모방 역시 미국 청소년들 사이에
확산되면서 새로운 트렌드를 형성해 가고 있는 상황이다.

미국 드라마에서 패션이 차지하는 비중은 점점 증가하는 추세이다.
출연배우들이 입은 옷과 액세서리는 단순한 소품에 그치는 것이 아니라
극중에서 큰 비중을 차지하며 시청자에게 또 다른 볼거리를 제공하고 있
다. 대표적인 사례로 HBO의 <섹스 앤 더 시티>가 있다. <섹스 앤 더
시티>는 1998년 6월 첫 방영 이후, 2004년 종영까지 매주 750만 명 이
상의 시청자들이 시청한 프로그램이다. 6년이라는 기간 동안 이 드라마는
뉴요커들의 패션트렌드를 보여 주면서 패션과 소비를 즐기는 세련된 전문
직 여성캐릭터를 창출해 냈다. <섹스 앤 더 시티>의 캐리는 성적 욕망
과 취향을 과감히 드러내는 솔직하고 현대적이며 쿨한 태도로 국내 여성
시청자들에게도 많은 지지를 받았다. 또한 이 드라마는 국내에서도 젊은
여성층의 라이프스타일과 패션상품구매에도 많은 변화를 가져오면서 새로
운 문화적 트렌드를 형성하였다. 국내의 광고에도 소재로 활용되었던 브
런치 문화 역시 <섹스 앤 더 시티>를 통해 국내에서 유행되었다. 이 드
라마에 등장하는 주인공 네 명의 패션은 전 세계 패션리더들의 교과서가 되
고 있고 그들이 자주 찾는 레스토랑, 카페, 바 등은 뉴욕의 관광명소가 되
었다. 특히 주인공 캐리 역의 사라 제시파커는 믹스 앤 매치(mix&match)라
는 패션스타일을 유행시키기도 했다. 또한 극 중에서 슈즈홀릭(shoesholic)
으로 등장하는 캐리가 열광했던 브랜드 지미추와 마놀로 블라닉이 세계적
인 명성을 얻게 되었다. 한편 <섹스 앤 더 시티>는 단순히 최신 트렌드
를 보여 주는 드라마에 머물지 않고 그동안 노처녀라는 타이틀 안에서 퇴
물 취급을 받던 독신여성을 매력적인 싱글로 재탄생시키며 새로운 문화코
드를 만들어 내기도 하였다.

ABC방송사의 <위기의 주부들> 역시 비슷한 사례에 해당된다. 이
드라마에 등장하는 여주인공 네 명의 패션과 행동양식은 <섹스 앤 더 시

티>의 주인공들과 자주 비교될 정도로 시청자들에게 관심의 대상이 되었다. 특히 가브리엘 역의 에바 롱고리아가 패션아이콘으로 떠오르면서 극중 의상이나 패션소품 등을 판매하는 인터넷 쇼핑몰까지 등장하였다. <위기의 주부들>은 여성 시청자들의 패션트렌드를 주도하는 동시에 미국 사회 중산층 가정의 위선에 가득 찬 모습과 도덕적 불감증을 파헤친다는 의미를 지니는 드라마로 평가받고 있기도 하다.

　　<섹스 앤 더 시티>와 <위기의 주부들>과 함께 뉴욕 맨해튼을 배경으로 미국 상류층 여학생들의 스타일리시한 패션에 감각적인 음악을 함께 곁들이면서 많은 화제와 인기를 모으고 있는 <가십걸> 역시 청소년들 사이의 새로운 사회문화적 트렌드 창출에 영향을 미치고 있다. <가십걸>은 <섹스 앤 더 시티>의 주니어 판이라고 불릴 만큼 화려한 패션과 스타일링을 보여 주고 있다. 실제로 <섹스 앤 더 시티>의 스타일리스트인 에릭 데먼이 <가십걸> 배우들의 스타일링을 맡고 있다. 이 드라마의 출연배우들이 사용한 의상, 액세서리, 휴대폰, MP3 플레이어 등이 품절되기도 하였는데, 이 같은 현상은 <가십걸>이 청소년들의 사회문화적 트렌드 형성에 미치는 영향력의 크기를 인식할 수 있게 하였다.

일본 모비일 세대의 특징은 3F

　　일본에서는 1970년대 초반에 출생한 소위 '단카이 주니어(團塊Jr.) 세대'와 1980년대 이후 출생한 '모바일 세대'가 일본사회의 새로운 사회문화적 트렌드를 주도하는 것으로 분석되고 있다. 단카이 주니어 세대란 1970년대 전반에 태어난 2차 베이비붐 세대를 말한다. 이들은 입시 전쟁과 함께 일본 거품경제 붕괴로 인한 취직난을 겪기도 하는 등 불운의 세대로 불리기도 한다. 하지만 단카이 주니어들 중에는 일본경제 상황의 어려움 속에서도 경제사회적으로 성공한 이들이 존재하는데, 이들 성공한 단카이 주니어 세대는 부모인 '단카이 세대' 못지않은 소비층으로 부상하고 있다.

이와 더불어 최근 일본에서는 '모바일 세대'라는 용어가 등장하고 있다. 1980년대 이후 출생한 모바일 세대는 'i모드 세대'라고도 불린다. 모바일 세대는 일본의 대표적인 휴대전화 서비스 'i모드' 서비스 개시와 비슷한 시기에 대학에 입학한 세대들로 휴대폰과 인터넷 등의 새로운 플랫폼에 익숙한 세대를 의미한다. 일본에서는 1999년 NTT도코모가 독자적인 인터넷 서비스인 'i모드'를 시작하였고 이후 카메라폰, 벨소리, 그림문자 등이 제공되기 시작했으며, 2003년에는 KDDI가 데이터정액제를 제공하면서 본격적인 타깃공략에 들어갔었다. 이들 모바일 세대는 일상생활에서의 다양한 모바일기기 이용을 통해 새로운 사회문화적 트렌드를 창출하고 있는 것으로 분석되고 있다.

이들 모바일 세대가 지니는 특징은 '3F'로 정리되는데, 이를 구체적으로 살펴보면 다음과 같다. 먼저 친구(Friend)이다. 휴대전화 등 모바일 단말기는 이 세대에게 친구 간의 커뮤니케이션은 물론 관계까지 증진시켜주는 도구역할을 담당한다. 예를 들어 쇼핑을 할 때도 휴대폰으로 제품을 찍어 친구에게 전송한 뒤 의견을 물어보고 구매의사를 결정하고 있다. 이러한 경우 자신의 취향을 잘 알고 있는 친구의 의견을 쉽게 수렴할 수 있으며, 이러한 과정을 통해 관계가 더욱 돈독해질 수도 있다. 다음으로 발견(Find)이다. 이 세대는 모바일을 활용해 정보나 트렌드 등을 습득하는 것이 자연스럽다. 이들은 휴대폰을 통해 정보를 검색하거나 모바일TV를 보면서 새로운 트렌드를 익히기도 한다. 따라서 'F모드 세대'에게 모바일은 세상과의 가장 빠르고 간편한 의사소통 도구로 여겨지고 있다. 마지막으로 자유(Freedom)다. 이들 세대가 모바일을 일상생활의 중심에 놓고 활용하는 이유 중 하나는 바로 이동성에 있다. 간편하게 휴대하며 언제, 어디서든 원하는 정보를 얻을 수 있기 때문에 심리적으로나 물리적으로 자유를 만끽할 수 있다.

국내 소비자 트렌드의 차별성은 '참여'

미디어 이용은 사회문화적 트렌드 형성의 중요한 요인이다. 2008년 촛불집회에서 발견된 '2.0 문화'와 '2.0 세대' 역시 참여, 공유, 그리고 개방과 집단지성의 형성이라는 특징을 지닌 미디어 이용환경인 웹2.0 환경에 의해 창출되었다. 사회문화적 트렌드 형성에 대한 미디어 이용의 영향력은 아주 사소한 일상생활에서도 발견할 수 있다. 자신과 주변사람들의 헤어스타일, 먹을거리의 선택, 친구들과 관계 맺는 방식 등에서 우리는 드라마나 영화 또는 가요프로그램에 등장한 스타들에 영향을 받고 있다.

이 같은 경향은 <섹스 앤 더 시티>, <위기의 주부들>, 그리고 <가십걸>과 같은 드라마 소비자들에게서도 발견되고 있다. 패션은 감각적인 영상물에서 빠질 수 없는 중요한 요소이며, 특히 시청자는 이러한 드라마를 통해 최신 트렌드를 읽기 원한다. <섹스 앤 더 시티>는 미국 최고의 패션 아이콘을 만들어 내고, 솔직한 성담론을 이끌어 내면서 여성 시청자의 다양한 욕구를 충족시켜 줬다는 평가를 받았다. <위기의 주부들>과 <가십걸> 역시 여성시청자에게 인기를 끌면서 배우들의 패션과 행동양식이 모방되고 있다.

국내에서도 이 같은 드라마들과 비슷한 유형의 드라마나 리얼리티 쇼들이 제작되고 있다. 하지만 단순한 모방이 아닌, 창조적 혁신의 필요성이 제기되고 있다. <내 이름은 김삼순>은 화려하고 자극적인 소비문화 트렌드를 조장하지 않았지만, 한국 사회에 의미 있는 사회문화적 트렌드가 형성되는 데 기여했다. <섹스 앤 더 시티>, <위기의 주부들>, 그리고 <가십걸>이 국내 방송영상산업에 주는 시사점은 <내 이름은 김삼순>과 이들 드라마의 대비점에서 드러난다고 하겠다.

한편 일본의 모바일 세대는 한국의 '2.0 세대'와 유사한 측면을 많이 지니고 있다. 일본 모바일 세대의 특징인 친구, 발견, 자유 등 3F는 2.0 세대도 지니고 있다. 일본에서는 모바일 세대가 지니는 사회문화적 트렌드에 관심이 집중되고 있다. 이들 모바일 세대가 일본사회의 새로운 트렌드를 형성할 것으로 전망되고 있다. 국내에서는 소고기 수입 반대를 위한 촛불집회를 통해 2.0 문화가 발견되었다. 국내의 2.0 세대와 일본 모바일 세대의 차이점은 '참여'라고 할 수 있다. 한국의 2.0 세대에게서는 일본의 모바일 세대의 특징으로 강조되지 않은 참여가 부각된다.

애니메이션의 진화와 전망

애니메이션은 만화를 영화처럼 연속으로 촬영해 움직이도록 만든 콘텐츠이다. 초기 애니메이션은 배경에 그림을 그려 움직이게 하는 셀 애니메이션이 대부분이었다. 그러다 기술의 발전과 함께 찰흙(클레이) 애니메이션이 생겼고, 최근 컴퓨터를 활용한 3D 애니메이션으로까지 진화하고 있다. 하지만 특수한 분야를 제외하고는 아직까지는 2D의 셀 애니메이션만을 쓰거나 3D와 셀을 조합하여 사용하고 있다.

기존에 TV와 극장을 위해 제작되던 전통적인 애니메이션은 이제 무선 애니메이션, 3D애니메이션, 인터렉티브 애니메이션으로 진화되고 있다. 무선 애니메이션이 주목받는 이유는 영화보다도 짧게 만들고 상대적으로 높은 대역폭을 요구하지 않기 때문에 현재의 무선 네트워크와 디바이스 현실 및 수용자 욕구에 적합하기 때문이다. 3D애니메이션은 최근 활발하게 제작되고 있으며, 미래 성장가능성도 높다. 한편 향후 3D애니메이션 중에서 초실감 애니메이션이 디욱 큰 인기를 끌 것으로 전망된다. 그러나 시나리오가 진부하고, 수용자의 감성을 움직일 수 없는 콘텐츠라면 성공가능성을 보장할 수 없다. 사용자가 수동적인 입장에서 보는 것과는 달리 매개체를 이용하여 보다 능동적으로 볼 수 있는 방식의 애니메이션을 의미하는 인터액티브 애니메이션(Interactive Animation)은 디지털 디바이스의 진화로 인해 양방향성이 강화되면서 더욱 각광을 받을 것으로 보인다.

컴퓨터를 활용한 3D 애니메이션이 등장하면서 2.0화되기 시작했다. 기존의 2D에서는 볼 수 없었던 입체감과 현실감이 한층 높아졌으며, 콘텐츠로서의 가치가 상승하기 시작했다. 애니메이션은 만화, 소설 등의 원작을 생동감 있게 연출할 수 있으며, 영화나 드라마에서는 재연할 수 없는 소재도 옮길 수 있다는 점에서 콘텐츠의 가치가 높게 평가된다. 이러한 애니메이션의 실질적인 이윤창출 과정은 2005년을 기준으로 기획/제작/배급 단계에서 가장 높게 나타나며 이 중 창작 및 판권을 소유하는 것이 이윤창출의 원천으로 작용하고 있는 것으로 평가된다. 이에 전 세계 여러 나라에서 자국의 애니메이션을 육성하고 세계시장에서의 경쟁력을 확보하기 위해 다각적인 노력을 기울이고 있다.

애니메이션 산업의 대부분의 이윤은 창작 및 판권(29.8%)과 제작 서비스와 복제(57.1%)에서 창출되고 있다. 따라서 창작인력 확보와 불법복제 방지 등은 애니메이션 산업의 실질적인 이윤창출을 극대화하고 장기적인 발전에 밑거름이 될 것으로 보인다. 이미 미국과 일본, 프랑스 등의 애니메이션 선진국에서는 웹2.0 시대에 적합한 애니메이션 환경을 조성하기 위해 새로운 시도를 다각적으로 실시하고 있다. 웹2.0 시대에 애니메이션은 애니메이션 단독분야가 아닌 다른 분야와의 융합으로 새로운 애니메이션을 만들어 낸다.

현재의 할리우드는 디지털 영화제작이 전체 70%를 차지할 뿐만 아니라 2013년에는 전 세계 스크린의 절반이 디지털로 바뀔 것이라는 전망까지 제기되고 있어 '퍼포먼스 EOG 캡처' 기술은 미래 영화 제작 기술로 더욱 관심을 모으고 있다. 앞으로도 3D영화 열풍이 계속될 것으로 보이는데, <가위손>, <크리스마스의 악몽>으로 유명한 팀 버튼이 <이상한 나라의 앨리스>를 3D영화로 제작하기로 결정하였으며, 제임스 카메론의 <아바타>, 드림웍스의 애니메이션 <몬스터 VS 에일리언> 등 많은 영화들이 3D로 제작 중이다. 이제 디지털 액터로 제작된 영화를 어떤 장르로 분류할 것인지도 큰 고민거리가 될 것이다. 실제로 <베오울프>를 어떻게 분류할 것인가 고민하던 미국 아카데미위원회는 2008년 시상식에 애니메이션부문 후보로 발표하기도 하였다. 이에 대해 영화 제작사인 워너브라더스 측은 "전통 애니메이션이 아니고 단순한 모션캡처 영화도 아니지만 정확히 실사 영화라고도 할 수 없다. 그 자체로 새로운 예술형태"라고 설명하였다.

국내 애니메이션의 주요 성과

단순하청 수준에서 창의적 작품으로 세계시장에서 경쟁하는 한국의 대표 애니메이션이 있다. 먼저 '선물공룡 디보'이다. 오콘(ocon)이 제작한 디보는 니트와 천의 재질을 그대로 살려 만든 3D애니메이션으로 EBS, 재능방송 등 국내 주요 어린이TV를 석권하고 있다. 2008년에는 베네룩스 3국과 프랑스, 모나코 등에 수출되었으며, 2009년에는 100억 원의 투자를 받았다. 방영되고 있거나 방영될 예정인 국가를 모두 합치면 120여 개국이나 된다.

다음으로 '뽀롱뽀롱 뽀로로'가 있다. EBS라는 상대적으로 지명도가 낮은 채널에서 5분 분량씩 오전에 방영됐음에도 미취학 아동들 사이에서 높은 시청률을 기록했디. 연간 해외매출이 3,000억 원(2007년 현재)에 이른다. 애니메이션에서 시작해 캐릭터상품, 문화공연 등 다양한 콘텐츠로 파생되고 있다.

특히 <뿌까>는 전 세계 베네통 매장에서 패션 아이템으로 활용, 브라질에서는

선물공룡 디보와 뽀롱뽀롱 뽀로로

5대 캐릭터로 선정되어 뿌까 단독 패션쇼가 열리기도 했다.

향후 국산 애니메이션은 OSMU 킬러콘텐츠 생산을 위한 산업 장르 및 기능의 선택과 집중을 통한 총괄지원체계 도입으로 해외 선판매가 활성화될 것으로 기대된다. 국내 최초 영어로 제작되는 극장용 3D애니메이션 <다이노맘>(토이온)은 작품이 완성되기 전부터 미국의 미리어드사와 해외 판매계약을 맺었다. 폴란드의 폴샛, 루마니아의 ITV 등 7개국에 선판매 되어 14억 원 이상의 매출을 달성했다. 또한 국내 처음으로 영국 공영방송(BBC)에 12억 원에 판매된 이미지스톤의 2D 애니메이션 <로켓보이와 토로>는 2008년 10월부터 어린이전문방송인 CBBC에서 방영돼 10.3%의 높은 시청률을 기록했다.

해외 주요 채널들의 참여로 국내 제작사와 해외 제작사 및 해외 방송사 간의 계약사례 역시 꾸준히 증가할 것으로 기대된다. TV시리즈 애니메이션을 중심으로 한 해외 수출과 해외 공동제작이 지속적으로 증가할 전망이다. <빠삐에 친구>의 경우, 국내 제작사와 방송사(EBS) 그리고 해외의 제작사(France Animation)와 방송사(France 5)가 함께 공동제작하고, 이를 양국의 정부기관(한국의 KOCCA, 프랑스의 CNC)에서 지원한 이상적인 사례로 평가된다.

게임 콘텐츠의 미래 코드는?

게임은 복합콘텐츠이다. 소설이 내러티브(narrative)로 구성된 것이라면, 여기에 이미지(image)가 부가된 것이 만화이고, 또 여기에 움직임(motion)이 첨가된 것이 영화이다. 여기에 최종적으로 상호작용성(interactivity)까지 더해진 것이 바로 게임장르인 것이다.

게임 시장은 콘텐츠산업에 있어 중추적인 역할을 담당하고 있으며, 온-오프라인 구분 없이 큰 시장을 형성하고 있다. 현재 게임 시장은 멀티미디어 게임형으로 진화하고 있다. 기존의 오프라인의 게임에서 온라인 게임으로, 그리고 최근 휴대성과 융합성이 강조된 게임으로의 진화는 다음과 같은 트렌드를 통해 이뤄지고 있다.

첫째, 컨버전스(확장성)는 기존 게임콘텐츠의 활용성을 다양한 영역으로 확대하여 부가가치를 창출하는 것을 의미한다. 최근 미국시장을 중심으로 비디오게임사업자가 온라인 게임으로의 통합과 협력을 적극적으로 시도하고 있는 것들은 이러한 컨버전스의 가치를 높게 평가하고 있기 때문이다.

둘째, 안정성은 산업 성장구조의 안정성과 게임의 안정성, 게임 이용 시 정보보호 및 이용태도의 안정성을 모두 포함한다. 융합시대의 지속 가능한 성장의 동인은 안정성에 있다. 안정적인 기술의 기반 위에 소비자의 니즈가 부합돼 새로운 시장을 형성한다.

셋째, 네트워크(관계성)는 게임과 사회와의 관계성을 통해 게임 산업의 역량을 강화하고 이종 기업 간의 관계성을 창출하여 신규시장을 확대하는 것을 의미한다. 근래 게임 산업에서 가장 화두로 떠오르는 것은 이러한 관계성이 핵심인 SNS와의 결합에 있다.

게임 시장의 키워드는 체험콘텐츠

체험사회가 도래하면서 단순하게 눈과 귀로 보고 듣는 수준을 넘어 몸소 체험하는 콘텐츠가 각광을 받고 있다. 게임 시장에서도 이 같은 추세가 이어지고 있다. 닌텐도의 '위(wii)'는 사용자가 직접 실제와 같이 움직이면서 하는 체감형 게임의 가능성을 열었고, 액티비전(Activision)의 '기타 히어로(Guitar Hero)'나 코나미(Konami)의 '댄스 댄스 레볼루션(DDR)' 등과 같은 게임은 음악과의 결합으로 새로운 체감형 뮤직게임을 등장시켰다.

이 외에도 닌텐도의 '미(Mii)'와 같이 자신과 흡사한 또는 자신이 꾸미고 싶은 캐릭터로 직접 꾸미는 콘텐츠도 인기를 얻고 있다. 현재 게임 시장은 본인이 직접 참여하고, 캐릭터를 꾸미는 등의 감성형 게임으로 진화해 나가고 있다. 비디오게임 시장의 새로운 트렌드를 주도하며, 높은 성장률을 보이고 있는 체험형 게임이 향후 시장을 주도할 것으로 전망된다.

그간의 비디오게임은 화질과 음질, 인터페이스, 시나리오 등 요소의 개발에만 치중한 나머지 게임 이용자층의 한계를 벗어나지 못했다. 그렇지만 닌텐도의 위가 등장하면서 청소년뿐만 아니라 중장년층까지도 함께 할 수 있는 게임들을 대거 개발했으며, 비디오게임의 새로운 블루오션을 개척했다. 이를 시작으로 비디오게임 시장에서는 새로운 트렌드가 등장했는데, 그것이 바로 감성형 또는 체감형 게임이다.

체감형 게임이 메가트렌드로 부상함에 따라 게임을 즐기는 방식에도 변화가 생기기 시작했다. 그간의 게임은 주로 SF나 전투, 레이싱 등의 한정된 장르에 국한되었으나 체감형 게임이 등장하면서 댄스, 연주, 요가, 골프, 야구 등의 다양한 장르의 게임이 쏟아져 나왔다. 또한 이러한 게임들은 혼자서 하는 게임보다 여럿이서 즐길 수 있는 네트워크 게임이어서 상호작용이 중요시되었다. 이에 게임사들은 다양한 연령층과 장르를 아우를 수 있는 방향으로 수정하기 시작했다.

2001년 오리지널 엑스박스(Xbox)를 출시하면서 비디오게임 시장에 진입한 이후 현재까지 MS게임 고객층의 뿌리는 젊은 연령대의 하드코어 게이머들(hard-core gamers)이었다. MS는 전통적으로 자사의 게임분야 핵심 소비계층인 이들 하드코어 게이머들의 수요를 지속적으로 유지하기 위한 전략의 실행에 집중해 왔다. 하지만 최근에는 보다 일반 소비자들에게까지 폭넓은 지지를 얻을 수 있도록 새로운 전략들을 도입하기로 결정했다. MS는 일반적인 소비자들을 유인하기 위해 거실이나 온라인에서 친구 및 가족과 게임을 함께 즐길 수 있도록 지원하기로 결정했다. 페이스북세대는 물론 그 이전 세대까지도 게임을 혼자서 즐기기보다는 친구 및 가족과 함께 즐기려는 경향이 강하기 때문이다.

여성, 아동, 노인용 게임 등 다양화

청소년층과 남성에게만 인기 있었던 기존 게임 장르가 점차 변화하고 있다. 2004년 미국 모바일 게임 시장에 대한 수요조사에서도 비디오게임이나 모바일게임을 막론하고 여성 게이머의 비중이 남성보다 크게 높아졌다는 것이 밝혀졌다. 이러한 여성 게이머들의 게임선호 추세를 반영하듯 국내외에서 많은 여성용 게임이 등장하고 있는 추세이다. 또한 아동용 게임 시장도 높은 성장가능성이 예견된다. 게임유저의 다변화가 이루어지고 있는 것이다.

여성과 아동용 게임 콘텐츠도 현재 크게 활성화되어 있지 못하지만, 노인용 게임콘텐츠 시장도 불모지나 다름없는 것으로 평가되고 있다. 중·장년층을 위한 게임도 전무한 상황에서 수익성이 거의 보장되지 않는 게임콘텐츠를 제작하지 않는 것은 게임 소프트웨어사들에게도 그동안 거의 불문율처럼 여겨져 왔다. 하지만 최근 닌텐도사의 노인용 비디오게임이 출시되어 인기를 끌면서 노인용 게임 시장에도 새로운 성공가능성이 모색되고 있다.

게임의 미래 진화 코드

게임의 미래는 네 가지 차원에서 전망된다.

첫째, 기능성 게임의 지속 확대와 신산업 창출에 대한 기대가 높다. 닌텐도 인기광풍이 모바일로 확대될 것으로 기대된다. 오락 기능에 교육, 건강, 치료 등 다양한 기능이 융합되어 기존 게임의 역기능이 상쇄될 것으로 기대된다.

둘째, 체험형 게임의 인기가 지속될 것이다. 실제 유저가 참여하고 느낄 수 있는 체험 콘텐츠로 진화될 것으로 보인다. 닌텐도 Wii류의 체험형 게임기의 인기는 지속될 것으로 보인다. 비디오게임에서 온라인으로 확장될 것으로 기대되는데, 엑토즈 소프트의 온라인 탁구게임인 X-Spin 등이 그 예이다.

셋째, OSMU의 블록버스터와 게임의 확장이다. 할리우드 블록버스터들이 영화 흥행을 기반으로 게임제작을 확대하는 중이다. 머시니마의 경우처럼 게임의 영화화와 콘텐츠 간 이종결합이 확대될 것으로 기대된다. 2009년 현재 <귀무자>, <WOW>, <페르시아의 왕자> 등이 게임 원작에 기반을 두어 영화로 제작 중이다.

넷째, 온라인게임의 진화와 글로벌화이다. 차별적 게임콘텐츠와 고급화된 서비스에 대한 니즈가 증대하고 있다. 그에 따라 쉽고 게임 콘텐츠가 간편한 서비스, 화려한 그래픽으로 수렴되고 있다. 글로벌 유통에 있어서는 단순한 수출 정도가 아니라, 지분참여 투자, 전략적 제휴 등 다양한 형태의 사업참여가 활성화될 것으로 보인다.

한국의 현실 및 과제

최근 게임 시장의 메가트렌드는 다양한 컨버전스이며, 특히 SNS와의 융합이 성공적으로 평가되고 있다. 하지만 이러한 현상에 반해 국내 게임 시장의 경우 온라인게임 시장에 편중되어 있다. 국내 게임산업의 세계시장 점유율을 분석하면, 온라인 게임에서 가장 큰 경쟁력을 지닌 반면, 비디오게임 부분의 경쟁력은 가장 약한 것을 알 수 있다.

한국은 10년의 짧은 역사로 세계 온라인게임 시장을 평정할 정도의 놀라운 잠재력을 갖고 있다. 물론 현재 전체적인 게임 시장은 미국, 일본, 영국 등의 선진국이 주도하는 콘솔 및 아케이드 게임 시장이 전체 80% 이상을 차지하고 있다. 하지만 온라인게임 시장의 눈부신 성장속도는 이러한 간극을 빠르게 줄여 가고 있다. 한국은 온라인게임 시장에서 30% 이상의 점유율을 보이며, 부동의 세계 1위 자리를 고수하고 있다. 따라서 우리나라가 세계 게임 시장에서의 비중을 늘리면서 블루오션을 개척하기 위해서는 온라인게임의 장점을 최대한 살리고, 2.0 환경에 맞는 게임을 개발하는 전략이 필요하다.

디지털 음악시장의 무궁한 가능성?

전통 음반시장의 위기가 심화되는 데 반해 디지털 음악시장은 빠르게 성장하고 있어 그 성장곡선이 극명한 대비를 이루고 있다. 과거 LP나 TAPE에서 CD로 이어질 때만 해도 오프라인 음반시장은 지금과 같은 절체절명의 위기는 맞지 않았었다. 하지만 MP3로 변화하면서 PC를 통한 디지털 음악시장이 개화하였고, 불과 몇 년 사이에 급성장하기 시작했다. 여기에 최근 모바일을 통한 음원시장이 새로운 수익모델을 창출하면서 디지털 음악시장은 군웅할거(群雄割據) 시대를 맞고 있다. 오늘날의 디지털 음악시장은 전통 음반사와 거대 유통업체 및 SNS사업자 등의 다양한 OSP(Online Service Provider)의 전략적 협의가 두드러지게 나타나고 있으며, 치열한 경쟁구도가 펼쳐지고 있다.

애플의 아이튠스 디지털 음악시장 독점 붕괴 조짐

디지털 음악시장은 2003년 애플의 아이튠스(iTunes) 등장과 함께 급성장하기 시작했으며, 아이튠스는 디지털 음악시장을 독점하며 수많은 사용자 확보와 콘텐츠 판매를 이어 왔다. 이로 인해 디지털 음악시장은 급성장하며 다양한 수익을 창출하였다.

스트리밍, 다운로드, 벨소리, 통화연결음 등의 분야에서 디지털 음원이 사용되었고, 매출규모는 해가 갈수록 급성장하고 있다. 디지털 음악시장의 성장이 빠르게 진행되고, 앞으로도 성장가능성이 높게 평가되면서 경쟁력 있는 사업자들의 진출이 줄을 잇고 있는 상황이다.

디지털 음악시장의 과금방식 분류

애플이 주도하고 있는 디지털 음악시장에 최근 아마존이나 마이스페이스, 베스트바이 등의 거대 기업들이 진출을 선언하면서 지각변동이 있을 것으로 보인다. 아마존은 이미 2007년에 4대 메이저 음반회사들과 계약을 맺으며, 애플의 독주를 막아서고 나선 바 있다.

현재 아이튠스는 미국 내 온라인 음악시장의 70% 이상을 차지하고 있으나 최근 SNS사업자 마이스페이스와 대형 유통업체 베스트바이가 디지털 음악시장에 공격적인 진출을 함에 따라 아이튠스가 지켜 오던 독주체제가 붕괴

디지털 음악시장에 진출해 있는 대형업체 현황(순서대로 애플, 아마존, 마이스페이스)

될 가능성이 제기되고 있다.

현재 디지털 음악시장의 치열한 경쟁구도가 더욱 흥미진진한 이유 중 하나는 경쟁하는 사업자들의 분야가 다양하기 때문이다. 소프트웨어사업자, 유통업체, SNS사업자 등 사업의 경계 없이 온라인 음악시장에 적극 진출하고 있다. 특히 이들은 본 사업과의 연계를 통해 시너지를 창출하며 저마다의 수익모델을 구축하는 것이 특징이다.

최근 미국의 대형 유통업체 베스트바이가 P2P의 절대강자 냅스터를 인수하며 온라인 음악시장 경쟁에 합류하면서 이 같은 경쟁구도는 더욱 치열해질 전망이다.

P2P의 강자 냅스터를 인수하며 본격적인 온라인 음악시장에 진출한 베스트바이

베스트바이, 냅스터 인수로 디지털 음악시장 입성

2008년 9월 미국 최대의 가전 유통업체인 베스트바이가 디지털음악 서비스업체인 냅스터를 1억 2,100만 달러에 인수하며, 온라인 음악시장의 진출을 공식적으로 선언했다. 베스트 바이의 냅스터 인수는 최대 가전유통 업체와 최대 음악P2P업체의 결합이라는 측면에서 시사하는 바가 매우 크다.

베스트바이는 2006년 이미 리얼 네트워크, 샌디스크 등과 협력해 디지털 음악서비스를 제공하는 방안을 모색하며 시장진출을 준비했다. 그러다 이번 냅스터 인수를 계기로 본격적인 온라인 음악시장에 진출하게 되었다.

이를 통해 베스트바이는 온-오프라인을 관통하는 음악시장 영역을 확보하게 되었다. 냅스터의 서비스 및 가입자 수를 기반으로 새로운 고객을 유치함으로써 음악 등을 비롯한 디지털 엔터테인먼트 시장에서 본격적인 경쟁에 나설 예정이다.

베스트바이가 디지털 미디어시장에 진출하면서 대형 유통업체들의 콘텐츠 다운로드 서비스 시장진출은 더욱 보편화됐다. 세계 최대의 인터넷 쇼핑몰 아마존이 2007년 디지털 음악시장에 진출한 것을 시작으로 글로벌 유통업체 월마트도 온라인 쇼핑몰 월마트닷컴을 통해 음악을 판매 중에 있다. 이처럼 대형 유통업체들이 속속 디지털 콘텐츠 시장으로 적극 진출하는 가장 큰 이유는 온라인과 오프라인을 연결하는 거대 시장을 구축하기 위한 것으로 분석된다. 베스트바이의 경우에서도 냅스터의 플랫폼과 회원을 그대로 흡수하며 온라인 시장진출의 교두보로 삼을 예정이다.

이번 베스트바이의 온라인 음악시장 진출로 아이튠스는 적지 않은 타격을 받을 것으로 보고 있으며, 다양한 사업분야에서 대형사업자들의 온라인 음악시장 진출과 결합이 계속 나타날 것으로 전망된다.

2009년 초 베스트바이는 기존의 냅스터 이용 가격에 비해 크게 인하된 새로운 가격 시스템을 도입하였다. 새로운 가격 시스템의 내용은 MP3 포맷의 음악을 다운로드받는 권리를 구입하는 비용으로 이용자들에게 한 달에 5달러를 지불하도록 하는 것이다.

새로운 가격인하전략의 실행으로 월 5달러를 지불한 이용자들은 음악 다운로드 권리를 확보하는 것과 더불어 자신의 컴퓨터에서 온 디멘드 형식으로 7백만 곡을 항상 무제한으로 즐길

냅스터와 아이튠스의 비용비교 광고

수 있게 되었다. 또한 베스트바이는 이용자가 1.29달러에 다섯 곡의 음악파일을 소량구매할 수 있도록 하고 있다.

냅스터는 새로운 가격전략 시행을 밝히는 자리에서 "Come for the MP3s and stay for Napster"라는 새로운 구호를 내세우면서, 애플의 아이튠즈를 직접 겨냥하는 공격적 마케팅을 전개하고 있다.

지금까지 냅스터는 자신의 MP3음악파일 서비스 이용자들에게 한 달에 12.95달러의 이용료를 받아 왔었다. 하지만 이 같은 기존 가격제도 아래에서 이용자들이 다운받은 음악파일에는 DRM (Digital Rights Management)이 적용되었다. 따라서 이용자들이 비용을 지불하는 것을 멈추면 다운받은 음악들을 들을 수 없었으며, 아이팟 등 몇몇 휴대용 MP3 플레이어를 통해서도 다운받은 음악을 즐기는 것이 불가능했었다. 물론 기존의 가격제도가 유지되던 기간에도 베스트바이는 15달러를 지불한 이용자에 한하여 해당 이용자가 다운받은 음악파일을 어떤 단말기를 통해서도 재생할 수 있도록 허용해 오기도 했다.

베스트바이의 새로운 가격전략에는 이와 같은 기존의 제한들을 없애는 조치가 포함되어 있다. 따라서 새로운 가격전략 아래에서 냅스터 이용자들은 보다 저렴한 비용을 지불하고도 음악파일을 다운받게 되며, PC 이외의 핸드폰이나 기타의 휴대용 디바이스를 통해서도 다운받은 음악을 재생하여 즐길 수 있게 된다.

세계의 모든 음악파일들에 대해 제한 없는 접근을 허용하고 이를 어떤 단말기를 통해서나 재생할 수 있도록 한다는 아이디어는 거의 10년 동안 온라인 음악시장 관련자들의 흥미를 자극해 왔다. 이 같은 이상적이고 흥미로운 아이디어가 현실에서 구현되기 위해서는 음악파일과 관련된 법적 권리를 가지고 있는 음악업계의 동의가 가장 필수적인 요소이나, 지금까지 음악업계는 이에 대해 분명하고 일관된 입장을 정리하지 못해 왔다.

음악업계는 음악파일에 대한 복제방지기술(technology of copy protection) 적용을 주도하였으며, 한 달에 15달러 이상의 가격을 요구하여 이용자에게는 너무 높은 경제적 부담을 갖게 하였다. 냅스터의 새로운 가격 전략 시행은 음악업계가 온라인 음악시장에 대한 보다 유연한 대응을 시작하였다는 신호로 읽힌다.

마이스페이스, 메이저 4대 음반사와 계약으로 디지털음악시장 진출

세계적인 SNS사이트 마이스페이스가 2008년 9월 세계 4대 메이저 음반사(EMI뮤직, 소니 BGM, 유니버설 뮤직, 워너 뮤직)와 정식으로 음원 계약을 맺으면서 본격적인 디지털음악시장 진출을 선언했다. 이로써 마이스페이스 역시 디지털 음악시장을 독점하고 있는 애플에 정면으로 도전장을 내밀게 되었다.

'마이스페이스 뮤직(www.myspce.com/music)'은 마이스페이스를 통해 무료로 스트리밍 서비스를 받을 수 있게 하는 서비스로서 마이스페이스 유저는 누구나 4대 메이저 음반사가 보유한 최신 음원을 아무 때나 무료로 감상할 수 있다. 단, 마이스페이스가 제공하는 광고를 봐야 한다는 전제 조건이 있다. 마이스페이스 뮤직은 현재 미국 내 접속자에게만 서비스를 제공하고 있지만, 머지않아 전 세계 2억에 가까운 유저들에게 제공할 계획이다. 이번 음악서비스는 디 많은 유저들을 마이스페이스로 유인할 수 있는 요인으로 작용할 것으로 기대된다.

현재 디지털음악 시장은 PC나 MP3플레이어, 모바일 등 휴대용 단말기에 한 곡당 1달러 내외의 다운로드 가격이 정책되어 있다. 이러한 유료화 시장은 디지털 음악시장의 급성장을 이끌며 고부가가치산업으로 각광받고 있다. 하지만 이번 마이스페이스 뮤직은 이전의 비즈니스 모델과 전혀 다른 무료 음악서비스로 차별화를 선언했다. 이번 서비스가 가능하게 된 데에는 세계 음악시장을 장악하고 있는 4대 메이저 음반사들과 극적인 협상이 성사되었기 때문이다.

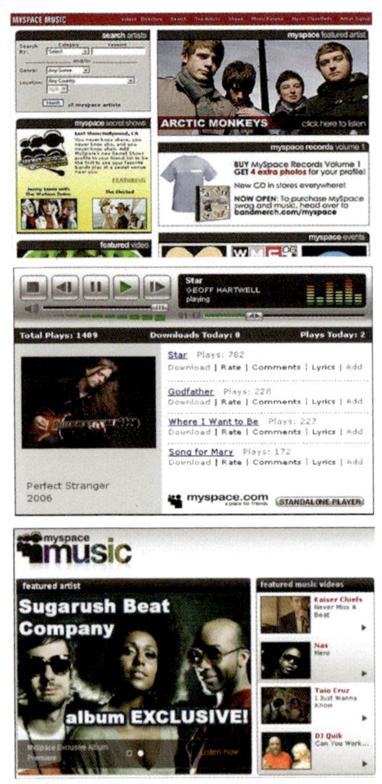

마이스페이스 뮤직 사용자 플레이스트 화면

인터넷을 통해서 무료로 음악을 들을 수 있다는 사실만으로 엄청난 유저를 확보할 것이라는 전망이 벌써부터 지배적인 가운데, 실제 호응과 수익이 어떨지는 지켜봐야 할 것이다. 이용자는 무료로 음악을 듣는 대신 광고를 봐야 하고, 음반사는 마이스페이스를 통해 광고효과를 볼 수 있으며, 마이스페이스는 전 세계의 이용자를 확보할 수 있다.

실제로 맥도날드, 소니 픽처스, 스테이트 팜, 도요타 등 글로벌 기업들이 마이스페이스 뮤직에 광고주로 참여하고 있다. 맥도날드는 마이스페이스의 개인 뮤직 플레이어에 자사 광고를 부착하기로 했고, 소니 픽처스는 자사의 최신 코미디 작품 홍보를 마이스페이스를 통해 펼쳐 갈 계획이다. 이 밖에 보험회사인 스테이트 팜과 자동차 회사인 도요타 역시 각종 이벤트를 통해 뮤티즌과의 접점을 강화한다는 전략을 세우고 있다. 이 같은 각 사업자와 이용자 간의 윈-윈 전략으로 마이스페이스 뮤직은 탄생하게 되었으며, 새로운 디지털 비즈니스 모델로 등장하게 되었다.

현재 마이스페이스 뮤직에서는 음악 관리 툴인 마이뮤직(MyMusic)과 광고를 보면서 무료로 무제한 음악을 즐길 수 있는 오디오 스트리밍, 무제한으로 제공되는 플레이 리스트, 4대 음반사 소속 아티스트 정보를 찾을 수 있는 카탈로그, 아마존 MP3를 통해 DRM-free MP3 음원 구입 및 다운로드, 휴대전화 벨소리 다운로드 등이 제공되고 있다.

마이스페이스 뮤직은 기본적으로 무료 서비스를 바탕으로 하며, 아이팟과 같은 MP3플레이어에 다운로드할 때만 유료로 전환할 방침이다. 또한 음원시장에만 그치지 않고 향후 프리미엄 오디오, 비디오콘텐츠, 전자상거래, 사용자 및 아티스트용 플레이 리스트를 포함한 다양한 엔터테인먼트 상품을 통해 디지털콘텐츠 시장의 패권을 쥘 계획을 세우고 있다.

마이스페이스가 본격적으로 디지털 음악시장에 진출하면서 지배적 사업자인 애플과 차별화된 서비스를 바탕으로 급성장하고 있는 아마존닷컴과 3강 구도로 전환될 전망이 제기되고 있다.

그중에서 지배적 사업자인 애플의 타격이 가장 클 것으로 예상된다. 현재 애플의 온라인 스토어인 '아이튠스'는 미국 시장에서만 5,000만 명 이상의 소비자에게 50억 개 이상의 음원을 판매해 왔을 정도로 시장에서 독점적인 위치를 점하고 있다. 2007년까지만 해도 미국 음반 판매시장에서는 월마트와 베스트바이 등 오프라인 매장의 우위가 지속돼 왔으나 애플의 급성장으로 음반시장 판도 자체가 변하고 있는 상황이다.

따라서 현재 음반시장은 전통적인 음반 시장에서 다운로드를 바탕으로 한 디지털 음원 시장으로 그 중심을 옮겨 가고 있는 상황이다. 여기에 마이스페이스가 본격적으로 합류하면서 디지털 음악시장은 한 치 앞을 예측할 수 없는 상황으로 치닫고 있다.

특히 마이스페이스는 차세대 블루오션 영역 중 하나인 SNS를 대표하는 업체이기 때문에 이번 디지털 음악시장 진출에는 남다른 의미가 있다. 더욱이 기존의 유료서비스를 정면으로 부정하며 무료서비스로 대응함에 따라 음악시장의 비즈니스 및 가치사슬 구조에도 큰 영향을 미칠 것으로 분석된다. SNS사이트의 특성이자 장점은 기존의 음악뿐만 아니라 UCC와 같은 창작물의 공유가 가능하기 때문에 이를 활용한 비즈니스 모델도 고려할 수 있다. 실제로 현재 마이스페이스에서는 500만 명이 넘는 뮤지션들이 자신의 공간에서 2,000만 곡이 넘는 음악을 공유하고 있다.

미국에서는 소속사 없이 활동하는 인디 아티스트가 신곡을 발표하는 것이 자연스러운 문화가 되었으며, 그중 몇몇은 글로벌 스타로 발돋움

하기도 했다. 메이저 음반사들도 SNS의 이러한 성장가능성을 염두에 두고 무료서비스에 합의했을 것이라는 분석이 지배적이다.

한국시장의 상황

디지털 기술이 접목되면서 음악시장의 패러다임과 수용자의 이용패턴이 완전하게 변화하고 있다. 과거 레코드 가게에 가서 음반을 구입해야만 감상할 수 있었던 음악 청취가 이젠 컴퓨터에서 마우스 클릭 한 번으로 가능하며, 휴대용 디지털 기기를 가지고 다니며, 저장한 음원을 손상 없이 무제한으로 들을 수 있게 되었다. 이러한 편리성에 더해서 이제는 인간의 감성에 따라 음악 콘텐츠가 변화하는 맞춤형 음악 콘텐츠 서비스가 인기를 끌 것으로 전망된다. 실제로 디지털 음악시장이 높은 성장률을 보이고 있는 국내에서는 개인감성을 충족시키기 위한 콘텐츠 서비스가 시작단계에 있다. 예전에는 불특정 다수를 위해 생산되던 음악 콘텐츠가 개인화되고 있다. 개인감성을 충족시키는 음악 콘텐츠가 등장하고 있는 것이다.

온라인 음악사이트를 운영하는 '뮤직시티'의 모회사인 '블루코드'가 삼성 미디어스튜디오(Samsung Media Studio)의 온라인 숍을 통해 감성기반의 디지털 음악 서비스를 제공하고 있다. 이미 온라인 음악 서비스업체 '뮤직시티'는 지역, 계절, 날씨, 시간대 등에 따라 이용자에 맞춘 서비스를 제공하는 '감성서비스'를 개발해 비즈니스 모델 특허를 출원했다. '감성서비스'는 온라인사이트 뮤즈(www.muz.co.kr)를 통해 사용자가 원하는 시간에 지역, 계절, 날씨에 따른 특정 음악을 제공하는 맞춤형 음악 배달 서비스이다. 접속한 날의 상황에 맞춘 인기곡 톱 100 및 맞춤 배경화면 서비스 등으로 제공되고 있다.

현재 디지털 음악시장의 치열한 경쟁구도가 더욱 흥미진진한 이유 중 하나는 경쟁하는 사업자들의 분야가 다양하기 때문이다. 소프트웨어사업자, 유통업체, SNS사업자 등 사업의 경계 없이 온라인 음악시장에 적극 진출하고 있다. 특히 이들은 본 사업과의 연계를 통해 시너지를 창출하며 저마다의 수익모델을 구축하는 것이 특징이다.

오프라인 음악시장의 유통구조는 제작 분야가 가장 많은 수익을 차지하며, 특히 제작사는 제작비를 포함하여 가장 많은 수익 부분을 가지게 된다. 반면 온라인사업자(OSP)가 개입된 온라인 음원시장의 경우 OSP가 가장 많은 수익을 가져가게 된다. 그래도 이 경우에는 중간 매개자가 없기 때문에 제작사도 27~36% 정도의 수익을 챙길 수 있다. 그렇지만 모바일을 통해 제공되는 디지털음원 시장의 경우 이동통신사가 전체 수익의 50%를 가져가고 제작사는 20%도 채 가져가지 못하게 된다. 따라서 제작사들은 수익저하로 제작비용 충당이 어렵게 되고, 이는 다시 음악의 질 저하로 이어져 악순환이 반복된다. 물론 SK텔레콤의 경우처럼 이동통신사가 직접 서울음반을 인수해 제작까지 하는 경우도 있다. 하지만 이러한 경우 이동통신사업자의 독점구조를 더욱 견고하게 만드는 계기가 될 수 있어 전체적인 음반시장의 발전에는 장애요소로 작용할 우려가 크다.

이처럼 현재 국내 음악시장은 이동통신사업자들의 기형적인 개입으로 불균형적인 모습을 띠고 있으며, 2.0 환경을 맞아 근본적인 구조개혁이 필요한 상황이다. 이에 ETRI는 2007년 5월 초 프랑스에서 개최된 제84차 MPEG 회의에서 차세대 디지털음악의 국제표준화 추진 아이템으로 '인터랙티브 뮤직'을 선정하고 적극 추진 중에 있다. '인터랙티브 뮤직'은 말 그대로 양방향적인 음악을 일컬으며, 그간 제작사가 만들어 놓은 음악을 수동적으로 듣기만 하던 뮤직1.0에서 이용자가 직접 음원을 분리하고 선택해 새로운 음악을 재창조할 수 있는 뮤직2.0 환경을 의미한다.

최근 음악시장의 디지털 전환이 마무리되고 2.0 시대가 도래함에 따라 음악시장에도 2.0의 물결이 일고 있다. 단순히 휴대전화 벨소리를 만들고, 블로그나 미니홈피에 음악을 올려놓는 수준이 아닌 사용자가 직접 각각의 음원을 분리해 새롭게 창조하는 진정한 뮤직2.0을 하는 것이다.

이런 구조는 저작권자, 실연자와 제작자에게도 새로운 부가수익원을 찾게 한다. 창작자들은 원곡으로 벌어들이는 수입 외에 기타, 피아노, 드럼, 비트박스 등의 음악 구성요소별 음원도 별도로 판매하거나 여러 가지 형태로 서비스하면서 새로운 부가수익원을 발견할 수 있다.

한편, 국내 음악시장은 다양한 음악 장르에서 시장활성화 대안을 찾고 있다. 인디음악으로 분류되는 '장기하와 얼굴들', '페퍼톤스', '언니네 이발관' 등 언더그라운드 팀들의 새 앨범 발매와 판매량 증가로 가요 음반시장의 저변이 확대되고 있다. 또한 아이돌 가수들의 뮤지컬 진출로 뮤지컬 장르에 대한 인식적 진입 장벽이 낮아지고 있다. <미녀는 괴로워>에 바다, <캣츠>에 빅뱅의 대성, <제너두>에 슈퍼주니어 강인, 김희철, <싱글즈>에 손호영, 앤디, 이성진, <햄릿>에 이지훈 등이 그 예이다.

개념 및 필요성

2006년 디즈니의 수익은 343억 달러(약 31조 원)에 달했다. 테마파크, 애니메이션제작사, TV채널을 모두 섭렵하고 있는 디즈니의 이 같은 성공은 1928년 월트디즈니가 탄생시킨 '미키마우스'라는 생쥐 한 마리에서 시작됐다. 이 생쥐 한 마리의 1년 수익은 우리 돈으로 6조 원으로 대략 중형차 20만 대 판매에 해당되는 수치다. 사람으로 치면 미키마우스는 여든 살을 넘겼다. 미키마우스는 80년이 넘은 매우 고전적인 캐릭터이지만 누구도 이를 케케묵은 캐릭터로 취급하지 않는다. OSMU(One source multi use)를 통해 소비자 니즈에 맞는 상품으로서 지속적으로 진화해 왔기 때문이다. 디즈니는 캐릭터 비즈니스의 최초도 아니고, 독점 업체도 아니지만 '시너지 전략'이라고 불리는 디즈니만의 독특한 사업스타일을 만들어 냈고, 이를 통해 우리는 흔히 디즈니를 '캐릭터 왕국'이라고 부르고 있다. 디즈니의 사업 스타일은 다음 세 가지 영역으로 구분되는데, ① 테마파크 & 리조트: 디즈니랜드, 디즈니월드, 호텔 등 운영, ② 크리에이티브(creative) 콘텐츠: 영화·TV·비디오 콘텐츠 제작·배급, ③ 소비자 프로덕트: 캐릭터 상품의 기획제작·판매의 세 부분이 그것이다. 이 세 가지 사업부문이 서로 영향력을 주고받고 제휴하면서 디즈니의 매력을 다각도에서 광범위한 대상에게 연속적으로 알리는 것이다.

우리에게도 미키마우스와 비슷한 모델이 있다. <아기공룡 둘리>는 '출판만화(1983) → TV용 애니메이션(1987) → 교육용 비디오(1995) → 캐릭터·머천다이징 라이선싱(1995 이후) → 극장용 애니메이션·비디오(1996) → 뮤지컬(1998) → 4D애니메이션(2004) → 70여 업체 라이선싱 및 1,500여 종 상품 출시(2005)' 등의 과정을 거쳐 다양한 수익을 창출해 내고 있다. 이처럼 국내외를 막론하고 콘텐츠산업은 OSMU 전략 등을 통해 방송·통신, 서비스 및 제조업과의 동반성장을 통해 생산유발, 경제영향력, 고용유발 등 전후방 산업연관효과가 큰 성장동력이 되고 있다.

만화의 경우, 2008년, <타짜>(허영만), <식객>(허영만), <순정만화>(강풀), <바람의 나라>(김진) 등이 영화, 드라마로 제작되어 대중적인 흥행에 성공한 사례가 있다.

흔히 OSMU라고 하면 애니메이션·캐릭터 등 제작된 미디어콘텐츠의 수익성을 높이기 위해 다양한 부가사업을 펼치는 것이라고 단순하게 생각한다. 원작만화를 애니메이션·드라마·뮤지컬 등으로 제작해 수입창구를 다원화하는 것이 바로 OSMU의 단적인 예다. 하지만 최근 들어 OSMU는 창작된 콘텐츠가 지속적인 가치를 창출하는 브랜드로 자리 잡을 수 있도록 생명력을 불어넣는 전략으로 인식되고 그 의미 역시 확장되고 있다.

해외선진국의 경우 일찍부터 콘텐츠산업의 다각화를 통해 OSMU를 효과적으로 수행하고 해외 진출에까지 성공한 글로벌 기업이 다수 존재한다. 세계적인 유통망과 막대한 제작자원 동원능력을 갖춘 글로벌 미디어콘텐츠기업들은 하나의 콘텐츠를 개발하는 단계에서부터 OSMU 전략을 실행할 수 있는 준비를 동시에 진행하는 경향이 일반화되고 있으며 흥행에 성공한 콘텐츠의 판권을 구입하여 새로운 장르의 콘텐츠를 만드는 것에도 적극적으로 뛰어들고 있다.

높은 인기를 누린 대부분의 콘텐츠들은 고전(古典)과 코믹스 등 출판물에서도 그 아이디어들 얻어 성공한 사례들이 많은데, 실제로 2000년대 대표적인 흥행작들이라 할 수 있는 조앤 롤링의 판타지 <해리포터>와 톨킨의 <반지의 제왕>의 스토리 구조가 각각 소설에 기반을 두고 있다는 것은 잘 알려진 사실이며, <오페라의 유령>, <노트르담 드 파리>, <사운드 오브 뮤직> 등의 영화는 물론 동명의 뮤지컬로도 제작된 작품들 역시 소설과 자서전 등 출판물을 원작으로 하고 있다. 또한 일본의 <노다메 칸타빌레> 등과 같이 성공적인 흥행결과를 기록하며 호평을 받았던 드라마들 또한 출판만화를 원천콘텐츠로 하고 있으며 현재까지 세계 애니메이션 산업을 지배하고 있는 디즈니사의 역대 작품들 중 <백설공주와

일곱난장이>, <피노키오>, <피터팬>, <이상한 나라의 앨리스>, <인어공주> 등 상당수가 동화나 소설을 활용한 것들이다.

〈해리포터〉의 성과 및 파급효과

유수의 글로벌 영화사들은 외국의 영화나 소설 등에 관한 판권을 구입한 후 막대한 자본과 세계적인 스타급 배우를 투입하고 글로벌 유통망을 이용하여 원천콘텐츠의 수익을 능가하는 가치를 창출하고 있다. 특히 최근에는 아시아권에 대한 콘텐츠 확보에 관심을 쏟고 있는데, 실제로 미국에서는 원작으로서 한국 영화에 대한 관심이 높아지고 있는 상황이다. 한국에서 큰 인기몰이를 했던 <추격자>와 <세븐데이즈>의 리메이크 판권이 할리우드에 100만 달러에 판매됐다.

이와 같이 국내외를 막론하고 기존의 콘텐츠를 다른 콘텐츠 장르 성격에 맞게 재가공하여 새로운 파생상품을 창출하는 것을 OSMU라고 한다. 하나의 원천콘텐츠(One Source)를 개발하여 다양한 시장과 미디어에 활용(Multi Use)함으로써 가치창출의 극대화를 위한 비용을 감소시키며, 불확실성의 위험을 관리하고, 시너지효과를 높일 수 있는 주요 전략 중 하나이다. 하나의 원천 소스가 게임·만화·영화·캐릭터·소설·음반 등 여러 가지 2차 문화상품으로 파급되어 원소스의 흥행이 2차 상품의 수익으로까지 이어지는 문화상품만이 가지는 연쇄적인 마케팅 효과를 결과하는 것이다.

흔히 OSMU는 하나의 원작(source)이 다양한 분야나 장르에서 활용되면서 고부가가치를 만들어 내는 비즈니스 구조를 일컫는다. OSMU는 COPE, 창구효과, 라이선싱 등과 함께 쓰이는데, COPE(Creative Once Publish Everyone)는 텍스트·음성·비디오 등 다양한 내용물 등을 다양한 플랫폼을 통해 누구에게나 언제 어디서나 제공하는 것을 의미한다. '창구효과(Window Effect)'는 엔터테인먼트 산업 또는 문화산업효과의 창구효과를 말하는데, 산업 연관효과가 매우 큰 것을 일컫는다. 라이선싱(Licensing)은 한 기업의 상품이나 서비스를 특정 지역에서 판매하도록 하는 권리의 허용을 말한다.

OSMU의 어원은 일본에서 유래한다. 1980년대 초 일본에서 먼저 사용하기 시작한 OSMU라는 용어는 원래 일본의 전자공학계에서 "하나의 소스를 디지털화하고, 이를 다양한 종류의 매체 및 매체에 걸맞은 가장 적합한 형태의 결과물로 아날로그화하여 이용하는 경우보다 값싸고 간단하게 만들어 낼 수 있는 것"이라는 의미로 사용된 용어였다.

OSMU의 기본 패턴은 다음과 같다.

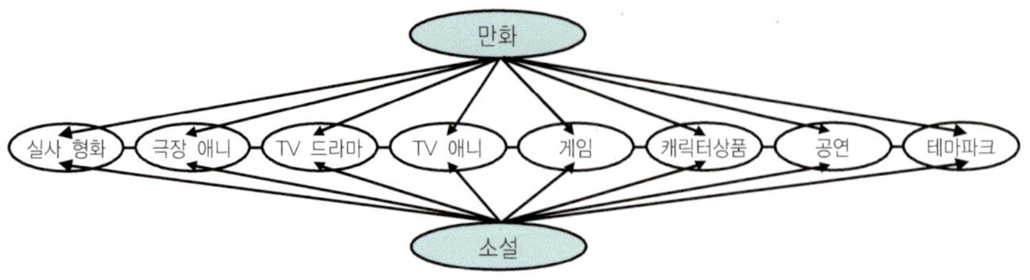

OSMU의 기본 패턴

OSMU는 한 부문에서 성공을 거둔 콘텐츠를 다른 부문으로 응용해 이전 산업에서 거둬들인 성공의 파생효과를 누리는 전략으로 콘텐츠산업의 일반적인 비즈니스 방식이자 원칙으로 통용되어 왔다. 실제로 미디어 콘텐츠 상품들이 각각의 특성이나 변별력을 확보하는 방법은 그 콘텐츠 상품을 기획하고 개발하는 단계에서 상당 부분 결정된다. 특히 하나의 콘텐츠만으로는 충분한 수익을 얻기 어렵기 때문에, 기획단계에서 이를 충분히 고려해야만 한다. 대다수의 생산자들은 동일한 콘텐츠를 다양한 미디어 속에 채워 넣는 전략을 통해 수익을 극대화하고자 한다. 단일한 아이디어를 각 미디어 속성에 맞추어 조금씩 가공하여 제시함으로써 다양한 수익이 창출될 수 있다는 것을 알고 있기 때문이다. 동일한 콘텐츠라 하더라도 이것을 상이한 미디어들을 통해 다양한 시점에서 다양한 형태를 갖추어 제공해야 한다는 것이다.

콘텐츠의 부가가치 창출을 위한 OSMU 전략은 이종사업자 간의 제휴를 이끌어 콘텐츠 제작으로 인한 리스크(risk)를 줄여 주는 보험의 역할이자 새로운 부가가치를 창출하는 수단으로서 널리 활용되고 있다. 국내외를 막론하고 OSMU는 콘텐츠산업의 사업 다각화와 상품파생을 통한 가치창출의 극대화에 이용되는 가장 일반적이며 중요한 전략 중 하나이다. 세계적으로 이미 콘텐츠산업에 속하는 많은 장르의 산업들이 OSMU 전략을 적극 활용하여 새로운 소비와 시장을 창출하며 다양한 부가가치를 결과하고 있다.

디지털 컨버전스가 고도화된 시대의 콘텐츠는 무한한 사용과 재가공이 자유로운 특성이 있기 때문에 OSMU 전략과 같은 다중유통 방식이 유용하게 활용된다. 미국이나 일본의 글로벌 복합미디어기업들은 콘텐츠 제작 초기단계인 기획단계에서부터 OSMU의 성공을 위한 로드맵을 구상하며 이를 기반으로 OSMU에 필요한 법적·기술적·마케팅적 측면들에 대한 개발과 연구 및 관리를 실시하고 있다. 이들 기업들이 만화와 소설 등 출판콘텐츠를 바탕으로 OSMU화한 드라마, 영화, 게임 등의 잇따른 성공은 하나의 공식으로 자리 잡아 가고 있는 추세이다.

OSMU의 산업적 중요성은 무엇보다도 콘텐츠산업의 부가가치를 극대화한다는 데 있다. 특히 자체 시장이 정체되거나 축소되고 있는 현재 우리 미디어산업에 있어서는 대단히 중요한 문제이다. 따라서 국내 콘텐츠산업이 성장의 한계를 극복하기 위해서는 적극적인 OSMU 전략이 필요한 시점이다.

OSMU가 가지는 경제적 효용성을 정리하면 다음과 같다. 첫째, 재생산 비용을 낮춰 준다. 소스의 복제용이성에서 기인하는데, 각각의 매체에 독립적으로 적용되어야 할 공정(기획 - 투자 - 개발 - 유통)을 통합하여 비용을 절감하게 해 준다. 둘째, 위험의 분산이다. 주식의 포트폴리오 투자방식과 같이 분산투자함으로써 일부 매체에서 손해가 나더라도 다른 매체에서 그 손해를 메울 수 있는 방법을 택함으로써 'All or Nothing' 막무가내식의 투자를 지양할 수 있다. 셋째, 이이익 극대화이다. 비용절감을 통한 이익의 확대와 각 매체 사이의 시너지효과를 통해 같은 비용으로 더 많은 이익을 얻을 수 있게 해 준다.

OSMU의 전략적인 유형은 크게 두 가지로 구분되는데, 단계적 유형과 통합적 유형이다. 단계적 유형은 원천콘텐츠가 시장에서 성공한 뒤 다른 플랫폼 및 시장에서 재가공되어 부가가치를 파생하는 유형을 의미한다. 그리고 통합적 유형은 처음부터 철저한 기획을 통해 단기간에 관련 사업을 거의 동시다발적으로 수행하는 유형을 뜻한다.

미국이나 일본 등 OSMU 전략이 보편화된 나라들에서는 거의 모든 콘텐츠가 제작 및 기획단계에서부터 OSMU를 고려하여 제작되는 통합적 전략 유형이 중심을 이루고 있는 것으로 분석된다. <슈렉>, <라이온킹>, <토이스토리>, <미녀와 야수>처럼 디즈니사를 중심으로 극장용 애니메이션에서 캐릭터, 비디오, 음반, 전자오락, 테마파크 상점 등을 하나로 묶어 시너지 효과를 극대화하는 시도들이 일반화되고 있다. 일본의 경우도 출판콘텐츠에서 직접 파생된 콘텐츠 상품들이 많은데 출판만화를 활용하여 영화와 애니메이션 및 드라마로 재가공되는 사례가 일반적인 것으로 분석되고 있다. 통합적 전략 유형을 활용한 일본의 대표적인 사례는 <에반게리온>이다.

<신세기 에반게리온>의 통합적 전략, OSMU전개 과정

한국의 미디어콘텐츠기업은 OSMU의 정도가 전반적으로 부족하고, 세계화 수준에 도달할 수 있는 시스템과 인력 등의 원천 자원이 미미하다. 또한 국내 콘텐츠산업은 협소한 국내 시장규모, 업체의 영세성 등으로 '규모 경제'의 효과 달성에는 한계가 있는 게 현실이다. 이미 콘텐츠 강국으로 진입하여 막대한 수익을 올리고 있는 미국과 일본의 경우 세계 1, 2위의

내수시장을 기반으로 기업들이 국제경쟁력을 확보하고 있는 반면, 한국의 경우는 상대적으로 작은 내수시장 규모로 인해 국제경쟁력 확보에는 한계가 있다. 따라서 협소한 국내 혹은 일부 아시아 시장만을 대상으로 하여서는 국제경쟁력 있는 콘텐츠 상품의 기획이 불가능하므로 세계시장에 대한 개척이 절실히 필요하다. 이에 그 대표적인 해결방안이 바로 OSMU 전략이다.

결국 OSMU 전략은 향후 국내 콘텐츠 시장의 선순환구조를 확립하면서 동시에 국내 기업 및 문화콘텐츠의 해외진출을 가능케 하는 경쟁전략이 된다. 또한 콘텐츠 OSMU모델의 구축은 산업 내, 산업 간 유기적 융합으로 인해 산업연관 및 시너지 효과를 충분히 창출해 낼 수 있을 것으로 기대된다. 결국 다양한 문제점을 노정하고 있는 현재 미디어콘텐츠업계의 악순환구조를 선순환구조로 전환하기 위해서는 무엇보다도 현재의 콘텐츠 OSMU 시스템을 산업화 모델로 정착시켜야 할 필요성이 대두된다.

OSMU 전략의 효용성

국내 콘텐츠 시장의 급속한 신장세에도 불구하고, 미국, 일본 등 선진국과 비교하면 미미한 수준이다. 미국이 세계 콘텐츠 시장의 약 50%를 차지하고 있으나 한국은 2.2%에 불과하다. 그나마 수출장르는 영화, 방송, 게임이 50% 이상을 차지해 기형적이다. 동시에 내수시장은 영화, 드라마 등 극히 제한된 분야에 투자가 편중된 자본시장 구조로 인해 OSMU를 고려한 장르의 다양성을 담보하지 못하고 있다.

영화 및 드라마 콘텐츠는 한류의 영향으로 해외 각국으로 수출되는 등 글로벌 경쟁력을 확보했으나 최근 들어 한류가 주춤하자 수출 규모가 급격하게 감소하고 있다. 특히 <겨울연가>, <대장금> 등의 인기를 잇는 킬러 콘텐츠가 부재한 상황이다. 드라마 혹은 영화 위주의 콘텐츠에 지나치게 편중되어 있어 한류의 확산에도 한계가 있다는 게 전문가들의 공통된 지적이다. 여기에 특정한 대형스타에 대한 의존도가 지나치게 높아 콘텐츠의 편중을 더욱 심화시키고 있다. 장르의 한정과 특정 스타 의존도는 후속 히트작이 없을 경우 장기침체로 이어질 것임이 분명하다.

이러한 어려운 상황에 대한 구체적인 타개책이 요구되는바, 그 대안 중 하나가 바로 OSMU 전략이다. 현재 한국의 콘텐츠산업은 창작환경, 기업환경, 소비환경의 한계로 유기적인 정보공유와 장르·매체·산업 간 연계가 부족하여 효율적인 OSMU 전략 수행에 있어서 태생적 한계를 갖는다. 출판, 애니, 영화, 드라마 등 원작 토양의 취약성, 대규모 자본·대형 프로젝트를 관리할 기업역량(파트너십) 부족, 협소한 내수시장의 한계 등이 그 저해요소이다. 문화콘텐츠 산업계의 악순환을 선순환구조로 전환하기 위해서는 OSMU 구조가 산업화 모델로 정착되어야 한다. 따라서 국내 콘텐츠산업의 경쟁력 확보는 '기업 간 상생과 수익구조 개선 → 고품질 콘텐츠 지속적 생산 → 기업의 경쟁력 강화 → 콘텐츠 시장규모 확대'의 선순환 고리가 그 열쇠이다.

디지털 미디어 융합시대 OSMU 모델은 산업경쟁력 강화를 위한 선택이 아닌 필수조건이다. OSMU는 기업 차원에서 리스크 헷지를 위한 사업의 포트폴리오 전략이며, 산업 차원에서는 산업 내(기초예술 / 전통문화 / 문화산업), 산업 간(온 - 오프라인 / 제조업/서비스업) 유기적 융합으로 산업 연관 및 시너지 효과를 창출한다. 최근 디지털 미디어 융합환경에 따라 온라인(인터넷 / 모바일)으로 콘텐츠의 2차 유통이 일반화되면서 OSMU 콘텐츠 시장이 부상하고 있다.

OSMU 성공모델: 드라마 사례

드라마 OSMU의 성공사례로는 우선 일본의 ＜노다메 칸타빌레＞가 있다. ＜노다메 칸타빌레＞는 2001년 처음 연재된 이후 2006년 드라마와 애니메이션, 게임 등으로 크게 성공하였고, 일본 작가 니노미야 토모코가 2001년 고단샤의 잡지 'Kiss'에 연재하면서 인기를 누리기 시작했다.[1] 천재적인 재능을 가진 여대생 노다메의 좌충우돌한 일상을 주된 스토리로 하는 만화원작의 인기에 힘입어 2006년 10월 후지TV에서 드라마로 방영되었고, 팬들의 우려를 뒤엎고 큰 흥행을 하였다. 이후 2007년 TV애니메이션으로도 제작·방영되었다. 이 밖에도 클래식 음반으로는 전례 없는 판매고를 기록한 OST, 캐릭터, 완구, 의류, 테마카페 등의 다양한 분야로도 확장된 전형적인 OSMU 성공사례이다.

<노다메 칸타빌레>는 작품이 갖고 있는 스토리성과 흥행력을 극대화하기 위해, 원작 간의 유기적인 연계를 지향하였고, 코믹한 성장드라마라는 재미를 전면에 추구하고, 그 재미를 클래식이라는 소재를 통해 극대화시킨 플롯은 많은 찬사를 받았다. 특히 캐릭터의 독특성은 다양한 캐릭터 사업으로 확대될 수 있는 좋은 제반 여건을 제공하였다.

<노다메 칸타빌레>의 OSMU: 만화 / 애니메이션, TV드라마, OST / 게임

---

1) <주식회사 천재 패밀리> 등의 작품으로 이미 그 능력을 검증받은 원작자 니노미야 토모코는 <노다메 칸타빌레>로 유명세를 누리게 되었다. 천재적인 재능을 지닌 음대생의 이야기를 기상천외한 설정과 전개로 풀어 나가며 새로운 장르를 구축했다. 로맨스와 감동이 적절하게 배합되어 있어 세대를 불문하고 인기를 끌 수 있었다(베스트애니메, http://bestanime.co.kr/newAniData/aniInfo.php?idx = 2550).

다음은 미국의 <히어로즈>이다. <히어로즈>는 미국의 인기 만화
출판사인 DC와 마블코믹스의 인기작가인 제프 롭(jeff rob) 등이 작업에
참여하며 만화적인 요소를 드라마로 구현하는 데 많은 노력을 기울였다.

<히어로즈>의 OSMU: 드라마/DVD, 그래픽노블, 모바일게임

2006년 9월 NBC에서 시즌 1(23편)이 방영된 이후 폭발적인 인기
를 얻었고 2007년 9월 시즌 2(11편)가 12월까지 방영되었다. 미국뿐 아니
라 한국, 일본, 유럽 등에 수출되었다. 히어로즈는 타마이 유키오의 <오
메가 트라이브>[2)]에서 영감을 얻어 제작됐으며 실제 영상과 진행에 있어
서도 만화적인 요소가 극중에 배어 있다. 또한 외전 개념으로 NBC에서는
그래픽노블[3)]이라는 새로운 파생 콘텐츠를 제공하고 있다.

---

2) <오메가 트라이브(Omega Tribe)>는 타마이 유키오가 2004년 발간한 일본 만화로서 2006년
까지 14권이 발간되었고, 이후 오메가 트라이브 킹덤으로 6권까지 발매되었고, 소학관(小學
館)에 판권이 있다. <히어로즈>는 많은 부분 <오메가 트라이브>와 흡사한 설정이다. 가령
인류가 진화하는 과정에서 초능력을 갖게 되고 이러한 초능력을 바탕으로 스토리가 전개된다.
하지만 <오메가 트라이브>의 경우 신세기 왕권에 대한 부분에 초점이 맞춰진 반면 <히어
로즈>는 다양한 영웅들이 지구를 구해 내는 내용이 전개되므로 다르다.

3) 그래픽노블은 만화와 소설의 합성어로서 소설의 내용에 만화가 더해진 것을 의미한다. 이러한
그래픽노블은 <300>, <고스트 라이더>, <씬 시티> 등의 영화로 유명하며 2006년 이후
큰 인기를 구가하고 있다. <히어로즈>는 원작만화를 기반으로 하여 영화로 제작된 사례들과
는 달리 드라마를 제작한 뒤 외전형식으로 그래픽노블을 제공하며 또 다른 재미를 추구하고
있다. 실제로 이러한 효과를 얻기 위해 기획/개발 단계부터 팀 크링 감독은 인기 극작가 제프

국내 드라마 OSMU의 최초이자 대표적인 모범사례는 바로 <겨울연가>이다. 2002년 방영 이후 일본, 동남아 등 해외에서 큰 인기를 모으며 한류의 시발점이 되었고 그 파생상품은 상업적 가치를 넘어서 국가의 문화이미지 제고에도 일조했다.

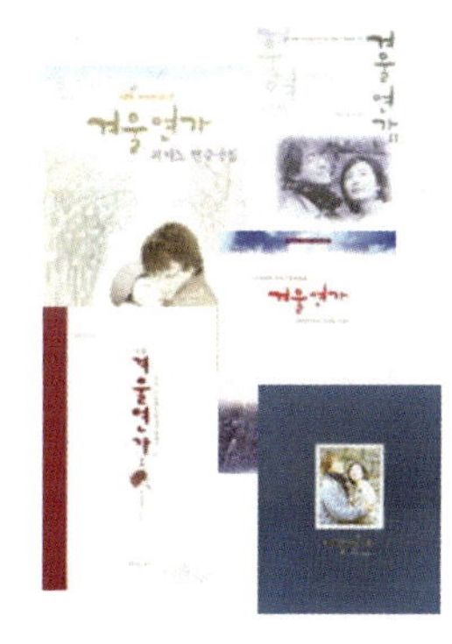

<겨울연가>의 OSMU: 드라마 / DVD, 출판(서적/화보), 상품(음반, 기념품 등)

<겨울연가>는 '욘사마'의 탄생과 더불어 한류가 촉발되는 촉매역할을 하면서 국내 콘텐츠산업의 새로운 수익모델을 제시했으며, 일본을 시작으로 중국, 동남아시아, 중앙아시아 등으로 한류가 확산되는 데 일조했다. 그리고 드라마의 배경이 되었던 남이섬을 비롯한 촬영지들이 일본 관광객들로 붐볐고, 드라마에 삽입되었던 노래가 일본의 골든디스크상 OST 부분에서 수상하기도 하였다. 또한 음반과 주제곡을 부른 한국가수의 음반이 일본에서 팔리게 되었고 원작을 만든 윤석호 PD가 제작에 관여한 뮤지컬도 제작되어 한국과 일본에서 공연되었다. 그럼에도 불구하고 KBS의 주도로 <겨울연가>와 관련된 화보집, 캐릭터상품 등도 출시되었지만

롭과 만화가 팀 세일과 팀을 이루며 만화적 요소를 삽입했다. 극중 미래를 그릴 수 있는 능력을 갖고 있는 아이작 맨더슨은 만화가로 나오며 그래픽노블을 직접적으로 노출하기도 한다 (히어로즈 그래픽노블 사이트: http://www.nbc.com/Heroes/novels/).

처음부터 OSMU를 위한 파생상품을 계획적으로 준비하지 못했고 저작권 등에 대한 대비가 미흡하였기 때문에 드라마가 성공한 이후에도 일부 품목 외에는 파생상품 수입도 저조하였으며, 캐릭터 상품의 경우 살 만한 것이 없다는 평가를 받기도 하는 등 준비가 덜 된 미흡한 모습도 보였다.

다음으로 <대장금>은 시청률 50%를 넘기며 사극의 또 다른 성공 가능성을 보여 주었고, <겨울연가>가 일본시장에서 특별히 사랑을 받은 데 비해서, 아시아를 넘어 중동, 아프리카, 유럽까지 한류를 전파하며, 활발한 OSMU를 전개했다는 특징을 갖는다. <대장금>은 MBC 특별기획 드라마로 2003년 11월부터 2004년 4월까지 54회 방영되었으며, 조선시대 궁궐 내 의녀인 장금이를 중심으로 전개되는 기존에 시도되지 않았던 파격적인 주제를 다루었다. 2004년 3월 시청률 57.8%를 기록하며 역대 히트드라마의 반열에 올랐다. 이후 한자문화권을 중심으로 열풍이 일어났고 그 열기는 중동, 남미로까지 확산되고 있다. 국내는 물론 대만과 홍콩 등에서는 시청률 60%를 넘나들며 사회적인 신드롬까지 만들어 내었고, 그 결과 TV드라마 외에도 소설, 음반, 게임, 의류, 식품, 테마파크 등 수많은 파생상품의 성공을 견인했다. 2008년까지도 <대장금>은 지속적으로 인기를 유지하며 스테디셀러 상품으로 자리매김하고 있으며, 아시아와 중동을 넘어 유럽까지 진출하고 있다. <대장금>은 지난 2003년부터 아시아 전역에서 방송되며 높은 인기를 누렸다. 이후 유럽과 아랍권과 이스라엘에 이어 아프리카 지역까지 수출되며 세계 60개국에서 방송되고 있다. 특히 이란에서는 90%가 넘는 유례없는 시청점유율을 기록하는 등 화제를 낳기도 했다. 또한 <대장금>의 높은 시청률로 인해 한국 음식과 문화에 대한 관심도 높아졌다.

〈대장금〉의 OSMU: 드라마 / DVD, 애니메이션, 뮤지컬

　　〈대장금〉의 서사구조는 신분이 낮은 장금이와 하층민이 등장하면서 기존의 궁중 사극과는 또 다른 면모를 보여 주었다. 또한 기존 사극들은 남성 중심의 강한 스토리로 구성되었으나 〈대장금〉에서는 궁중요리와 전통음식, 의학상식 및 의녀제도, 다양한 궁중 건축의 모습이나 신분계층에 따른 복식양식을 등장시켜 아기자기한 볼거리를 선사하였다. 또한 성공스토리가 서사의 핵심을 이루는 가운데 특히 실존인물인 여성의 성공스토리를 소재로 삼았다는 점에서 새로운 시도로 평가되었다.

　　〈대장금〉은 드라마 성공 이후 TV용 애니메이션으로 제작되었고 OST인 ‘오나라’, ‘하망연’, ‘사아오가’ 등이 제작되어 인기를 끌었다. 또한 SK텔레콤의 네이트를 통해 모바일 게임이 출시되었는데 장금의 능력치를 키워 최고상궁 및 어의로 육성하는 스토리로 구성되었으며, 한복을 입은 장금이 인형이 출시되기도 하였다. 이 밖에 냉동식품, 전통주, 기능성 쌀에도 〈대장금〉이 활용되었으며, 다양한 서적들도 출판되었으며, ‘진주시 청소년 대장금 교육’과 같은 교육프로그램에도 적용되는 등 비교적 다양한 OSMU 전략을 펼치기 위해 노력했다는 평가이다.

　　하지만 〈대장금〉 역시 OSMU에 있어서 단순발전방식 유형에 속해 체계적인 MU전략의 추진에는 미흡했다는 평가를 받았다. 예컨대, 경기도에 지어진 <대장금>의 세트 촬영장의 경우 테마파크로 활용되었지만 단체가 아닌 개인으로 방문했을 경우 찾기 어려운 장소에 있다는 점과 규모가 작아 짧은 시간에 둘러볼 수 있다는 점 등은 그 대표적인 문제점으로 지적될 수 있다. 그리고 궁중음식 시식이나 조리체험 및 궁중체험 등 드라마 관련 체험관광 상품의 개발이 필요함에도 불구하고 이에 대한 사전 준비가 이루어지지 못했던 점도 지적되고 있다.

OSMU 성공모델: 애니메이션 사례

<미키마우스>는 디즈니에서 내놓은 애니메이션을 근간으로 하는 캐릭터 중 가장 오래된 역사(2008년으로 80주년을 맞음)를 지니며, 다른 파생캐릭터(미니마우스, 도날드 덕, 구피 등)에 영향력을 지대하게 미치는 등 그 파급력과 인지도가 가장 큰 캐릭터이다. 또한 OSMU 전략에 있어서 교과서로 평가되는 캐릭터로, 천문학적인 로열티수익을 벌어들이는 등 막대한 경제적 영향력을 여전히 지니고 있다. 최근에는 전통적 분야(캐릭터 MD등)에서 디지털콘텐츠(모바일 서비스, 게임) 등의 최신영역으로까지 확장되고 있다.

미키마우스는 큰 캐릭터 변화나 애니메이션, 만화 등 새로운 작품이 없어도 꾸준히 인기를 얻고 있는 전형적인 스테디셀러 아이템이다. 매년 미키마우스 관련 캐릭터 상품은 60억 달러(약 5조 6,340억 원)를 벌어들이고 있는 것으로 추산된다. 미키마우스가 주인공으로 등장한 장편 애니메이션인 <판타지아>는 고전음악을 스크린으로 불러 왔다는 평가를 받았으며, 어린이용 만화와 TV용 애니메이션(예, 미키의 클럽하우스)도 꾸준한 인기를 누리고 있다.

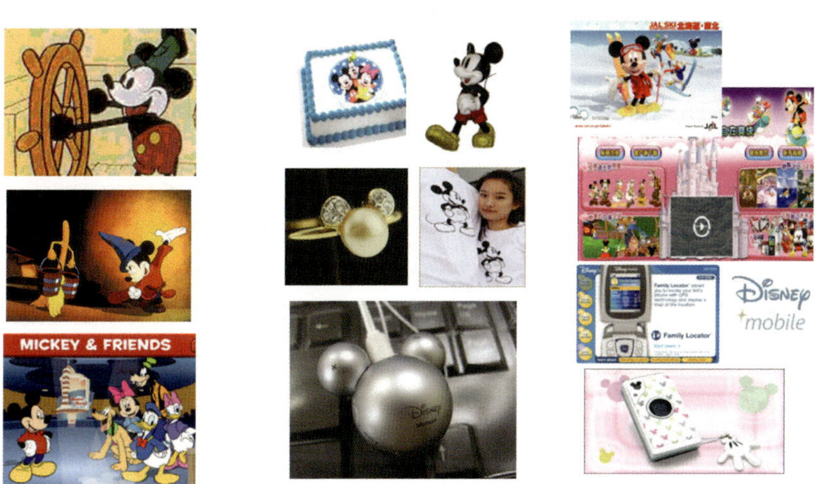

〈미키마우스〉의 OSMU: 애니메이션, 캐릭터 활용상품, 게임 / 모바일 서비스

일본은 미국과 애니메이션 시장을 양분하고 있으며, 수많은 애니메이션이 제작되는 '애니메이션 왕국'인데, 특히 〈포켓몬스터〉는 글로벌 시장에서 저패니메이션이라는 인식을 주지 않고 무국적성을 내세우면서 성공한 사례라는 독특한 특징을 지닌다. 이미 시장 진입 이전에 치밀하게 수립된 마케팅과 프로모션 전략은 이후에도 애니메이션을 기반으로 OSMU를 기획하는 기업들에게 지침과 같이 여겨지고 있다.

곤충, 동물, 식물 등에서 추출한 이미지를 바탕으로 한 151개의 몬스터 캐릭터를 주제로 한 애니메이션인 〈포켓몬스터〉는 애니메이션보다는 게임의 제작이 앞섰는데, 실제로 1996년 닌텐도의 게임보이용 소프트웨어로 먼저 시작되었다. 특히 주인공 격인 몬스터인 '피카츄'는 가장 성공한 캐릭터로서 다양한 상품군을 통해서 인기를 누렸다.

이러한 〈포켓몬스터〉의 인기가 점화된 것은 바로 북미에서의 극장용 애니메이션 〈Pokemon: The First Movie〉 개봉이었고, 당시 전미 3,000여 개 관에서 개봉하였다. 또한 주인공 '피카츄'는 1999년 미국 시사주간지 '타임(Time)'에서 이례적으로 사람이 아닌 캐릭터로 '올해의 인물'로 뽑히는 등의 화제를 몰고 오기도 했다. 애니메이션의 경우 총 11개 극장

판과, 오리지널판인 <포켓몬스터>, <포켓몬스터 오렌지 제도>, <포켓몬
스터 금은>, <포켓몬스터 AG> 등의 다양한 TV 시리즈들이 지속적으로
제작되어 인기를 누렸다. 이전의 캐릭터들과 달리 <포켓몬스터>는 시장
진입 이전에 치밀하게 수립된 마케팅과 프로모션 전략을 추진하였고, 철
저한 현지화 전략을 통해 큰 성공을 이룰 수 있었다.

<포켓몬스터>의 OSMU: 애니메이션, 캐릭터 활용상품, 게임

　　한국의 <뽀롱뽀롱 뽀로로>는 애니메이션에서 파생된 OSMU 성공
의 전형적인 사례이며, 최근에도 후발 작품이 기획되고 제작 예정에 있는
등 현재 진행형인 애니메이션 작품이다. 또한 체계적 라이선스 관리와 공
동합작 등의 협력 시스템도 국내 어느 사례들보다 뛰어나다. 미취학 아동
용 Full 3D 애니메이션인 <뽀롱뽀롱 뽀로로>는 제작사 오콤과 하나로텔
레콤, 아이코닉스 엔터테인먼트, EBS 등 네 개 기업이 참여한 프로젝트
애니메이션이다.

　　애니메이션에만 국한하지 않고, 온라인, 출판, PPL 등에서 캐릭터
라이선스를 다양하게 적용하여 식음료, 팬시와 패션, 완구, 비디오, 교재와

문구, 학습 게임 등으로 확장해 나가고 있는 상황이다. 2003년에는 SICAF Animasia, 이태리의 Cartoons on the Bay 등에 노미네이트, 2006년에는 Asian TV Awards 'Best Animation' 부문에 노미네이트되는 등 해외시장에서도 작품의 퀄리티가 높다는 호평을 받았다. 2004년 8월부터 2005년 3월까지 프랑스 국영채널 TF1에 방영되어 최고 시청률 56%이라는 경이적 기록도 세운 바 있다.

〈뽀롱뽀롱 뽀로로〉의 OSMU: 애니메이션, 캐릭터 활용상품, 공연 / 오프라인 체험

<아기공룡 둘리>는 국내에서 진행되어 성공한 초기 OSMU의 성공적인 사례로서, 현재까지도 다양한 상품군과 상품콘텐츠가 지속적으로 생성되고 있는 스테디셀러이다. 어린이용 월간 만화잡지인 '보물섬'에 인기리에 연재되었던 김수정의 출판만화가 원작으로 1983년부터 1993년까지 10년간 만화가 연재될 정도로 원천 콘텐츠 자체의 인기가 매우 높았다.

1983년 당시 국산 만화 캐릭터를 지속적이고 세계적인 캐릭터로 성장시키기 위해서는 조직적인 활동의 필요성이 제기되었는데, 작가 김수정은 저작권 및 라이선스 관리를 위해 1995년 2월에 (주)둘리나라를 설립

하였다. 둘리나라의 설립 당시에만 해도 국내에는 캐릭터라는 개념조차
없었고, 캐릭터 상품은 80~90%가량이 외국 특히 미국 디즈니의 캐릭터
들을 이용한 것들이었다. 당연히, 캐릭터산업에 대한 정보나 시스템을 제
대로 아는 인력 자체가 없었기 때문에 초기에 둘리 관련 캐릭터 사업들은
고전을 면치 못했다. 하지만 <아기공룡 둘리>를 통해서 토종캐릭터 사용
에 대한 인식이 전환되었으며, 자연스럽게 수요도 형성되었다. 또한 <아
기공룡 둘리> 캐릭터의 성공에는 당시 IMF로 인한 해외 캐릭터 불매 운
동 등의 외적인 요인도 무시할 수는 없다.

<아기공룡 둘리>의 OSMU: 애니메이션, 출판만화, 뮤지컬

　　　<아기공룡 둘리>는 만화에 이어서 TV판 애니메이션을 제작하였고,
이후에는 영화용 애니메이션으로 파생되었다. 1987년 방송된 TV애니메이션
은 최고의 시청률을 기록하였으며, 1996년 개봉한 극장용 애니메이션은 전
국관객 50만 명을 동원했으며, 유아 교육미디어 전문기업인 미라클 상사에
서 비디오테이프를 제작하여 판매하였다. 크게 활발하지는 못했지만 해외시
장으로도 진출하였는데, 1999년 1월 17일 베를린을 시작으로 독일의 일부
극장에서 상영하였고 독일 영화개봉에 맞춰 음반 및 비디오, 게임도 같이
판매하여 상당한 성과를 올린 바 있으며, 단행본은 말레이시아와 중국에 판

매된 바 있다. 이어서 2001년에는 둘리를 뮤지컬로 제작하여 공연하였고 2003년 이후 둘리박물관, 둘리거리, 둘리 주민등록증, 둘리생가 등의 이벤트와 다양한 콘텐츠로 확장되었다. <아기공룡 둘리>는 매년 20억 원에 이르는 로열티 수익을 올리고 있고, 캐릭터 선호도 1위를 기록하고 있으며, 캐릭터 머천다이징 라이선싱이 약 70여 개 업체에서 1,500여 개의 품목에 걸쳐 이루어지고 있는 인기 콘텐츠로서의 위상을 지속 유지하고 있다.

OSMU 성공전략 프로세스

　　미국의 OSMU 분석에서 디즈니의 경우 일반적으로 영화에서 시작해 캐릭터상품, 비디오/DVD, TV로 전개되는 전통적인 비즈니스를 구사했으며, 최근에는 미키마우스의 캐릭터를 게임, 모바일의 디지털콘텐츠로 확대하는 구조를 갖고 있다. 최근 미국 드라마의 경우 만화와 소설이 원작인 경우는 드물며, <히어로즈>와 같이 오리지널 시리즈가 많이 제작되고 있다. 미국 시장에서 영화, 애니메이션, 게임 등 흥행에 성공한 콘텐츠는 전작의 성공에 따른 고정 팬을 확보하고, 제작 전반에 걸친 수월성 등으로 인해 지속적인 시리즈물이 제작된다. 시즌제 형태의 드라마를 성공적으로 정착시킨 것도 바로 미국이다. 이전의 성공작을 기반으로 하여 캐릭터를 전면에 내세운 전형적인 프랜차이즈 전략이 수행되고 있다.

　　일본의 드라마 OSMU는 출판(만화, 소설) 중심의 OSMU 기획으로 TV애니메이션 방영을 통해 인지도를 높이고, 이후 DVD 판매 및 머천다이징 등 부가상품 수익으로 파생되는 비즈니스 전략을 보여 주고 있다. 미국과는 다르게 오리지널 시나리오보다는 출판물 특히 만화 등의 원작을 토대로 한 시나리오 비율이 1 : 9 정도로 상당히 높은 편이다. 또한 일본의 경우 제작 및 배급사 외에도 방송국, 광고대행사, 출판사, 완구업체 등이 사전 OSMU 기획을 통해 여러 윈도우에서 사업을 동시에 진행하면서 단기간에 수익을 창출하는 구조를 구축하고 있다. 이는 특히 <포켓몬스터>와 같이 치밀한 OSMU 사전기획에 의거해 상품성을 높여 온 애니메이션의 경우 더욱 활발하게 진행되고 있는 형태이다. <포켓몬스터>의 경우 전담부서를 설치하여 조직적으로 OSMU를 추진하였다. 일본 3대 출판사 중 하나인 소학관(小學官)의 자회사인 소학관 프로덕션은 포켓몬 사업에 집중하기 위해서 전담 부서인 캐릭터 기획실을 설치하였는데, 여기에서 상품 출시 이전에 비즈니스 전략을 책임 있게 추진하였고, 이를 바탕으로 7개의 연합기업이 조직적으로 대응하였다. 소학관 프로덕션 캐릭터 기획실이 캐릭터 비즈니스를 전담하고, 전문적인 광고와 홍보를 위해서 JR기획과 협력하였다. 이렇게 마케팅 전략을 시장 진입 이전에 수립함으로써 OSMU를 매우 효과적으로 활용할 수 있었다.

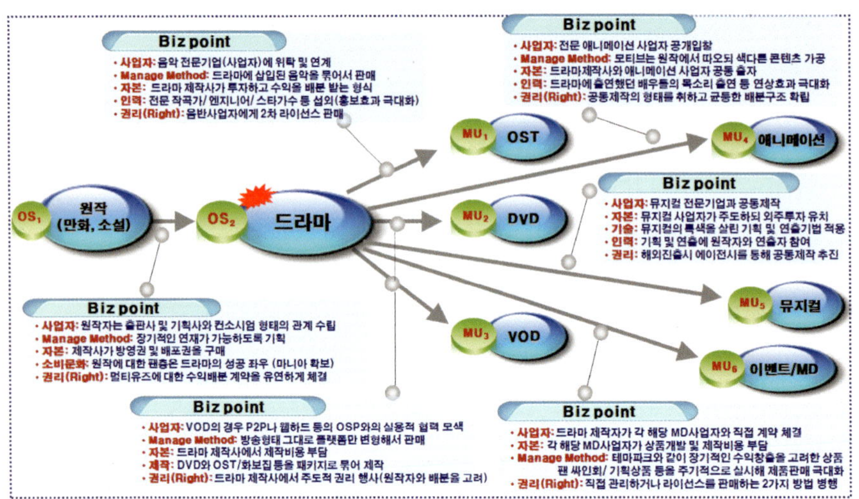

만화(소설) OS 기반 MU 프로세스 및 성공요인

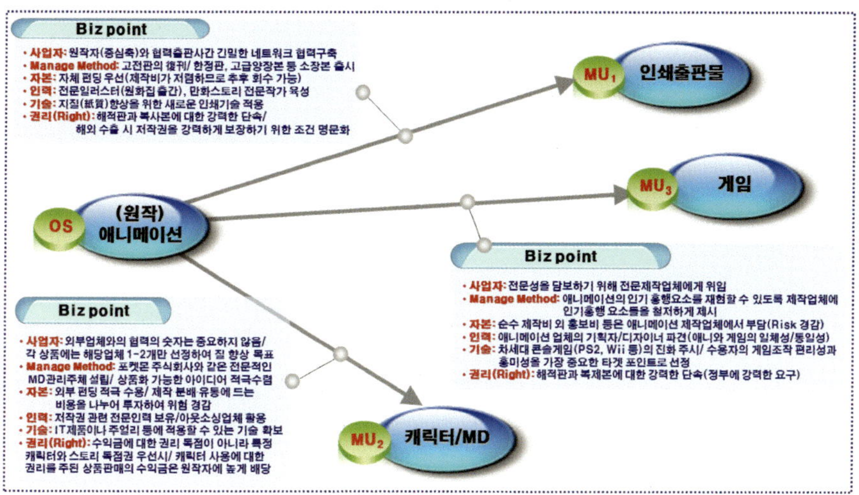

애니메이션 OS 기반 MU 프로세스 및 성공요인

반면, 한국의 드라마 및 애니메이션의 OSMU는 공통적으로 스타마케팅(배용준을 내세운 겨울연가가 그 대표적임)과 캐릭터(둘리나 뽀로로) 등에 지나치게 의존하는 형태를 지니고 있으며, 단순한 미디어 믹스에 따른 창구효과에 집중하는 구조를 갖고 있다는 점이 미국과 일본과의 큰 차이점이다. 또한, 국내 드라마산업의 수입구조(06~07년)는 방송사 지급액(50~60%), 제작지원·PPL(5~10%), 해외판매(5~10%) 등으로 제작환경의 어려움에 직면해 있다 방송(방송사 – 외주제작사), 영화(극장주 – 영화제작사), 인터넷(포털 – 인터넷CP), 이동통신(이동통신사 – 모바일CP) 시장구조의 불공정 거래 및 계약 관행(저작권 귀속)으로 콘텐츠업체들은 부가가치 창출이 원천적으로 어려운 상황이다. 애니메이션의 경우에도 일본의 <포켓몬스터>와 같은 캐릭터의 다양화와 추후의 분란을 없애기 위한 체계적인 저작권 관리, 철저한 현지화 등의 전략적인 부분과 시스템이 미비하여, OSMU를 통한 부가가치 창출이 제대로 이루어지지 못하고 있다.

OSMU 성공요소들에 대한 치밀한 전략수립 필요

OSMU 성공사례들을 보면, OSMU의 성공을 견인하는 다양한 요소들에 대한 치밀한 전략이 수반되었음이 확인된다. 미국과 일본에 비해 국내의 OSMU 유형은 대부분 단계적 유형의 전략에 머무르고 있는 것으로 평가된다. TV 드라마인 <겨울연가>와 <대장금>이 아시아 지역을 중심으로 한류를 형성하여 국내 미디어콘텐츠산업의 성장과 브랜드 가치창출에 크게 기여한 점은 사실이나, 미국과 일본에 비해 상대적으로 OSMU를 사전에 기획하고 준비하지 못함으로써 가치창출의 극대화에는 실패한 모습을 보이고 있다. 실제로 <겨울연가>의 경우 초기 기획력만 좋았다면 더욱 높은 상품성을 가질 수 있었던 '욘사마'와 관련한 다양한 파생상품의 개발이 적기에 이루어지지 못했고, <대장금>도 역시 초기 기획단계부터 해당 콘텐츠와 연관되거나 파생될 수 있는 종합적인 활용전략을 세우지 못해 원천 콘텐츠의 인기에 필적할 만한 가치창출의 극대화에는 한계를 보였다. 아직까지 국내 OSMU 사례는 대부분이 사전기획보다는 사후 성공으로 인한 전략실행이 주를 이루고 있다. 또한, 이제까지의 국내 미디어콘텐츠 OSMU 방향은 단순히 매체를 바꾸는 형태(Post - Media Mix Contents)로 집중되어 있거나 캐릭터 산업으로의 응용에만 집중하는 경향을 보였다는 점도 문제로 지적된다.

물론, 전반적인 전략적 부재도 큰 문제점이지만, 또 다른 중요 문제점으로 지적되는 것은 바로 우리 미디어콘텐츠기업들이 OSMU 개념의 모호함에 따른 산업적 병리현상을 겪고 있다는 점이다. 전술했다시피 OSMU란 용어는 일본식 전자공학 용어가 미디어콘텐츠에 적용되어 국내에서만 통용되는 한국식 용어로 일반화된 것이다. 따라서 OSMU에 대한 미디어콘텐츠산업계의 나름대로의 해석과 오류로 인하여 실제적인 콘텐츠 수익 극대화의 모델에 대한 전략에 대해 오해하거나 놓치는 부분이 적지 않게 나타나고 있다. 게다가 OSMU라는 용어는 세계적으로나 학문적으로 통용 또는 이해가 되는 용어가 아니므로, 특히, 국제간 거래 시 OSMU란 용어로는 미디어콘텐츠의 활용상품의 저작권 및 수출입과 관련한 국제 계약이나 글로벌 전략 수립이 어려운 게 사실이다. 따라서 미디어콘텐츠 OSMU에 대한 총체적인 개념 정립이 필요한 실정이다.

OSMU 비즈니스 전략 지침

국내 미디어콘텐츠기업이 OSMU를 전개함에 있어 고려해야 할 비즈니스 지침을 종합적으로 정리하여 제시하면 다음과 같다. 첫째, 인지도(대중성)가 있으며 탄탄한 스토리텔링이 녹아 있는 원천 콘텐츠를 확보하라. 시장성이 검증된 원작(만화, 소설)을 확보하는 것은 OSMU 비즈니스 출발의 관건이다. 만화는 그림(캐릭터＋이미지)과 스토리(세계관＋서사구조)로 구성된 가장 대중적인 엔터테인먼트로서 원작활용도가 높아 OSMU에 가장 적합한 매체이다. OSMU 성공의 중요한 열쇠는 원천콘텐츠(OS)에 있으며, 무엇보다도 파생 상품을 관통하는 차별화·기획화된 스토리텔링(story－telling)의 존재가 핵심이다. 할리우드에서는 탄탄한 스토리텔링에 기반을 둔 판타지, SF소설이 영화로 다수 제작되고 있으며, 디즈니의 경우에도 전 세계 문화원형(설화·전실·민담 등)들을 활용하고 벼용시켜 현대적인 가치로 재창출하고 있다. 이는 신화 및 문화원형에 기반을 둔 스토리텔링이 글로벌 소비자들에게 가장 친근하고 익숙하며 소비 유인력이 강하기 때문이다. 이러한 맥락에서 최근에는 콘텐츠 소재가 고갈된 미국과 유럽의 제작자들이 풍부한 문화 원천을 지닌 동양의 전통 연구와 소재 발굴에 매진하고 있다. 디즈니 작품의 95% 이상은 유럽, 아시아 등의 다양한 문화 원형을 차용해 창작한 것이다. 애니메이션에서는 디즈니의 <인어공주>, <포카혼타스>, <미녀와 야수>, <뮬란> 등이 있고, 최근 드림웍스사의 <쿵푸 팬더> 등이 그러하다. 또한 <라스트 사무라이>,

<게이샤의 추억>, <와호장룡>부터 성룡과 이연걸이 주연한 무술영화인 <포비든 킹덤> 등의 영화 사례들도 주목할 만하다.

결국 다양한 '소재 선점'보다 기존의 '원작 활용'이 보다 중요하다고 하겠다. 새로운 소재를 발굴하는 데 지나친 노력을 기울이기보다는 우수한 원작의 매력을 잘 살리는 것이 관건이라는 것이다. OS는 장르의 선택보다는 콘텐츠의 개성(독창적 스토리라인, 강한 캐릭터)을 잘 살리는 것이 중요하다. 숨겨져 있던 원작을 발굴을 통해서 소재 고갈 및 식상함에 따른 신규 포맷 등 이야기자원 개발(story-mining)이 요구된다고 하겠다. OSMU가 성공하기 위해서는 매체의 특성에 맞는 스토리텔링을 적합하게 녹여내는 것이 무엇보다도 선행되어야 한다. <툼 레이더>는 원래 게임이었다. 당시 엄청난 인기를 끌었으며 특히 여주인공 라라 크로포트의 마니아층이 두터웠다. 그러나 이 게임이 영화로 각색되었을 때 2편이 나올 정도의 성공은 거두었지만 게임만큼의 감동을 불러일으키지는 못했다. 특히 여주인공인 안젤리나 졸리의 매력에도 불구하고 크게 호감을 주지 못했다. 그 이유는 게임과 영화의 장르상의 차이 때문이다. 게임은 게이머가 아바타에 감정이입을 해야 하기 때문에 캐릭터가 단순한 것이 좋다. 또한 자신이 이야기를 이끌어 가기 때문에 예측 불허이거나 복잡하지 않은 것이 좋다. 반면 영화는 관객이 가만히 앉아서 감상하기 때문에 등장인물이 개성적이고 복잡한 내면을 지니고 있는 편이 재미있고 감동적이다. 그런데 게임에서 모험을 즐기며 적과 싸워 이기는 여전사의 모습이 영화에서는 자칫 근육질의 백치처럼 보이기 십상이다. 수많은 적에게 둘러싸여 있어도 살아나며 주먹 한 방으로 위험을 이겨내는 여주인공에게서 개연성을 느끼지 못하는 것이다. 매체의 차이에 따라서 적절하게 이야기 방식을 달리하지 않으면 하나의 소재로 여러 장르에서 성공하기는커녕 한 장르에서 성공한 자본을 다른 장르에서 손해 보기 십상인 것이다.

둘째, 사전 OSMU 기획과 리스크 절감을 위해서 컨소시엄(파트너십)을 구축하라. 콘텐츠 관련 업체 간 협력 파트너십은 성공적인 OSMU를 위한 필수요건이다. 일본은 애니메이션, 영화 등에서 제작위원회 방식이 일반화되어 있어 참여업체 간(만화출판사 – 애니메이션제작사 – 완구업체 – 게임업체 – 광고대행사 등) 상호 협의로 공동적으로 OSMU를 수행한다. 앞서 <포켓몬스터>에서도 이러한 시스템을 확인할 수 있었다. 한편, 제작위원회[4]는 유한책임조합으로 예컨대 '영화(영화제작사) – CF(방송사) – 2차 판권(비디오제작사) – 원작(출판사)' 등 사전 OSMU 기획을 통해 크로스 마케팅, 라이선싱, 머천다이징, 브랜드 확장 등 여러 방식으로 수익을 창출하는 시스템을 구축하고 있다. 이에 우리의 경우에도 영화, 드라마, 애니메이션 등에서 문화사업전문회사(SPC)[5]를 설립해 공동제작을 통해 자금을 조달하는 방법을 고려할 필요가 있다. SPC 주체로 투자사·제작사·배급사 구성에서 사전 OSMU 기획으로 2차 부가수익시장을 목표로 하는 제작위원회 방식의 컨소시엄 구성이 가능하다. 물론 콘텐츠 중심의 가치사슬 연계형(기기 – 네트워크 – 솔루션 – 콘텐츠 업체) 컨소시엄이어야 하고, 이를 통해 임베디드 콘텐츠 개발에 주력해야 한다. 예컨대, 미국의 애플사는 i – Pod(기기)를 통해 i – Tunes(온라인음악사이트)를, i – Phone(휴대폰)을 통해 Apple TV(모바일방송)를 서비스하는 등 콘텐츠 생태계를 구축하고 있다.

셋째, 해외 합작과 철저한 현지화 작업 등 글로벌 OSMU 전략을 추진하라. 일반적으로 해외 합작은 공동투자, 공동제작, 공동마케팅의 시너지 효과를 창출한다. 해외 합작은 공동 자본투자로 제작비 조달 및 투자 부담을 줄여 리스크를 분산하고, 공동 기획 및 제작을 통해 작품 스토리, 디자인, 연출 등 완성도를 제고하며, 해외배급 및 마케팅 채널 확보에

---

4) 일본의 제작위원회는 제작에 따른 위험을 감소시키기 위해 1990년대부터 집중 도입된 컨소시엄 형태의 출자방식으로 해당 작품의 저작권 관리와 저작권 수익을 투자비율에 따라 출자자에게 배분하는 역할을 담당한다.

5) SPC(특수목적회사: special purpose company)는 작품 개발이 완료되어 메인투자가 확정되는 시점에서 설립해 사업관리자(메인 투자사)를 통해 사업 및 운영관리의 총괄을, 자산관리자(회계법인이나 법무법인)를 통해 지금집행과정을 맡는 유한회사(paper company)를 말한다. SPC 사례로 드라마 태왕사신기(TSG프로덕션 SPC: 김종학프로덕션＋SSD), 영화 라디오데이즈(라디오데이즈 SPC), 음악 조용필(조용필40주년콘서트 SPC) 등 싸이더스 FNH를 중심으로 2007년 기준 총 17건이 설립·운영되고 있다.

따른 해외 흥행성을 담보한다. 해외 합작은 철저한 기획력과 제작역량을 바탕으로 추진해야 성공가능하다. 초기의 단순 공동제작에서 다양화·대규모 프로젝트의 합작 증가에 따라 기획단계부터 공동 소재 개발, 공동 제작, 공동 사업까지 함께 기획해야 한다.

　　해외 합작 시 문화적 특수성(종교·윤리·금기사항 등)을 극복할 현지화 작업이 전제되어야 한다. 실제로 미국에서 <포켓몬스터>의 성공은 원작 자체의 퀄리티도 있지만, 현지맞춤형 더빙, 음악(OST), 스토리, 시각 효과 등의 편집과정이 만들어 낸 결과라는 평가이다. <포켓몬스터>는 철저한 현지화 전략을 거쳤다. 일본이름은 모두 미국식 이름으로 바꾸어, 성우의 목소리도 다시 녹음하였고, 미국판을 위해 새로운 주제가를 만들었다. 미국판 주제가는 일본판에 비해서 좀더 R&B적인 요소가 가미되었다. 폭력성 문제로 일부 줄거리와 내용이 편집되기도 하였고, 특별히 일본 만화라는 느낌을 주지 않기 위해서 거리의 표지나 간판, 명함에 쓰인 일본 문자는 프레임마다 덧칠하고 디지털로 영어나 다른 도안으로 교체했다. 해외 합작 시에는 제작 및 배급, 계약관행 등을 선도적 시스템으로 체계화할 필요가 있다.

　　넷째, 콘텐츠 기획 및 제작 완성을 위한 재원으로서 PPL 마케팅을 전개하라. PPL(Product Placement)은 콘텐츠의 질 확보와 부가수익 창출을 위해 창안된 새로운 마케팅 수단이다. PPL은 영화, 드라마, 게임 등에서 자사의 제품, 브랜드, 서비스를 배치하여 자연스럽게 인지시키는 마케팅 기법으로 콘텐츠 완성도를 위한 재원, 기업과 국가의 브랜드 인지도 및 해외 홍보 효과를 낳고 있다. 최초의 영화 속 PPL로 여겨지는 <ET>의 m&m 초콜릿, 007 시리즈의 본드카로 등장하는 BMW, <포레스트 검프>의 나이키 운동화, 최근 개봉한 <아이언맨>의 LG휴대폰 등은 그 대표적인 사례이다. 이미 미국, 영국, 일본 등 콘텐츠제작사들은 제작비 상승에 따른 안정적인 손익분기점 도달과 다양한 부가수익을 위해 PPL을 적극 실시 중이다. 미국은 1920년대부터 PPL을 시작해 대기업의 50%가 PPL을 실시

중이다. TV방송뿐만 아니라 뮤직비디오, 잡지, 라디오, 게임 등에 적극 활용되고 있다. 우리의 경우 방송은 공공재, 사후심의 성격 등으로 의도적인 간접광고를 금지하고 있으나, 영화, 게임, 애니메이션 등은 소비재, 사전심의 등으로 인해 신규 비즈니스 모델로 부상할 가능성이 높다. 예로서, 국내 게임 속 광고(in Game AD)시장은 새로운 PPL의 형태로서 잠재력과 성장 가능성이 매우 큰 시장이다.

성공적인 PPL을 위해서는 콘텐츠 기획부터 DVD, 케이블TV 등 2차 파급단계까지 전략적 계획이 필요하다. PPL을 노출시키는 형태, 횟수, 시간, 위치 등에 대한 체계적인 접근이 필요하다. PPL로 인한 소비자의 관심이 증폭되도록 지속적이고 시의적절한 '화제(이벤트)'를 제공하는 것 역시 중요하다. 화제는 소비자의 호기심을 자극하여 구매로 유도할 가능성을 높여 줄 수 있으며 이런 활동이 긍정적인 구전과 결합한다면 더욱 좋은 성과를 기대할 수 있다.

다섯째, 콘텐츠 라이선싱을 강화하라. 콘텐츠 라이선싱은 부가수익의 원천이다. 라이선싱(licensing)은 상표법이나 저작권으로 보호되는 프로퍼티(property)를 상품화, 서비스, 프로모션 등을 목적으로 일정 기간 임대하는(leasing) 과정이다. 라이선싱은 머천다이즈와 프로모션 라이선싱(merchandising & promotional licensing)으로 구분하며, 계약기간은 콘텐츠 자체 개발, 국내 및 해외 라이선스를 사용에 따라 1년 또는 다년간으로 한다. 일반적으로 문화콘텐츠의 라이선스로는 DVD / VHS판권, 공중파방송권, 유선방송권, 케이블TV방송권, 재방송권, 해외판권, 게임판권, 인터넷용 캐릭터판권, 캐릭터상품권, 연극화권, 뮤지컬화권 등으로 구분된다. 일본의 경우 콘텐츠 관련 모든 저작권·저작 인접권에 대한 권리처리시스템이 확립되어 있어 해외 판매 시 사전에 관련단체를 통해 승인을 받게 한다.[6]

경쟁력 있는 프로퍼티(property)는 디자인, 로열티, 미디어에 기반을

---

6) 실연가저작인접권센터(CPRA)와 협동조합 일본각본가연맹, 협동조합 일본시나리오작가협회, 사단법인 일본문예가협회, 사단법인 일본음악저작권협회, 사단법인 일본레코드협회 등 배우와 원작가, 각본가 등 프로그램에 관련된 권리자를 총괄하는 단체가 있다.

둔 비즈니스를 가능하게 한다. 예컨대, '둘리나라'는 원작자(김수정)가 주도한 법인형태의 라이선싱 회사로 현재 700여 개 업체에서 2,000여 종의 상품화를 위해 디자인 개발, TV 및 극장 애니메이션으로 매체 영향력이 확장되고 있다. 캐릭터를 통한 라이선싱은 완결된 콘텐츠보다 캐릭터 개발단계부터 여러 장르의 업체와 매체를 활용하는 통합적 협력에 의한 멀티유즈 사업이 필요하다. 캐릭터 개발업체의 수익모델로 미니멈개런티 및 로열티 외에도 온라인(인터넷 / 모바일) 캐릭터 상품, 기업 프로모션 등으로 라이선스를 확대해야 한다. 또한, 라이선싱 사업 시 콘텐츠 특성에 따라 분야별로 시장성이 강한 카테고리를 선정할 필요가 있다. 우리나라와 같이 규모가 작은 영세 콘텐츠기업들이 많은 경우에는, 라이선싱 관리를 위해서 에이전트도 활용해 볼 수 있다.

여섯째, 콘텐츠의 체계적인 브랜드 관리를 통한 머천다이징을 활성화하라. 성공 콘텐츠를 브랜드 차원에서 관리해야 하는데, 이른바 '프랜차이즈 콘텐츠'가 그 해결책이다. 콘텐츠 브랜드 관리는 상품에 부착 또는 활용된 캐릭터가 팬들로 하여금 '브랜드'와 같은 상품 충성도(royalty)를 유도하는 효과를 낳는다. 미국과 일본의 경우 성공한 원작을 시리즈로 만들어 내는 프랜차이즈 콘텐츠제작이 대세이다. 미국은 할리우드 블록버스터 무비들,[7] 시즌제 드라마(<히어로즈>, <그레이 아나토미>, <CSI>, <24> 등), 일본의 경우는 <기동전사 건담>, <포켓몬스터> 등의 시리즈 애니메이션, <울트라맨>, <파워레인저> 유의 특촬물[8]들이 그 대표적인 사례이다.

콘텐츠에 대한 브랜드 관리는 광고홍보, 이벤트, 프로모션, 뮤지컬, 캐릭터 상품 등 통합 마케팅 커뮤니케이션을 활용해 시너지 효과를 창출

---

7) 미국의 할리우드는 특히 시리즈물이 많은데, DC코믹스의 배트맨 시리즈(2008년 <다크 나이트>까지 총 6편)와 총 6편이 제작된 스타워즈 시리즈는 대표적이다.

8) 특수촬영실사물의 줄임말이다. 영화나 드라마 등에서 특수촬영이 사용된 작품들을 지칭하는 말로 <울트라맨>이나 <파워레인저>처럼 사람이 직접 분장을 하고 연기하는 것을 의미한다. 특히 일본에서 이러한 특촬물 시리즈가 인기를 얻고 있으며, 해외에도 그 포맷을 수출하고 있다.

해 내야 한다. 또한 콘텐츠의 생명력 연장을 위해서는 커뮤니티를 기반으로 하고, 소비자들이 특별한 콘텐츠를 소유하도록 경쟁심을 부추기는 방식 역시 필요하다. 실제로 <포켓몬스터>는 151개 이상의 풍부한 캐릭터를 개발하여 전용매장에서 판매한다. 또한 온라인게임(MMORPG), SNS, 세컨드라이프, 블로그 등은 커뮤니티 기반 콘텐츠 접합점으로 훌륭하게 작용하고 있다.

장기적인 관점에서 볼 때 라이선스 사업 당사자 간 지속적인 사업 전개를 위해 수익배분구조를 투명화하는 콘텐츠 브랜드 차원의 운영이 필요하다. 예컨대, <포켓몬스터>는 '포켓몬스터주식회사', <둘리>의 '둘리나라' 등은 저작권에 기반을 둔 브랜드 관리 및 프랜차이즈 전략을 통해서 규모의 산업시스템화를 추구해 비교적 성공적인 저작권 관리와 비즈니스적인 성과를 내고 있다.

OSMU 기반 선순환구조 구축 정책 필요

콘텐츠산업을 논할 때 흔히 상상 이상의 부가가치를 창출하는 '황금알을 낳는 거위'라는 점을 강조하며, 미국의 <미키마우스>, 일본의 <포켓몬스터>처럼 단일 캐릭터가 생산하는 엄청난 부가가치를 주목하게 된다. 동시에 디즈니 혹은 일본의 '반다이'처럼 작품, 상품, 테마파크까지 연결되는 파생상품의 구조를 국내 미디어콘텐츠기업은 왜 만들지 못하느냐는 비판을 하기도 한다. <뽀로로>와 <뿌까>와 같이 최근 인기를 끌고 있는 국산 캐릭터가 연간 생산하는 매출이 수천억 원 정도라고 하지만 이는 세계적인 캐릭터 매출의 10분의 1에도 못 미치는 아주 미미한 수준이다.

그렇지만 80년의 역사 동안 많은 시행착오를 겪으면서 황금알을 낳는 거위로 충분히 성장한 미국의 디즈니와 이제 콘텐츠 시장에 진출한 지 10년도 채 되지 않는 우리의 콘텐츠산업을 수치적으로 단순 비교하는 것은 지나치다는 지적도 있다. 그러나 최근의 상황에서 고무될 만한 대목은 바로 한류가 아시아를 넘어 중동, 유럽, 아프리카로 신(新)실크로드를 개척하고 있다는 것이다. <대장금>의 경우 북미 대륙을 제외한 세계 전 지역 60개국에 전파를 타는 쾌거를 거두었으며, 드라마 이외에도 <뽀롱 뽀롱 뽀로로> 등의 애니메이션, <뿌까> 등의 캐릭터, KBS의 <차마고도> 등 HD영상으로 제작된 다큐멘터리 등의 콘텐츠도 중동, 유럽, 남미 등을 공략하여 높은 계약 성사를 보이고 있다.

또한 기존의 주력 콘텐츠였던 드라마와 영화에서 탈피하여 다큐멘터리, 음악, 애니메이션, 게임, 캐릭터 등으로 한류의 영역을 넓히고 한(韓)브랜드, 한(韓)스타일의 세계화 사업과 연계됨으로써 한국 문화양식을 해외로 전파하려는 노력이 더욱 가시화될 것으로 기대된다. 세계적인 IT 인프라를 바탕으로 한류의 선봉에 섰던 온라인 게임도 그동안의 침체를 딛고 재도약할 것으로 전망된다.

우리가 몸소 경험하고 있는바 향후 드라마, 영화의 메가트렌드는 바로 만화, 소설 등의 출판원작 기반 OSMU이다. 이미 만화원작인 <풀 하우스>, <궁>이 제작되어 인기를 누렸고, 특히 만화가 허영만 원작불패라고 불릴 정도로 <타짜>에 이어 <식객>의 흥행성공은 이 같은 전망을 뒷받침하고 있다. 두 작품 모두 만화의 인기에 힘입어 영화로 제작되었고, 지상파 방송에서도 인기리에 방영되었다. 이와 같은 만화나 소설 등 출판원작의 드라마, 영화로의 제작은 더욱 가속화될 것이며, 애니메이션, 뮤지컬, 캐릭터 등의 다양한 분야로의 OSMU도 더욱 촉진될 것으로 전망된다. 그러나 이런 사례는 일부 인기 작품에 치우쳐 극히 미미하며, 국내에만 한정된다는 근본적인 문제점을 내포하고 있다.

결국 OSMU가 지속될 수 있는 선순환구조를 구축하는 것이 바로 콘텐츠산업이 영속성을 지닐 수 있는 데 있어 최우선 과제일 것이다. 그러나 국내처럼 콘텐츠 제작과 부가사업이 유기적으로 연계되지 못하고 따로 괴리되어 있는 상황에서는 기획 초기부터 콘텐츠를 활용한 부가사업에 대한 포트폴리오를 자체적으로 설계하는 것이 어려운 것이 현실이다. 최근 일부 애니메이션 업체들이 해외 합작을 하면서 콘텐츠 자체를 유통할 수 있는 창구를 다각화하고 상품화 가능성을 고려한 기획을 하는 것은 이런 점에서 주목할 만하다. 애니메이션에서 시작된 이와 같은 움직임은 드라마 제작 분야로까지 이동하고 있다. 이는 황금알을 낳는 거위가 되기 위한 우리 미디어콘텐츠 OSMU화의 중요한 시발점이다. 아직 우리나라는 원천 콘텐츠의 인기를 중심으로 한 2차 콘텐츠 개발이 주를 이루고 있는 상황이지만, OSMU에 대한 관심과 체계적이고 전략적인 산업정책과 선순환 시스템이 안정적으로 자리매김한다면 훌륭한 미디어콘텐츠를 창출할 수 있는 가능성이 무궁무진할 것이다.

OSMU의 중요성은 여러 사례를 통해서 확인할 수 있지만, 실제로 그 전략을 어떻게 수행해야 할지는 쉽지 않다. 한국의 대표적인 OSMU로 <둘리>가 논의되고 있지만 디즈니의 캐릭터들처럼 <둘리>는 기획단계에서부터 다른 산업으로의 활용을 의도하고 만들어진 캐릭터가 아니다.

우리나라가 <뽀롱뽀롱 뽀로로>처럼 캐릭터 기획단계부터 부가 상품화를 고려하여 작품을 기획한 것은 채 10년도 되지 않은 일이기 때문에 OSMU에 대한 경험도 적으며, 내외부적인 시스템이 미비한 것이 현실이다. 결국 성공적인 OSMU를 진행하기 위해서는 지속적인 긍정적 성과를 낼 수 있는 선순환구조의 구축이 뒷받침되어야 하는 것이다. 따라서 콘텐츠 OSMU의 선순환구조 지원 사업(정책 포함)을 전개할 필요가 있다. 이는 국내 문화콘텐츠 자체의 성공과 함께 OSMU활동의 1차적 성공을 이룰 수 있도록 정책적 지원 후, 재투자에 의한 2차적 성공을 이끌어 내는 제도적 장치라 할 수 있다.

콘텐츠업계의 OSMU 비즈니스 활성화를 위해서는 정부 차원의 혁신적인 지원정책이 요구된다. 국내 미디어콘텐츠산업은 성장 초기단계이므로 정부의 개입과 지원이 요청된다. 그러나 미디어콘텐츠산업 분야는 개인의 창의력과 상상력이 핵심 성공요인이기 때문에 정부의 지원과 개입이 걸림돌이 될 수 있다는 지적도 있다. 따라서 미디어콘텐츠산업 성장을 위해서는 정부의 적극적인 개입과 통제(왕자 패러다임[9])보다는 장애물을 제거하고 기반을 닦아 주는 수준의 소극적 개입과 민간 창의성 활성화(야수 패러다임[10])로의 방향전환이 필요하다 하겠다.

---

9) 왕자 패러다임(적극적인 정부개입): '백설공주'에 등장하는 '왕자'. 왕자처럼 정부가 문화콘텐츠산업 발전을 위해 앞장서서 문제를 해결해야 한다는 가정에서 출발.

10) 야수 패러다임(소극적인 정부개입): '미녀와 야수'에 등장하는 '야수'. 야수처럼 정부가 문화콘텐츠산업 성장('미인' 만들기)에 방해되는 요소를 제거하고, 성장기반을 제공해야 된다는 가정에서 출발.

2.0 시대 콘텐츠비즈니스 블루오션 전략

개념 및 프로세스

최근 대부분 기업의 주요 관심은 신성장 사업을 찾기 위한 변화와 혁신에 있다. 성장하지 않으면 생존이 어려워지는 치열한 경쟁 환경에 처해 있기 때문이다. 이러한 상황을 돌파하고자 기업은 변화와 혁신을 통해 높은 실적의 성장과 동시에 경쟁자를 배제하는 강력한 브랜드네임을 확보하고자 하는 것이다. 이러한 배경에서 뛰어난 전략적 실행을 통해 성장할 수 있는 방안을 모색하게 되는데, 블루오션(Blue Ocean) 전략이 그 대안을 제시하고 있다. 블루오션 전략은 가치혁신 전략을 기반으로, 비약적 가치 창출에 의한 무한시장의 개척을 제안하는 새로운 전략론이다.

블루오션은 알려져 있지 않은 시장, 즉 현재 존재하지 않아서 경쟁에 의해 더렵혀지지 않은 모든 산업을 말한다. 시장 수요는 경쟁에 의해 얻어시는 것이 아니라 창조에 의해서 얻어진다. 이곳에는 높은 수익과 빠른 성장을 가능케 하는 커다란 기회가 존재한다. 게임의 법칙이 아직 정해지지 않았기 때문에 경쟁은 무의미하다. 즉 블루오션은 높은 수익과 무한한 성장이 존재하는 강력한 시장을 의미하는 것이다.

전통적으로 경영학에서는 수많은 경영전략이 제시되어 왔다. 가장 폭넓게 알려진 마이클 포터의 경쟁 전략 이후 많은 경쟁적 전략들이 기업 흥망의 중심은 경쟁에 의해 좌우된다고 논의해 왔다. 이러한 전략들은 레드오션에서 어떻게 기술적으로 경쟁할 것인가에 대한 좋은 설명이 되었다. 이러한 경쟁 전략 관점에서는 기존의 제한된 시장을 보호하고 확장하기 위해 기존 산업구조 및 경쟁자를 분석하고, 경쟁자를 이기기 위하여 저가전략 또는 차별화전략을 선택적으로 적용하라고 한다. 시장에서 살아남기 위하여, 경쟁자가 무슨 행동을 하느냐를 주의 깊게 관찰하여 경쟁우위를 달성하는 것에 집중하는 전략이다. 따라서 경쟁은 모든 회사의 전략을 비슷하게 만들고, 그 결과로 현재 거의 모든 기업의 전략은 경쟁 이론과 그 실행론들이 지배하고 있다고 해도 과언이 아닐 것이다.

반면, 블루오션 전략의 전략적 관점은 매우 다르다. 기존의 경쟁전략에서 기업은 시장의 경계가 정해져 있는, 한정된 시장에서 부를 쟁취하기 위해서 경쟁하는 반면, 블루오션 전략에서는 엄청난 양의 추가 수요가 기존에 규정된 산업의 '밖'에 존재한다고 생각한다. 문제의 핵심은 어떻게 대량의 추가 수요를 창조해 내느냐 하는 것으로 전환된다. 이러한 관점은 공급자 위주의 관점에서 고객 중심으로의 관점으로, 경쟁 중심에서 가치혁신 중심으로 관점의 변화를 필요로 한다. 블루오션 전략은 차별화와 비용절감의 양자택일 구조를 깨뜨려, 회사와 고객 모두에게 비약적인 가치를 창출하게 함으로써 경쟁을 무의미하게 만드는 체계적 접근을 말한다.

요약하면, 경쟁전략은 기존의 시장에서 어떻게 경쟁자를 앞지를 수 있는가에 대한 시장 경쟁 전략이다. 반면에 블루오션 전략은 경쟁을 피하기 위해 이미 설정된 시장 경계를 벗어날 수 있는 시장 창조 전략이라고 할 수 있다.

블루오션 전략론에는 가치혁신 전략 수립과 블루오션 창출에 사용할 수 있는 시각적 분석 툴과 프레임워크가 제시되어 있다. 경쟁과 무관한 새로운 시장을 창출하기 위한 블루오션 전략은 누구나 이해하기는 쉽지만 성공적인 적용을 위해서는 다양한 절차와 방법이 필요하며 최고경영자에서부터 일반 직원까지 변화와 혁신에 대한 공감대가 이루어져야 한다. 블루오션의 창출은 정적인 성취과정이 아니라, 역동적인 프로세스이다. 블루오션은 '로또'가 아니다. 성공하게 되면 모방당하고 추월당하기 쉽다. 곧 레드오션이 된다는 것이다. 따라서 창의적 탐색을 통한 혁신이 지속적으로 추구되어야 한다. 블루오션 전략의 성공적 추진체계는 '① 발상 ⇒ ② 사업검토 ⇒ ③ 사업추진'의 단계를 거쳐 진행해야 하는데, 다음과 같은 세부전략단계를 모델로 한다.

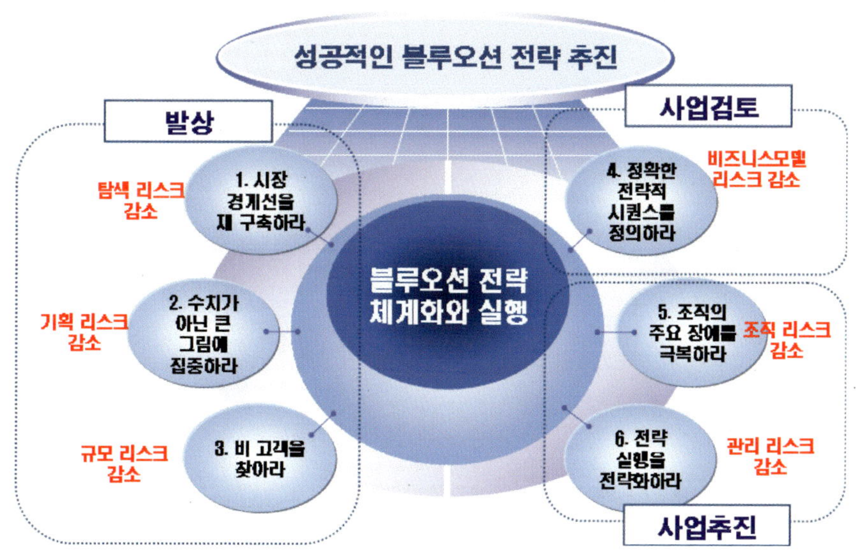

블루오션 전략의 추진체계

블루오션 전략을 구체화하기 위해서는 가치혁신 전략수립 및 블루오션 탐색에 사용할 프레임워크가 필요한데, 전략캔버스와 ERRC 그리드이다. 먼저 현재(As – Is)의 전략캔버스를 작성하고 이를 바탕으로 새로운 미래(To – Be)의 가치곡선을 작성한다. 새로운 가치곡선을 창출하기 위해서는 업계의 전략적 논리와 비즈니스 모델에 도전하는 네 가지 핵심 질문을 거치게 되는데, 이를 위해 ERRC 그리드(Eliminate – Reduce – Raise – Create Grid)가 필요하다. ERRC 그리드를 완성함으로써 무엇을 차별화할 것인지를 결정할 수 있게 된다.

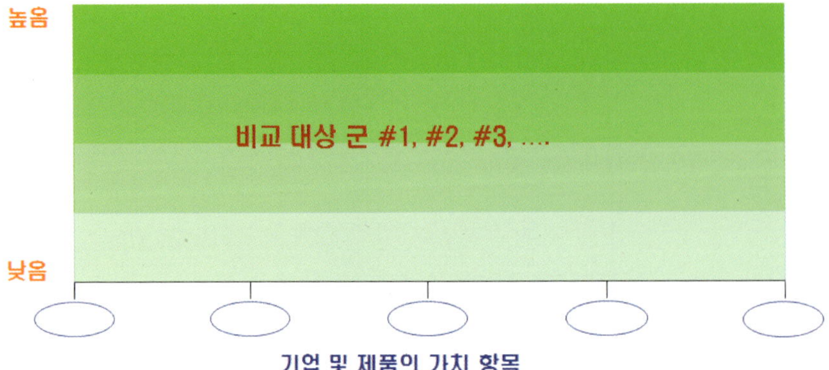

전략캔버스

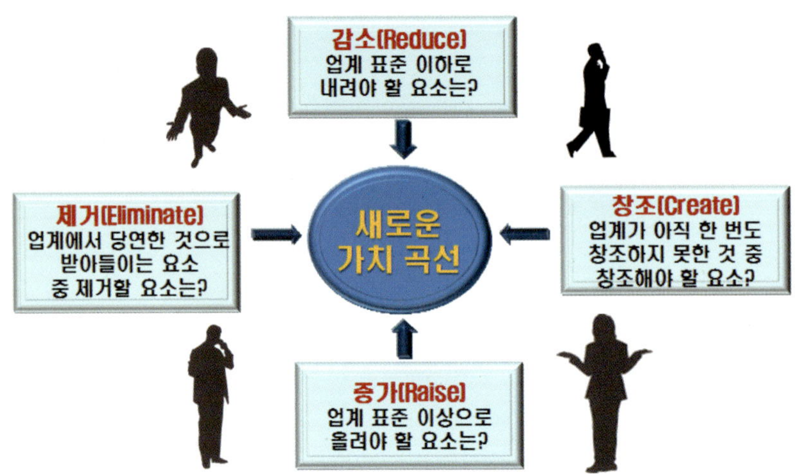

ERRC 그리드

전략의 실제(프로세스 및 적용)

이제 미디어콘텐츠산업의 비즈니스 영역을 새롭게 포지셔닝할 필요가 있다. 무분별한 따라 하기 식의 벤치마킹에서 벗어나 차별화되고 독창적인 가치를 구성하는 새로운 비즈니스 모델을 구축해야 하는 것이다. 이를 통해 미디어콘텐츠산업의 블루오션을 개척하고 그 실행전략을 도출해 내야만 하는 것이다.

미디어콘텐츠산업은 새로운 환경 앞에 서 있다. 블루오션이 펼쳐지고 있다. 미디어콘텐츠산업의 지속적인 성장을 유지하기 위해서는 블루오션 전략의 도입을 통해 고객가치를 기반으로 하는 새로운 시장창출에 집중해야 한다. 경쟁과 무관한 새로운 시장을 창출하기 위한 블루오션 전략은 누구나 이해하기는 쉽지만 성공적인 적용을 위해서는 다양한 절차와 방법이 필요하며 최고경영자에서부터 일반 직원까지 변화와 혁신에 대한 공감대가 이루어져야 한다.

모든 새로운 전략에는 항상 기회와 동시에 위험이 따른다. 새로운 시장의 창출 기회가 클수록 그에 따르는 위험의 크기도 크게 된다. 따라서 블루오션에서 성공하는 관건은 전략의 수립과 실행에 따르는 위험을 최소화하면서, 동시에 체계적으로 기회를 극대화하는 것이다. 이러한 기회 최대화와 위험 최소화를 위한 블루오션 전략에서는 여섯 가지 방법론이 제시되어 있다. 제시된 방법론을 활용하면 전략 수립단계의 조사 리스크와 기획 리스크, 평가 리스크, 비즈니스 모델 리스크를 줄일 수 있다. 또한 실행단계의 성공가능성을 높일 수 있다.

블루오션 전략 수립을 위해서는 먼저 블루오션 창출의 기회를 찾는 것이 중요하다. 이때 시장 경계선을 재구축함으로써, 블루오션 창출의 기회를 찾을 수 있다. 이것은 도처에 깔린 가능성으로부터 블루오션 기회를 어떻게 성공적으로 찾아낼 것인가에 대한 것으로, 탐색 리스크를 다룬다. 6－Paths Framework은 기업이 업계에서 수용되고 있는 경계선을 부수고 나와, 경계선 내부가 아닌 전체를 바라볼 수 있도록 하는 사고의 틀을 제시하는 방법론이다.

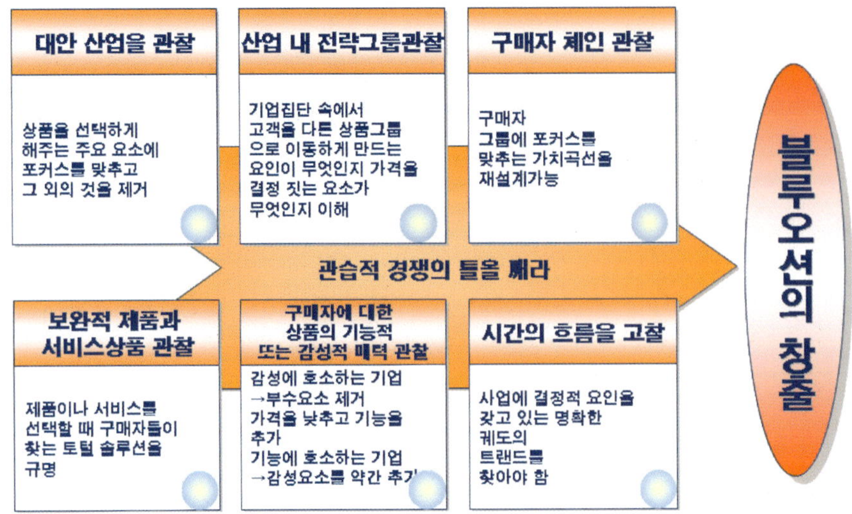

블루오션 창출 프로세스

이처럼 블루오션 창출을 위해서 경영자들은 경계선 내에서가 아니라, 그 경계선 전체를 바라볼 필요가 있다. 대안산업, 전략적 그룹, 구매자 그룹, 보완적 제품이나 서비스, 산업의 기능적-감성적 성향, 그리고 시간의 흐름을 살펴봐야 한다. 이를 통해 시장의 실제상황을 재구축하는 방법에 대한 예리한 통찰력을 가질 수 있고 이는 블루오션 창출로 이어지는 것이다.

1. 대안산업을 관찰하라

콘텐츠소비자는 구매 혹은 이용을 결정하기 전 항상 마음속으로 대안 상품과 해당 상품을 저울질한다. 형태는 달라도 동일한 기능이나 핵심적인 효용성을 제공하는 제품 및 서비스는 각각 서로의 대체제가 될 수 있다. 따라서 대안산업들 안에서 소비자들이 특정 상품을 선택하게 하는 주요 요소에 포커스를 맞추고 그 밖의 다른 것들을 제거하면 블루오션을 창출할 수 있는 것이다.

1988년 세계 최초의 메가플렉스(초대형 복합상영관)로 탄생한 '키네폴리스'는 단지 영화만 상영하는 기존의 극장과는 다르다. 벨기에 수도 브뤼셀 시내에서 차로 15분 거리에 있는 생테네르가에 위치하는데, 오후가 되면 주변은 마치 축제의 장과 같이 변해 간다.

영화만 관람하기 위해서는 브뤼셀 시내에서도 충분히 좋은 극장을 찾을 수 있다. 그럼에도 브뤼셀의 영화 관객 중 50% 이상이 이곳을 찾는 이유는 가족이나 연인과 함께 즐길 수 있는 저녁 외출이 가능하기 때문이다. '키네폴리스'에서는 영화관람 전 혹은 후에 어디서 식사를 해야 하는지, 영화관람 후에는 어디에서 영화에 대한 이야기를 나눌지, 아이가 있다면 영화관람 전에 어디에 맡겨 두어야 하는지 등에 대해 고민할 필요가 없다. 레스토랑과 카페, 아이들을 위한 놀이시설이 모두 망라되어 있는 '원스톱 서비스'를 지향하기 때문이다.

1980년대 후반 전 세계 영화산업은 깊은 침체의 늪에 빠져 있었다. 영상기기의 발전으로 인해 비디오와 케이블TV가 각 가정에 보급되면서 영화관을 찾는 관객들의 발길이 뚝 끊겼기 때문이었다. 문 닫는 영화관이 줄을 이었다. 결국 영화산업은 사양산업으로 인식되기 시작했다. 그러나 키네폴리스를 창안한 버트클레이즈(Bert Clayes)그룹은 이러한 대다수의 인식과는 다르게 영화산업을 바라봤다. 발상의 전환을 통해 영화산업도 새로운 아이템을 통해 신개념 사업으로 탈바꿈할 수 있다고 본 것이다. 이들은 관람객들이 원하는 서비스에 주목해 25개의 스크린과 7,600개의 좌석을 갖춘 세계 최초의 초대형 복합상영관 '키네폴리스'를 창조해 냈다. 영화관은 번화가에 있어야 한다는 선입견을 벗어나 도심 외곽에 영화관을 세워 임대비용을 줄이는 대신 그 비용을 시설투자에 들여 최고의 시설을 만들었다.

키네폴리스가 이렇게 성공한 이유는 무엇일까. 다수의 상영관을 보유하여, 매진으로 인해 관객들이 예매 없이 영화관을 방문했을 때에라도 되돌아가야 하는 상황을 일소했다. 다양한 문화공간을 밀집시켜 젊은 연인부터 가족 단위의 관람객까지 다양한 계층으로 내방객을 늘렸다. 또한 와이드 개념이 도입된 스크린 크기, 앞뒤 좌석 사이의 공간을 넓혀 옆 사람이 지나가도 움직일 필요가 없도록 배려한 점, 좌석의 경사를 높여 앞사람의 머리가 스크린을 가리지 않도록 한 세심한 배려 등 관객 요구에 대한 철저한 분석을 통해 블루오션을 이루어 냈다.

멋있는 외출을 파는 영화관, 키네폴리스

영화관, 레스토랑과 카페, 그리고 어린이들을 위한 놀이시설, 심지어 수영장에 이르기까지 원스톱 서비스를 제공한다는 점도 성공에 일조했다. 그리고 좁고 어두운 공간에 갇혀 영화 보는 일에만 집중해야 하는 상황을 기피하던 비고객층도 키네폴리스를 가족 나들이 공간으로 인식하게 되었다. 키네폴리스는 궁극적으로 고객들에게 영화감상에 대한 욕구뿐만 아니라 집 밖으로 나와 다른 사람들과 교감하는 사회적인 욕구를 채워 줬다는 데 의의를 가지고 있다. 이러한 고객과 비고객 집단을 배려한 여러 가지 전략들이 바로 키네폴리스의 블루오션을 창출한 것이다.

〈사례 1〉 온·오프라인 토익 강좌의 대안으로 떠오른 '토익넷'

- 오프라인 강좌의 경제적인 부담과 온라인 강좌의 지루함과 긴장감 부재라는 문제점을 절충한 새로운 형태의 토익서비스로서 토익넷(www.toeicnet.com)이 부상.
- 상대방과 토익문제를 풀며 승부를 겨루는 네트워크형 에듀테인먼트 게임형태로 새로운 형태의 토익 학습환경을 조성한다는 평가를 받고 있음.

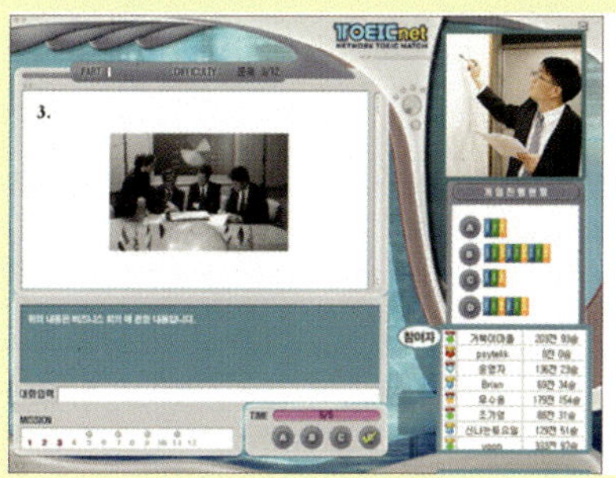

〈사례 2〉 Family게임의 새로운 지평을 연 닌텐도 'Wii & NDS'

- 전자게임과 교육 및 스포츠를 결합한 'Family 게임기' 콘셉트를 도출.
- 두뇌트레이닝(NDS), 스포츠체험게임(Wii) 등의 새로운 개념을 도입하여 온 가족이 즐길 수 있는 가족용 놀이기구로서 닌텐도 게임기 군을 Re-positioning.
- 가정에서 어린이들의 욕구(게임의 체험)와 어른들의 욕구(가족단위의 체험, 교육과 피트니스)를 결합해 낸 아이디어의 승리로 평가받음.

콘텐츠산업의 블루오션을 열기 위해서는 기존 문화콘텐츠의 연장이 아닌 전혀 새로운 콘텐츠로 '다른 그 무엇(Something New)'을 제공해 줄 필요가 있다. 즉 소비자들의 관심을 얻기 위해서는 차별화된 독자적인 브랜드를 창출해 내야 한다는 것이다. 새로운 문화콘텐츠 기술을 적용해 새로운 가치를 활용하고 새로운 개념의 콘텐츠 진화 등 무언가 '새로운 것'이 필요하다는 것이다. 소비자를 대상으로 한 콘셉트는 항상 '새로운 콘텐츠, 새로운 문화(New Contents, New Culture)'이며, 나아가 일상생활의 동반자인 'Life Partner'의 개념으로까지 확대되어야 한다.

2. 전략집단에 주목하라

전략적 집단이라는 용어는 유사한 전략을 추구하는 산업 내 기업들의 집단을 뜻한다. 예를 들어 메르세데스, BMW, 재규어 등은 고급차 시장에서 서로 경쟁자를 능가하려 하고, 저가 자동차 제조업체들은 그들의 전략 그룹 내에서 가장 뛰어나다는 평가를 받으려고 애쓴다. 그러나 어느 전략적 그룹도 다른 집단이 무엇을 하는지에는 신경을 쓰지 않는다. 왜냐하면 공급자의 입장에서 보면, 이 두 그룹은 서로 경쟁관계처럼 보이지 않기 때문이다.

'귀찮게 비디오 가게에 갈 것 없습니다. 연체료 걱정도 말고, 집에서 편하게 영화를 받아 보세요!' 집 밖으로 나가기는 귀찮고 똑같은 TV프로그램에 슬슬 지쳐 영화를 빌려 보려던 사람이라면 이 슬로건에 귀가 솔깃할 것이다. 실제로 미국의 DVD 우편배달 서비스 회사 넷플릭스(NETFLIX)는 이러한 슬로건을 내걸고 미국인의 영화 보는 습관을 바꾸고 있다. 넷플릭스는 한 달에 17.99달러만 내면, DVD를 우편으로 배달해 주고 기간 제한 없이 즐길 수 있도록 하는 서비스로 2년 만에 회원 67만 명을 확보했다. 일단 웹사이트(www.netflix.com)에 가서 신용카드번호를 알려 주고 회원등록을 한 후, 1만 2,000종의 목록에서 보고 싶은 영화를 골라 자기 계좌에 올려놓으면 되는 간단한 결제 시스템을 통해 DVD를 빌려 볼 수 있다.

넷플릭스는 이런 정보를 캘리포니아 본사의 메인 컴퓨터에 취합, 메릴랜드 주 등 미 전역에 10개의 창고에 보관된 DVD를 우편으로 발송해 준다. 가입자는 한 번에 최대 3편의 DVD를 받아 볼 수 있고, DVD를 반송하는 대로 자기 계좌에 올라 있는 다음 영화가 순서대로 배달된다. 다 관람한 DVD는 우표를 붙일 필요 없이 똑같은 봉투에 넣어 반송하면 되는 편리한 시스템이다. 보통 비디오 대여점에서 DVD를 빌리면 4달러, 유선방송의 비디오 온 디맨드(Video on Demand) 서비스를 이용해도 한 편에 5~7달러의 가격을 지불해야 한다. 하지만 넷플릭스를 이용할 경우, 한 달에 영화 5편만 보면 본전을 뽑는 셈이며, 몇 달 뒤에 반납을 해도 연체료는 없다. 넷플릭스는 1998년 설립 당시에는 평범한 DVD 대여점이었으나, AOL의 무제한 인터넷 사용 서비스에서 아이디어를 얻어 2000년부터 '무기한 DVD 배달서비스'를 시작했다. 미국 전 가정의 3분의 1에 달하는 DVD플레이어 보급률, 값싸고 믿을 만한 미국의 우편제도에 효율적인 가입자·배달관리 소프트웨어가 갖춰졌기 때문에 가능했다.

넷플릭스가 처음 출현하자 4,800만 명의 가입자를 둔 미국 최대 비디오 내어입체인 '블록버스터'가 위협을 받는 상황이 되었다. 넷플릭스가 급성장하자 블록버스터도 한 달에 5달러 추가비용을 받고 DVD를 원하는 대로 볼 수 있는 넷플릭스식 서비스를 시작했다. 하지만 넷플릭스는 경쟁자들의 추격에도 불구하고 최근 월마트의 온라인 DVD 렌털 부문을 인수하는 등 업계 개척자로서의 수익성 극대화에 잰 걸음을 보여 주고 있다.

전략집단 관찰을 통한 차별적 전략으로 블루오션을 창출한 넷플릭스

DVD 우편 대여업체 넷플릭스는 DVD를 다루는 첨단 기업이면서도 한물간 사업으로 치부되던 우편업을 DVD 대여시장에 접목시켰다. 월 평균 17.99달러의 월 회비를 내면 DVD를 무제한으로 대여받으며, 대부분 온라인으로 주문한 뒤 하루 안에는 배달을 받게 된다. 이러한 미개척 아이템은 소위 카우치 포테이토(Couch potato)족을 위시한 많은 미국인들에게 열광적인 반응을 얻어 냈다.

이는 여유롭게 영화를 빌려 보기 힘든 직장인들, 학생들을 위한 훌륭한 아이디어였다. 또한 대여 연체료를 걱정하는 일부 사람들에게도 환영할 만한 아이템이었다. 반환 봉투에 반납하는 방식도 편리함을 더했다. 결국 이들의 성공을 예견치 못하고 팔짱만 끼고 지켜보던 미국 최대의 비디오 대여업체인 블록버스터도 유사한 서비스를 시행하게 만들었다. 소파에 앉아서 최신 DVD를 시청할 수 있는 트렌드를 이미 넷플릭스가 창조한 것이다.

- 앨 고어 전 미 부통령이 회장을 맡은 신개념 케이블방송인 커런트TV는 아이팟 세대를 겨냥해 흥미 있는 단편프로그램을 다양하게 보여 주는 방송국임.
- 18~34세의 디지털 세대를 단순히 방송사가 주는 프로그램을 시청하는 피동적인 시청자가 아니라 전국 단위 방송의 협력자로 설정하여 젊은 세대의 참여를 독려.

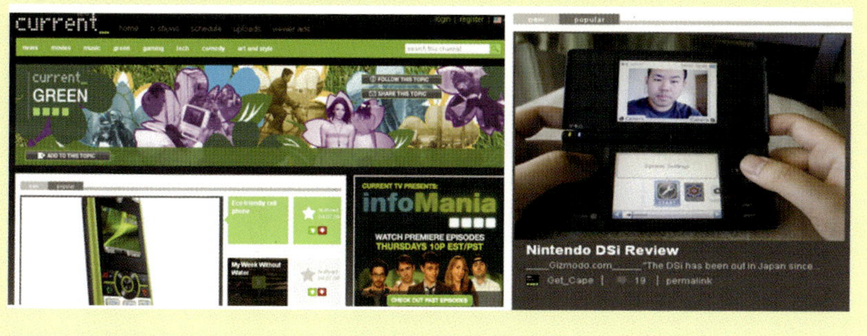

- 어린이 콘텐츠의 잠재적 시장가능성을 일찌감치 파악한 니켈로디언은 1979년 3월 어린이 전문 채널을 개국하며 어린이 콘텐츠 시장에 블루오션을 개척.
- 니켈로디언은 어린이만을 위한 콘텐츠를 제작함과 동시에 교육적인 면을 적절히 배합해 에듀테인먼트(edutainment)의 새로운 모델을 제시.

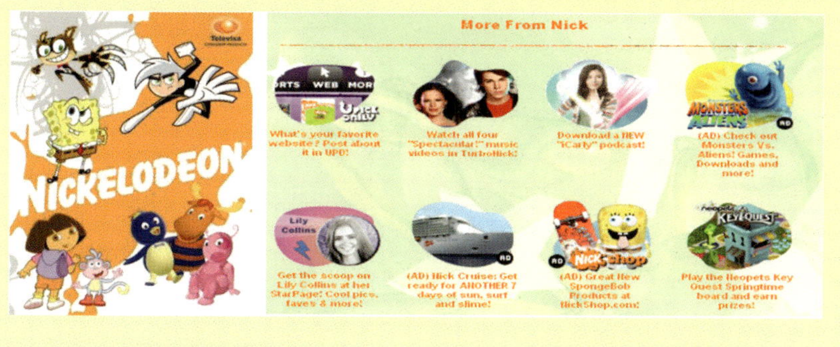

경쟁 그룹에서 블루오션을 창출하는 핵심은 고객들로 하여금 한 상품그룹에서 다른 그룹으로 이동하게 하는 요인이 무엇인지, 더 싼 상품이나 혹은 더 비싼 상품을 사도록 유도하는 요소들이 무엇인지 이해하는 것이다.

일반적으로 기업들은 전략집단 안에서 경쟁하는 데 여념이 없지만 엄청난 이익을 안겨 줄 새 시장 창출 기회는 전략집단 밖을 둘러볼 때 찾을 수 있다. 전략집단들 간의 장점을 결합할 때 새로운 시장이 열린다는 것이다.

3. 구매자집단을 재정의하라

대부분의 산업에서 경쟁자들은 '누가 타깃 구매자인가'라는 공통적 질문에 집중하는 경향이 있다. 그러나 실제로는 구매 결정에 직·간접적으로 관여하는 구매자 체인이 있다. 제품이나 서비스 가격을 지불하는 구매자는 실제 사용자와 다를 수 있으며 어떤 경우에는 중요한 영향력을 가진 사람이 있다. 이 세 집단이 일치할 수도 있으나 그렇지 않은 경우도 많다. 이럴 경우, 대체적으로 이들은 가치에 대한 정의를 다르게 내린다. 예를 들면 기업 구매 담당자는 비용에 더 큰 비중을 둘 것이며, 실제 사용자는 이용의 편리성에 더 관심을 가질 것이다.

어떤 구매자 집단을 목표로 할 것인지에 대한 도전은 새로운 블루오션의 발견으로 연결된다. 기업은 기존에 간과했던 구매자 그룹에 포커스를 맞추는 방향으로 가치곡선을 재설계(비고객의 고객화)함으로써 새로운 통찰력을 얻을 수 있다.

1977년에 <스타워즈 에피소드 4 - 새로운 희망>으로 시작된 <스타워즈> 시리즈는 할리우드 액션영화의 주류를 서부극에서 SF로 바꾸어 놓았다. <조스>의 흥행기록을 깨고 <ET>(1982)가 나올 때까지 역대 흥행성적 1위를 차지할 만큼 기대 이상의 성공을 거둔 이 은하계 대서사시는 수다스럽고 별난 로봇 C-3PO와 그의 명콤비인 R2-D2, 제다이의 스승인 난쟁이 요다, 악의 화신 다스 베이더 등의 다양한 캐릭터와 광선검이 어린이들에게 인기를 얻자 상품화하여 영화의 히트에 버금가는 수익을 올렸다. 한국에서는 1978년에 최초로 개봉되었다.

성공적인 데뷔작이 선보인 이후 1980년 <스타워즈 에피소드 5 - 제국의 역습>과 1983년 <스타워즈 에피소드 6 - 제다이의 귀환>이 개봉되면서 일명 <스타워즈> 3부작으로 대표되는 시리즈가 탄생하였다. 에피소드 5와 6은 조지 루카스 감독이 감독을 맡지 않고 각각 어빈 케시너(Irvin Kershner)와 리차드 마콴드(Richard Marquand)가 감독했다. 에피소드 5에서 주인공 루크 스카이워커가 변절한 제다이의 기사 다스 베이더와 싸우는 장면에서 다스 베이더가 내뱉는 대사, "I'm your father(내가 너의 아버지다.)."는 극적인 반전과 충격을 안겨 주는 명대사로 많은 영화팬들에게 회자되고 있다.

　　<스타워즈>가 성공한 요인은 무엇일까. 전략 캔버스 그림에서 보여 주듯, ‘구매자 집단의 재정의’ 전략을 적절하게 구사했다는 점이다. 우선 스타워즈의 제작 초기부터 감독 조지 루카스는 영화소비자인 관객을 불특정집단에서 어린이라는 핵심 타깃층으로 집중화했다. 이들 어린이 고객은 <스타워즈>의 부대사업(비디오, 캐릭터 상품, 게임)의 충성스런 고객으로 확대되었으며, 이는 다른 영화제작자들이 생각하지 못한 전략적인 부분이다.

　　감독 조지 루카스의 표현대로 <스타워즈>는 스탠리 큐브릭 감독의 <2001 스페이스 오디세이>가 아닌 그림 형제의 판타지 동화의 후손으로 표현할 수 있다. 아이들에게 환상을 심어 줄 수 있는 화려한 볼거리로 중무장한 이 단순한 이야기는 입체 안경을 쓴 듯 더없는 황홀경을 선사해 주었다. 그리고 아이들이 지닌 상업적 잠재력은 <스타워즈>의 대성공을 계기로 확실히 입증된다. <스타워즈>는 아이들을 대상으로 한 마케팅이 이중, 삼중의 시너지 효과를 불러온다는 사실을 영화제작자들에게 확실하게 각인시켰다. 아이들은 영화의 주된 관객인 동시에 패스트푸드와 게임문화의 주된 타깃이기도 하다. <스타워즈>는 이러한 모든 과녁을 동시에 공략하였다.

　　<스타워즈>의 감독 조지 루카스는 프랜시스 포드 코폴라, 마틴 스콜세지 등 동료 감독들이 예술영화에 심취하였을 때, 이들이 중요시하는 세련된 연출기법과 강렬한 지적 메시지를 과감하게 포기하였다. 오히려 단순한 직선구조의 플롯과 선과 악의 단순한 이분법 구조를 강조한 철저한 SF 블록버스터를 표방해 어린이라는 핵심 타깃층의 절대적인 지지를 받아 낼 수 있었다. 또한 스타배우에 드는 캐스팅 비용을 절감하여, 보다 질 높은 CG(Computer Graphic)와 사운드 보강에 심혈을 기울였다. 이는 테크놀로지적으로 더욱 진일보한 차기작의 기대감을 증폭하는 요소로서 작용하였으며, 공상 속의 판타지에 대한 실제적 구현이기도 하다. 특히 <스타워즈>는 아이들을 대상으로 한 마케팅이 엄청난 시너지 효과를 결

과함을 구체적으로 보여 준 사례다. 아동을 대상으로 한 <스타워즈> 캐릭터와 장난감, 비디오게임 그리고 판촉 마케팅 수입은 약 90억 달러에 달하며, 오히려 개봉관 흥행수입이 57억에 지나지 않는다는 것이 그 반증이다. <스타워즈> 시리즈는 '다스베이더'와 '요다'로 대표되는 SF 캐릭터 문화를 여는 데도 일조했다. 이들 캐릭터들은 어린이뿐만 아니라, 성인에게도 친숙한 문화적 아이콘으로 사랑받고 있으며, <스타워즈>는 철저하고 세밀한 영화콘텐츠 기획 성공사례로 평가된다.

구매자 집단 재구성을 통해 블루오션을 창출한 스타워즈 사례

많은 세대들에게 꿈과 희망을 심어 주었던 SF걸작 <스타워즈>는 '구매자 집단의 재정의' 전략을 적절하게 잘 구사하고 있다.

우선 <스타워즈>의 제작 초기부터 감독 조지 루카스는 영화 소비자인 관객을 불특정집단에서 어린이라는 핵심 타깃층으로 집중화했다. 이전까지 영화는 특정 집단을 예측하기보다는 상영을 통해서 특정 집단의 지지를 받아 온 것이 관례였다.

이러한 핵심 타깃층 전략은 이제 영화기획에 있어서 가장 중요하게 여겨지는 전략의 한 요소가 되었다. 이전의 할리우드 블록버스터물은 스타를 내세운 대규모 스펙터클 서사극을 의미하는 것이었으나, <스타워즈> 대성공 이후엔 틴에이저를 주 타깃으로 한 판타지 SF물로 바뀌게 되었다. 이것이 <스타워즈>가 할리우드 흥행 시장에 가져온 가장 큰 변화였다.

특히 이들 어린이 고객은 <스타워즈>의 부대사업(비디오, 캐릭터 상품, 게임)의 충성스런 고객으로 확대되었으며, 이는 다른 영화제작자들이 생각하지 못한 전략적인 부분이다. 실제 스타워즈의 완결편인 <시스의 복수> 개봉 당시 이미 월마트·켈로그·버거킹·펩시·M&M 등 역대 가장 많은 기업들이 어린이를 위한 상품개발을 위해 영화 스폰서로 나선 바 있으며, 스타워즈 캐릭터가 등장하는 TV광고도 봇물을 이루고 있다.

<스타워즈> 시리즈는 1977년 개봉 이후 1편부터 <시스의 복수> 전편인 5편까지 모두 57억 달러(5조 7,000억 원)의 극장 개봉 수입을 올렸다. 스폰서 기업들의 판촉 마케팅과 관련 장난감·비디오게임 판매 수입은 이보다 훨씬 많은 90억 달러에 이른다는 것이 바로 이들 타깃집단을 겨냥한 마케팅이 주효했다는 증거다.

〈사례 1〉 기능을 단순화한 마이크로 블로그 서비스의 부상

- 10~20대들은 미니홈피와 같은 블로그를 꾸미는 데 많은 노력을 기울이고 있음. 하지만 역으로 30~40대들은 미니홈피를 업데이트하고 꾸미는 데 큰 관심을 갖고 있지 않음.
- 이들은 오히려 해당 웹사이트에 본인의 즉흥적인 기분을 올리거나 타인의 기분에 공감하는 댓글 기능 정도만을 필요로 함.
- 이러한 중·장년층의 슬로우어답터(Slow Adopter) 성향을 고려한 마이크로 블로그 서비스가 최근 부상 중. 美의 트위터, 日의 모고모고, 韓의 미투데이나 플레이톡이 대표적임.

UCC의 파생개념으로 등장한 PCC는 이제 저작권 침해·수익모델 부재 등 기존 UCC의 중요한 문제점들을 보완할 수 있는 중요한 블루오션 중 하나로 자리매김하고 있다. 실제 PCC 전문사이트를 표방한 '픽스카우'에서는 여러 분야의 준전문가들이 만들어 내는 다양한 정보 및 노하우 동영상을 제공하여 다른 사이트들과 특화된 서비스 모델을 만들어 내고 있다.

전문작가 육성과 PPL을 통해 성공적인 비즈모델을 창출한 '풀빵닷컴'의 사례를 보자. 유머사이트인 풀빵닷컴은 전문작가 시스템을 구축, 제작하는 과정에서 사용되는 작품을 대상으로 저작권료를 지불하고 있으며, PCC에 PPL광고 상품을 적용해 2007년 8월 집계결과 6개월 동안 10억 원 매출을 달성했다. 매출규모가 크지는 않지만 SK텔레콤을 비롯해 옥션, 소니코리아, 하나TV 등 유명 기업들이 참여함으로써 UCC에 PPL 광고의 가능성을 보여 주었다.

4. 보완재를 관찰하라

아직 개척되지 않은 가치는 흔히 보완적 제품이나 서비스에 숨겨져 있다. 중요한 것은 제품이나 서비스를 선택할 때 구매자들이 찾는 토털 솔루션을 규명하는 것이다. 간단한 규명법은 상품 사용 전, 사용 중, 그리고 사용 후에 어떤 일이 생기는지 생각해 보는 것이다. 그리고 이를 보완적 제품이나 서비스를 통해 제거해 나가는 것이 전략의 핵심이라고 할 수 있다.

대형 서적 유통업체인 반즈&노블은 제공하는 서비스의 범위를 재규정해 블루오션을 창출한 경우다. 책 그 자체에서 독서와 지적 탐구의 기쁨으로 전환하여, 책 읽기와 학습을 즐겁게 하는 환경을 만들기 위해 라운지를 설치했다. 또한 책에 대한 지식이 풍부한 직원과 커피 바를 추가하였다. 특히 사람들 간 '만남'이라는 화두를 서점에 접목시켰다. 이미 1980년대에 미국 서점 시장은 포화상태였고 미국인의 평균 독서량도 줄어 대형 서점들은 점차 쇠퇴하는 모습을 보였다. 반즈&노블은 책이라는 제품과 더불어 고객만족을 위해 다양한 서비스를 하나의 패키지로 만들어 제공하는 새로운 슈퍼스토어를 기획했고, 이것이 바로 전략적으로 주효하게 된 것이다.

보완재 관찰을 통해 블루오션을 창출한 반즈앤노블 사례

로맨틱 코미디인 <유브갓메일(You've Got Mail)>의 주 무대로 잘 알려진 반즈앤노블은 제공하는 서비스의 범위를 재규정해 블루오션을 창출했다. 책을 읽기 위한 1차원적인 서점방문 목적에서 독서와 지적 탐구의 기쁨을 위한 목적으로 전환하기 위하여, 새로운 환경을 조성하였다. 우선 스타벅스에서 잔잔한 음악과 커피를 즐기면서 책을 읽을 수 있도록 하였다. 또한 가족단위의 내방객들이 편하게 책을 고를 수 있는 편의시설 등을 추가하였다. 서서 책을 보는 고객들을 위한 안락한 의자가 매장 곳곳에 배치되었고, 숨 막힐 듯한 빽빽한 서가, 먼지 냄새 가득한 답답한 공간, 서서 책을 보면서 아파 오던 다리 등 작지만 중요한 고객의 불편사항들이 즉각적으로 제거되었다. 이미 여기에서 구매자의 효용성에 대한 철저한 분석이 시행된 것이다. 이를 통해 반즈앤노블은 '문화의 공간'이라는 다른 이름을 얻게 되었다. '지금 내가 하고 있는 것은 사양산업이니, 다른 업종을 찾아볼까?'라고 자책하는 기업에 주는 시사점은 크다. 지금 상황에서 새로운 업종을 찾는 것보다는 현재 기업이 가지고 있는 보완적 제품과 서비스를 찾는 것이 더욱 경제적인 전략이기 때문이다.

〈사례 1〉 문화예술의 생산, 소비, 교류의 장을 제공하는 KT&G 상상마당

- 창작자와 문화향유자가 모두 만족할 수 있는 복합문화공간을 목표로 설립.
- 문화예술 분야의 생산, 소비, 교류가 가능한 영화관, 복합공연장, 아트스퀘어, 갤러리, 아트마켓, 아카데미, 스튜디오 등의 시설이 모두 집적되어 있음.
- 창작자 집단과 소비자 집단이 찾는 토털 솔루션을 규명하고 이를 구체화.

5. 기능 및 감성요소를 재정리하라

지금까지 대부분의 기존 기업들은 기술 개발에만 치중하다 보니 소비자의 욕구를 이해하지 못하는 경우가 많았다. 만일 소비자의 욕구를 간과한다면 아무리 기능이 좋은 제품이라 할지라도 기대 이하의 소득을 올릴 것은 불 보듯이 뻔하다. 따라서 기술과 소비자의 간격을 메워 주는 디자인 전략이 반드시 필요하다. 감성에 호소하는 기업들은 기능적 향상 없이 가격을 올리고 많은 부수적인 것을 제공한다. 그러나 이런 부수적인 요소들을 없애거나 줄이면 고객들이 반기는 간단하면서도 훨씬 가격이 싸고, 비용이 더 적게 드는 비즈니스 모델을 창출할 수 있다. 반대로 기능에 호소하는 기업들은 일상 제품들에 비해 감성을 조금 추가함으로써 신선함을 주입할 수 있고 그렇게 함으로써 새로운 수요를 촉진할 수 있다.

기업의 감성전략은 고급화를 통해 특정 소비자 집단을 타깃으로 그들의 소비심리를 자극한다. 감성사회의 소비자는 자신을 위해 초고가의 명품을 구입하는 소비행태를 보인다. 이들은 남들이 가질 수 없는 명품을 소장하는 것으로 자신의 정체성을 확인하며 소비패턴에도 감성지향적 경향이 뚜렷이 나타난다. 세계

버투의 스페셜버전 코브라폰과 명품시계광고와 유사한 느낌의 버투광고

최대 휴대폰 제조업체인 노키아에서 버투(Vertu)라는 초고가폰을 내놓은 것은 명품의 가치와 자신의 가치를 동일시하는 최상위층 소비자의 심리를 이용한 기업의 전략인 것이다. 일본에서는 쇼치쿠와 같이 호텔급 서비스를 제공하는 고급 상영관이 등장했으며, 국내에서도 CJ CGV가 고급화 전략으로 기존 상영관과 차별화를 둔 프리미엄 상영관을 오픈했다.

하이콘셉트를 통해 휴대폰의 고급화를 선도한 LG의 '프라다폰' 사례 역시 기능 및 감성요소를 조정해 블루오션을 창출하고 있다. 명품의 가치를 휴대폰에 접목한 마케팅전략을 적극적으로 수행한 사례이다. 기존 휴대폰에 단순히 명품 패션 브랜드인 '프라다' 상표를 붙인 라이선싱 제품이 아닌 제품의 기획부터 메뉴 디자인, 심지어 벨소리까지 LG전자와 프라다가 공동으로 고민한 최초의 명품 브랜드폰으로 호평을 받았다. 이러한 성공은 LG의 샤인폰, 뷰티폰 등 프리미엄 제품의 성공으로 이어지고 있다.

하이콘셉트(감성 재구성)를 활용해 블루오션을 창출한 프라다폰 사례

〈사례 1〉 독창적 감성디자인으로 주목받는 김영세의 '이노디자인'

- 디자인 컨설팅 전문업체인 '이노디자인'은 소비자들이 상표와 관계없이 자신의 정체성, 멋을 강조하는 상품을 찾을 것을 예견함.
- 감성 콘셉트를 제품 디자인에 철저하게 녹여냄. 삼성 애니콜 휴대폰, MP3P 아이리버, 태평양의 슬라이딩형 콤팩트 등의 다양한 감성디자인 중심 제품을 출시함.

6. 트렌드를 선도하라

블루오션 전략에 대한 통찰력은 트렌드를 자체적으로 설계하는 것만으로는 얻을 수 없다. 블루오션 전략은 트렌드가 고객의 가치를 어떻게 변화시키고 기업의 비즈니스 모델에 어떤 영향을 미치는가를 판단하는 비즈니스 식견으로부터 나온다. 시간의 흐름을 고찰함으로써 미래를 적극적으로 설계하고 새로운 블루오션의 부름에 응할 수 있다.

치열한 경쟁 상황에서는 현재 나타나는 외부 트렌드 도입에 포커스를 맞출 수밖에 없다. 하지만 블루오션을 창출하면 시간의 흐름에서 외부 트렌드 형성에 참여할 수 있게 된다. 그리고 기업과 트렌드와의 적합성이 있어야 블루오션을 창출해 낼 수 있다.

예를 들어 위성방송, 모바일TV, DMB, 인터넷TV, IPTV 등 새로운 미디어 플랫폼들이 등장하고 있지만, 이제는 그 플랫폼을 대표할 만한 콘텐츠만 강조할 필요는 없다. 콘텐츠제작자들도 플랫폼을 꼭 염두에 두고 작품을 만드는 것은 아니다. 특정 장르의 콘텐츠와 미디어와의 궁합도 파괴되고 있다. 드라마는 꼭 지상파TV에서 봐야 한다는 틀을 깨고 온라인에서의 방영을 위한 시즌제 드라마가 제작되고 있는 것이다.

프리코노믹스 패러다임을 적극 활용한 뮤지션들의 사례를 보자. 과거에 유료였던 제품이나 서비스를 무료로 또는 매우 저렴하게 제공하고, 대신 시장의 관심(attention)과 명성(reputation), 광범위한 사용자 기반을 확보해, 이를 바탕으로 관련 영역에서 새로운 수익을 창출하는 사업 방식인 프리코노믹스(Freeconomics) 패러다임을 일부 뮤지션들이 차용하고 있다. 2007년 영국에서 가수 프린스(Prince)가 일간신문인 데일리메일의 일요판에 신작 앨범을 끼워 공짜로 독자들에게 제공했다. 그 결과 라이선스료와 콘서트 투어 등으로 오히려 190억 원 상당을 벌어들였다. 인기 록그룹인 라디오헤드(Radiohead), 나인인치네일(Nine - inch Nails)도 신보를 무료로 배포하여 팬들의 열광적인 지지와 시장의 큰 관심을 얻어 냈다.

프리코노믹스 패러다임을 활용한 음악비즈니스 블루오션 사례

- 2929 엔터테인먼트는 영화와 다른 윈도우 간 시차가 매우 짧아지고 있다는 점에 착안하여 극장개봉과 DVD 출시, 케이블 상영을 모두 동시에 이루어지게 하는 획기적인 사업을 시행.
- 이는 영화제작에 있어서 군살을 빼고 광고를 통합하며 온라인 불법복제를 억제하는 방식으로 고객의 선택을 극대화하기 위한 방안으로서 주목받고 있음.

- EMI는 메이저 오프라인 음반사이면서도 음악공유에 대한 혐오감을 떨쳐내고, 합법적인 파일공유 사업에는 음악사용권을 주고 있음.
- 최근에는 아이튠즈를 통해 DRM이 없고 음질이 향상된 프리미엄 음악 상품을 제공하는 획기적인 비즈니스 기획을 발표한 바 있음.
- PC 내려받기, 모바일 내려받기, 회원제, 벨소리, 벨음악, 길러링, P2P 사업은 EMI의 미래 중요한 사업모델이 될 것임.

〈사례 3〉 전통 서예와 디자인이 합쳐져 만들어 내는 세상에서 단 하나의 글꼴인
캘리그라피(Calligraphy)

<사례 4> 기발한 아이디어와 유머코드를 조합하여 광고 그 자체가 즐길 만한 것이라는 새로운 트렌드를 만들어 가고 있는 KTF의 3세대 WCDMA 서비스 SHOW광고 사례

콘텐츠 비즈니스 아이템 선정 원칙

– 유망아이템에 대한 선입견을 버려라.

– 자신의 적성, 경험, 능력을 최우선적으로 고려하라.

– 사업아이템을 조급히 결정하지 마라.

– 민감한 아이템과 미확인 아이템을 경계하라.

– 단계를 밟아 아이템을 선택하라.

– 아이템에도 수명이 있다는 사실을 명심하라.

– 사양산업을 무시하지 마라.

– 하이테크한 아이템보다 하이터치한 아이템을 추구하라.

– 누구나 좋다고 부추기는 아이템에 현혹되지 마라.

– 지금 자신의 상황을 직시하라.

TV의 진화, 새로운 세상을 열다

방송 개념의 재규정

1931년 미국에서 첫 시험방송이 시작되고 1937년에 영국의 BBC 방송국에서 세계 최초로 흑백텔레비전 방송이 시작된 이후 TV는 방송사가 방송하는 프로그램을 수신하는 기능만을 지원하는 수신단말기에 불과했다. 프로그램을 제작하고 방송하는 일은 방송사만이 담당하였고, 시청자는 방송된 프로그램을 TV를 통해 시청하기만 할 뿐이었다. 또한 TV는 일방향적인 커뮤니케이션의 도구였다. 시청자는 TV를 이용해 방송 프로그램을 일반적으로 시청할 수밖에 없었다. 하지만 디지털 케이블TV와 IPTV의 등장으로 TV의 기능이 진화하고 있는데, 보기만 하는 TV에서 이용하고 즐기며 상호작용 커뮤니케이션이 가능한 TV로 그 기능을 진화시킨 것이다. 이에 따라 국제전기통신연합(ITU－R)에서는 이미 '방송'에 관한 새로운 정의(RA 2000)를 도입하였다. 이에 따르면 "방송서비스는 공공에 의해 사용될 비디오, 오디오, 멀티미디어 및 데이터서비스이며, 이를 위한 접근제한(access control)과 양방향(interactivity)을 포함"하는 것으로 정의하고 있다. 또한 TV를 둘러싼 방송사와 시청자의 관계가 변화하였다. 기존의 TV방송이 방송사의 주도로 이루어졌다면, 디지털 케이블TV와 IPTV의 등장에 따라 TV방송은 시청자의 선택에 의해 구성되고 있다. 이 같은 TV의 진화양상은 'TV2.0'이라는 용어로 정의된다.

오늘날의 시청자들은 더욱 다양화된 채널과 플랫폼들 속에서 선택의 폭이 넓어지고 있으며, 이에 따라 보다 세분화되고 파편화되고 있다.

지난 몇십 년간 시청자들은 케이블TV와 같은 멀티채널의 등장으로 전통 TV에서 틈새시장으로 이동해 오고 있다. 최근에는 시청자가 직접 원하는 프로그램을 원하는 시간에 볼 수 있어 개인미디어로 진화하고 있다. 또한 전통TV를 기반으로 인터넷, 모바일 등의 유무선 통신이 결합하면서 시청자 미디어 이용행태 및 속성도 보다 역동적이고, 복합적으로 진화하고 있다. 다시 말해 전통TV로 대표되었던 TV1.0의 시대가 다채널, 다매체 그리고 양방향성이 담보된 TV2.0 시대로 진화하고 있는 것이다.

TV의 위상 및 가치

- 사람들은 100개 이상의 채널을 시청할 수 있다고 생각한다.
- 일상에서 TV가 없어진다면 매우 허전할 것으로 생각한다.
- 일상적으로 하루 4~5시간 동안 TV를 켜 둔다.
- 어떤 프로그램은 1억 명 이상의 시청자가 동시에 시청한다.
- 매우 가난한 사람들조차 TV를 구입하기 위해 돈을 모은다.
- TV를 통한 커뮤니케이션이 없었더라면 정치인들은 선출되지 않았을 것이다.

TV2.0으로 진화

TV2.0은 방송사의 편성에 따른 프로그램의 이용이 아닌 사용자가 원하는 콘텐츠를 원하는 시간에 볼 수 있도록 선택이 가능한 TV 이용 상황을 의미하는 개념에서 출발했다. 하지만 최근에는 방송 플랫폼에 대한 방송사와 방송종사자의 독점적 지배가 약화되고 오픈 플랫폼이 구축되어 시청자가 자신이 만든 콘텐츠를 TV플랫폼을 통해 유통시킬 수 있는 TV 환경까지를 설명하는 개념으로 그 범위가 확대되고 있는 추세이다.

TV2.0은 웹2.0과 맥을 같이하는 이용자 중심의 인터액티브 TV를 의미한다. 즉 이용자가 중심이 되어 콘텐츠와 상호작용하며 콘텐츠를 생성하기도, 소비하기도 하는 환경을 의미한다. 따라서 일반적으로 TV2.0이라 하면 방송과 통신의 대표적인 융합 서비스인 IPTV와 디지털케이블TV 등을 들 수 있다. 또한 DVR(Digital Video Recorder)이나 DMA(Digital Media Adopter) 역시 기존 TV의 기능을 보완해 준다는 측면에서 넓게는 TV2.0이라고 볼 수 있다. 이러한 TV2.0은 참여, 개방, 공유의 웹2.0 환경과 맞물려 디지털미디어를 선도하며, 전 세계적으로 빠르게 확산되고 있다.

TV2.0 전경

TV1.0 서비스는 한정된 공간과 시간에서만 콘텐츠를 제공하고 향유할 수 있었다. 시청자들은 방송사가 송출하는 프로그램을 정해진 시간에 봐야 했고, 리모컨을 통해 채널을 고르는 정도의 선택 폭만 주어졌었다. 방송권역도 지역과 국경에 제한을 받아 한정된 곳에서 한정된 콘텐츠만 제공되었다. 광고는 불특정 다수를 대상으로 한 매스마케팅 형태였으며, 시청자는 상대적으로 소극적이고 수동적인 입장이었다. 하지만 TV2.0은 이러한 모든 형태를 180도 바꾸며 새로운 패러다임을 선도했다. TV2.0 환경에서는 시간과 공간의 한계가 없으며, 시청자는 원하는 콘텐츠를 원하는 방식으로 즐길 수 있게 됐다. 또한 TV1.0에서는 아날로그 방식으로 현실을 재연하는 데 한계가 있었지만, TV2.0에서는 디지털 방식으로 현실보다 더 현실 같은 초현실을 가능케 했다. 시청자들은 이러한 환경에서 적극적이고 능동적으로 진화했으며, 콘텐츠를 중심으로 상호작용할 수 있게 됐다.

TV2.0 환경

TV2.0 환경에서는 VOD 및 PPV뿐만 아니라 TV를 통해 다양한 생활정보를 탐색하고, 상거래와 뱅킹 서비스도 이용할 수 있으며, 메신저 서비스를 통해 다른 사람과 쌍방향으로 커뮤니케이션하고 노래방이나 게임 등의 엔터테인먼트도 즐길 수 있다. 물론 TV를 통해 제공되는 화질도 향상되었다. 또한 TV2.0 환경에서 TV는 고화질(HD: High Definition) 동영상을 서비스한다. 또한 TV화면이 16 대 9의 대형 디지털 화면으로 바뀌면서 시청자들은 DVD급 화질을 감상할 수 있게 되었다. 이 밖에 멀티 모드 서비스(MMS: Multi Mode Service)의 제공도 가능하다. KBS, MBC, SBS 등 국내의 지상파방송사들은 국가 HD용 채널을 여러 개의 SD(SD: Standard Definition)화면으로 나누어 채널수를 증가시키는 작업을 준비해 왔다. HD 채널을 SD채널로 활용하면, 방송사가 활용할 수 있는 채널의 수가 훨씬 증가하게 된다. 예컨대, SBS가 HD채널을 SD채널로 활용하면 SBS-1, SBS-2, SBS-3, SBS1-4 등 여러 개의 방송채널을 확보할 수 있게 되는 것이다. 멀티모드서비스는 지상파 디지털 방송의 다채널화를 가능하게 한다. 본래 멀티모드 서비스는 여러 카메라가 잡은 한 장소의 다양한 화면을 시청자에게 제공하기 위해 고안된 기술이다. 예를 들어 야구 경기 중계방송에서 멀티모드 서비스를 적용하면 운동장 전체의 풍경, 덕아웃의 모습, 관중의 응원 등을 담은 화면을 동시에 여러 채널로 내보낸다고 가정할 때, 시청자는 여러 채널을 돌려가거나 한 화면에 여러 채널을 띄워 놓고 훨씬 실감나게 야구중계를 시청할 수 있게 된다. 물론 MMS는 이 같은 서비스에 활용하지 않고 단순한 채널 증가를 통한 광고수익 확대의 방편으로 이용될 수도 있다.

　　TV2.0 환경은 또한 TV수상기 자체의 기능적 변화와 TV단말기 제조사들과 네트워크 방송국·신문사·인터넷 기업 등 콘텐츠 업체와의 제휴를 통해서도 구현되어 가고 있다. 국내의 경우 LG전자는 생방송 녹화 및 정지 기능을 갖춘 '타임머신 TV'를 출시하였고, 삼성전자는 풀HD, LCD TV 등에 인터넷과 직접 연결할 수 있는 인포링크(infolink)라는 기능을 기본 탑재하고 네이버와 유튜브, USA투데이 등과 제휴해 인터넷 콘텐츠를 TV로 직접 공급하고 있다. 소니 역시 LCD TV에 '브라비아 인터넷 비디오 링크' 모듈을 적용, 소니 TV포털 사이트의 인터넷 비디오와 HD 콘텐츠, AOL·야후 등 포털, 소니픽처스와 소니뮤직의 콘텐츠 등을 이용할 수 있도록 지원하며 CBS인터액티브·야후 등과 잇따라 제휴했다. TV 벤더들은 차세대 TV 시장의 기술경쟁의 일환으로 무선 TV 개발에 힘을 쏟고 있다. 무선 TV는 기존 TV와 TV수신 튜너, 셋톱박스, DVD플레이어 등 영상입력장치와 연결하는 '선 없는' TV환경을 구현한다.

TV2.0 구현 및 성장의 조건

　　이와 같은 TV의 진화에도 아직까지 TV2.0은 웹2.0이나 미디어2.0의 특징인 이용자 주도성이나 참여, 개방, 공유의 패러다임을 완벽하게 구현하지는 못하고 있다. 웹2.0 환경에서 이용자들은 자발적으로 콘텐츠 제작에 참여하고 자유롭게 공유하며 집단지성을 구축하고 있다. 또한 웹 기반의 기업들은 대부분 오픈 플랫폼을 지향하고 있다. 따라서 웹 이용자가 웹 환경을 주도할 수 있다. 하지만 디지털 케이블TV와 IPTV는 아직까지 시청자가 자신이 제작한 프로그램을 자발적이고 자유롭게 유통시킬 수 있는 기반을 구축하지 못하고 있으며, 플랫폼 역시 서비스 제공자가 선택한 서비스 및 콘텐츠만이 제공되는 폐쇄형 구조이다.

　　이와 같이 TV2.0 환경은 개념적으로 차용한 웹2.0 환경을 완벽하게 구현하지 못하고 있다. 하지만 DVR(Digital Video Recorder), VOD 및 PVR 등의 기술과 서비스를 이용해 어떤 프로그램을 언제 볼 것인지에 대해서는 시청자가 주도권을 확보해 가고 있다. DVR과 PVR은 TV의 프로그램을 자신의 하드에 녹화했다가 재생해서 볼 수 있도록 지원한다. 편성이 방송사 중심에서 시청자 중심으로 이동하고 있는 것이다. 또한 초고속정보통신망이라는 리턴채널을 확보하고 있는 디지털 케이블TV와 IPTV에 의해 양방향 커뮤니케이션이 보장되면서 콘텐츠 선택에 대한 시청자의 주도권을 강화해 주고 있다. 이와 같은 TV방송 환경은 디지털 케이블TV와 IPTV 등이 등장하기 이전까지의 방송사가 독점적으로 지배하던 환경과는 뚜렷하게 구분된다. PVR과 DVR, VOD, 그리고 디지털 케이블TV와 IPTV가 방송 프로그램의 시청시간변화(time shifting)와 이에 대한 시청자의 주도권을 강화하고 있는 것이다. 하지만 웹2.0 수준 이용자 중심의 주도권 변화(Power shifting)는 TV가 오픈 플랫폼화되었을 때 완성될 것으로 예상되고 있다. 디지털 케이블TV와 IPTV가 강력한 쌍방향 커뮤니케이션 기능을 지원하는 초고속정보통신망을 기반 네트워크로 하고 있기 때문에 오픈 플랫폼화가 이루어질 경우 진정한 의미의 TV2.0 환경이 구축될 수 있을 것이다. TV 플랫폼이 열린 광장으로서 기능할 수 있도록 오픈 플랫폼화가 시급히 요구된다고 하겠다.

　　이용자가 중심이 되는 TV2.0에서는 콘텐츠가 이용자와 TV 사이의 가장 중요한 매개수단이 된다. 미국 전화사업의 80% 이상을 차지하는 순수 민영회사인 AT&T에서는 이 같은 소비자의 니즈를 간파하고 IPTV 시장 진출의 최우선 과제로 콘텐츠 확보와 개발을 선정했다. 소비자는 '인터넷 프로토콜'이나 '광동축혼합망'과 같은 복잡한 기술보다 '얼마나 재미있는 콘텐츠'를 '얼마나 편리하게' 보는지가 더 중요하다.

디지털케이블 TV나 IPTV가 TV2.0 개념을 충족하기 위해서는 통합적 구성이 필요하다. IPTV의 경우 인터넷 TV라고 불리는 것처럼 인터넷을 기반으로 하고 있지만 PC처럼 이용하는 데 걸리는 부팅 시간이 오래 걸린다면 진정한 TV라 할 수 없다. IPTV는 지금까지 인터넷은 PC로만 한다는 고정관념을 깬다는 측면에서 접근해야 바람직한 TV2.0으로의 기능을 할 수 있다. 다시 말해 TV로 인터넷을 할 수 있는 것이 IPTV가 된다면 '보다 재미있는 콘텐츠'를 '보다 편리하게' 볼 수 있는 소비자의 니즈를 만족시킬 것이다. 디지털케이블TV도 '방송＋초고속인터넷＋인터넷전화'의 TPS서비스를 완벽하게 구현해야만 비로소 TV2.0에 맞는 서비스라 할 수 있다.

이처럼 TPS가 활성화되면 방송산업은 물론 영상산업까지 패러다임이 변화할 것이다. 예컨대 지금까지는 영화관에서 상영을 한 영화는 일정 기간의 홀드백(hold back)을 거쳐 DVD로 출시되고 TV로 방영됐지만 TPS가 자리 잡으면 인터넷을 활용한 영화배급이 빠르게 확산돼 지금의 홀드백보다 훨씬 짧은 형식의 시스템이 등장할 가능성이 높다. 이처럼 빠른 VOD 서비스는 영화산업의 판도를 바꾸기에 충분하다. IPTV를 통한 VOD 서비스는 DVD 시장을 빠르게 잠식해 나갈 것으로 보인다. 영화사는 극장을 거치지 않고 IPTV에 영화를 제공할 경우 홍보에 들어가는 비용과 시간을 줄일 수 있다. 물론 IPTV의 최신영화 제공으로 극장 수입과 DVD 시장의 위축이 우려될 수 있으나 IPTV 시청자와 극장 관객이 겹치는 부분은 적은 편이고, 극장에서 영화를 본 관객이 IPTV를 통해 다시 영화를 감상할 수 있고, 극장이나 비디오 대여점에 가지 않고 집에서 편하게 영화를 볼 수 있다는 점에서 장점이 더 크므로 영화산업 전반에 발전을 가져올 것으로 기대된다.

이와 같이 TV2.0은 소비자가 중심이 되어 소비자의 니즈와 기술의 진화가 불러온 결과로서 향후 방송 및 영상시장의 패러다임의 변화는 물론 미디어2.0 시장의 중추적인 역할을 담당할 것으로 보인다.

TV2.0 비즈니스의 성공전략

　　이제는 소비자가 원하는 콘텐츠를 생산하고 찾아보는 시대인 만큼, 방송사업자들의 질적 성장이 더욱 요구된다. 빠르게 진화하는 미디어 시장에 적응하기 위해 프로그램 기획, 제작, 유통까지 복합적인 전략이 요구된다. 다음의 여섯 가지 핵심 개념은 미래 TV산업의 성공을 준비하는 데 도움을 줄 것이다.

　　첫째, 세분화(Segment)이다. 다양한 시청자 유형을 위한 공급체인과 전략이 필요하다. 이러한 세분화 전략은 서비스를 향상시키고, 제품의 효용을 높이며, 다양한 시청자의 특성에 맞게 데이터를 정리해 맞춤형 서비스 제공을 가능케 한다.

　　둘째, 혁신(Innovation)이다. 창조에 의한 비즈니스 모델, 가격, 유통, 포장 등의 혁신은 소비자로 하여금 선택의 폭을 넓혀 주고, 나아가 위험을 감소시켜 궁극적으로 매출의 신장을 가져온다.

　　셋째, 실험(Experiment)이다. 소비자를 대표하는 '실제 생활'을 분석하기 위해 실험적인 측정이 필요하다. 이를 위해 새로운 측정도구와 방법들을 개발하고 투자해야 한다.

　　넷째, 이동성(Mobility)이다. 바쁜 현대인들을 위해 배급과 유통이 편리하고 자유로운 이동성이 고려되어야 한다. 이러한 이동성은 소비자들로 하여금 기기에 상관없이 원하는 콘텐츠를 쉽게 얻도록 도와준다.

　　다섯째, 개방성(Openness)이다. 콘텐츠의 효용성을 높이고, 매출을 촉진하고, 네트워크를 강화하기 위해 플랫폼 간의 개방성을 담보해야 한다. 이는 빠르게 변하는 시장에 업그레이드를 원활하게 해 주고, 소비자의 요구에 즉시 대응(plug – and – play)이 가능하도록 도와준다. 여섯째, 재편(Reorganization)이다. 2.0 미디어상황과 환경에 맞게 비즈니스 구조를 재편해야 한다. 재편의 핵심은 미래에 경쟁력 있는 파트너와 힘을 합치는 것이다. 즉 미래의 경쟁력을 확보하기 위해 외부에 있는 파트너와 비즈니스 협력을 통해 구조를 재편해야 한다.

이상의 여섯 가지 전략 이외에도 진화하는 TV환경에 적응하기 위한 유연한 대응전략과 블루오션 탐색 전략의 개발이 지속적으로 이루어질 필요성이 증가하고 있다.

☞ **TV2.0 콘텐츠 및 서비스 예시**

쇼핑몰

교육/문화

연동형 투표·여론조사

PC와 연동

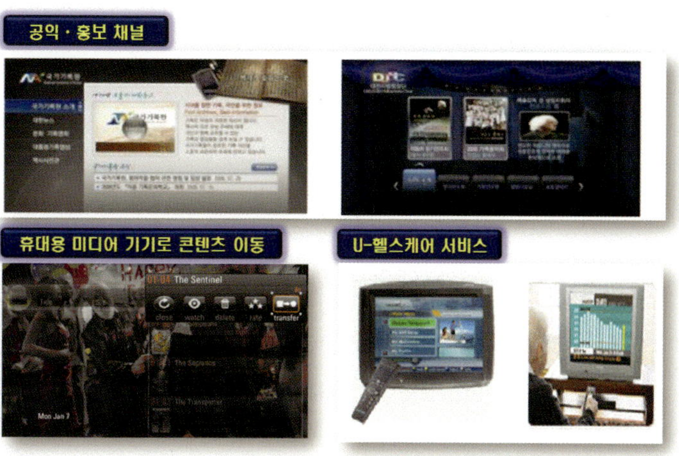

공익 · 홍보 채널
휴대용 미디어 기기로 콘텐츠 이동
U-헬스케어 서비스

참여형 드라마 (다중결말 드라마)
ticker를 선택하지 않을 경우 : 기본 설정 스토리로 이어짐
ticker를 선택할 경우 : 상황이 주어지고 선택하여 나올 스토리로 이어짐

양방향 광고(커머스 연계)
오승아 Gallery
지역상점광고 · 쿠폰
Happy Life
화상전화 서비스

IPTV의 현황 및 미래 성장 조건

인터넷 프로토콜 텔레비전(Internet Protocol Television)의 약자인 IPTV는 초고속광대역 네트워크를 이용해 디지털영상서비스, 양방향 데이터서비스 및 다양한 개인 맞춤형 서비스를 TV를 통해 제공하는 방송과 통신 간 융합 서비스로 정의된다. 즉 방송 및 인터넷 서비스는 물론 VOD, EPG, T-커머스, PAD(프로그램 연동 데이터서비스)와 같은 새로운 양방향 콘텐츠를 제공하는 등 통신과 방송 서비스를 모두 제공하는 서비스 개념이다. 법적으로는 '인터넷멀티미디어방송'으로 명명된다.

IPTV = 생활(Life) + 커뮤니케이션(Communication) + 미디어(Media)

IPTV는 TV와 초고속인터넷의 장점을 부각시킨 신규 서비스모델이다. 초고속망(IP) 및 TV단말을 기반으로 방송과 완전한 양방향 데이터 서비스의 동시 제공이 가능하다. 'Doing on Watching'인 셈이다.

이는 IPTV의 전송방식 덕분인데, IPTV는 멀티캐스팅 방식을 사용함으로써 거의 무제한의 수신자에게 실시간 동영상 제공이 가능하다. 대역폭이 수신자에 비례하여 증가하는 유니캐스팅 방식과는 달리 멀티캐스팅 방식은 동영상 전송을 위한 초기 대역폭만 확보하면 됨으로써 거의 무한대의 수신자에게 전송이 가능하다.

IPTV는 기존의 케이블방송처럼, 방송서비스처럼 제공하면서 VOD, 채팅, 쇼핑, 뱅킹 등 컴퓨터를 이용해야만 했던 다양한 서비스를 TV매체 등을 통해 제공하여 많은 사람들이 거부감 없이 쉽고 간편하면서 안전한 온라인 서비스 이용을 가능하게 해 준다.

서비스 차원에서 보면 TPS에서 QPS로의 서비스 진화이다. IPTV 서비스는 VOD, 디지털영상저장(DVR) 서비스뿐만 아니라 TV 스크린을 통한 인스턴트 메시지 전송 서비스 등을 제공한다. 기존 TV 사용자들은 방송사에서 편성한 프로그램을 수동적으로 수용했던 데 비해 IPTV 사용자들은 자신이 원하는 시간에 원하는 방송을 제공받을 수 있다. 즉 단방향 멀티미디어 서비스가 아닌 양방향 멀티미디어 서비스를 지향한다.

결국 IPTV 서비스는 '생활(Life) + 커뮤니케이션(Communication) + 미디어(Media)'라는 통합서비스 개념이 된다.

국내 IPTV 사업자 현황

2004년 이후 장시간의 논의과정을 거쳐 2007년 말 '인터넷멀티미디어방송사업법'이 제정되었고, 2008년 9월 사업자 선정이 이루어져 2008년 11월에 IPTV서비스의 상용화가 시작되었다. 사업자 선정 이후 IPTV사업자들과 지상파방송사들 사이의 지상파방송 재송신 문제에 대한 협상이 난항을 겪어 왔지만 다행히 3개 사업자 모두 협상에 성공하게 되었고, 뒤이어 KT가 11월 17일 지상파 텔레비전 방송을 실시간으로 서비스하는 '메가TV라이브' 서비스를 제공하기 시작한 것이다. IPTV사업자로 선정된 나머지 두 개 사업자인 SK브로드밴드와 LG데이콤은 2009년 1월 1일부터 본격적인 상용 서비스를 실시했다.

KT는 2008년 11월 17일에 최초로 IPTV 서비스를 개시했는데, 고품질 망을 활용한 양방향 서비스를 가장 큰 전략적 차별화 요소로 내세우고 있다. 2009년 4월 기존의 메가TV 브랜드를 전화와 초고속인터넷, IPTV 등 모든 유선서비스를 통합하는 새로운 브랜드 'QOOK'으로 통합했다.

SK브로드밴드는 2009년 1월 IPTV 실시간 지상파 재전송을 개시했으며, 현재 가장 많은 실시간 채널(60개)을 보유하고 있다. 실시간 IPTV의 전 단계인 VOD 방식의 IPTV를 가장 먼저 시작했다. 모기업인 SK텔레콤을 비롯한 SK그룹이 보유한 풍부한 콘텐츠를 제공하는 등의 콘텐츠 경쟁력을 갖췄다는 평가이다.

LG파워콤의 MyLGtv는 가장 후발주자로 현재는 시장점유율 3위를 기록 중이다. 실시간 채널순위 서비스, 영어교육을 위한 미세배속 기능 등의 차별화된 서비스와 골프·여행 등 레저분야와 HD 다큐멘터리, 전문가 추천 어린이 교육용콘텐츠 등의 특화 콘텐츠와 서비스 제공에 집중하고 있다.

해외 IPTV 사업자의 성공전략

프랑스의 France Telecom은 2003년 12월 전국서비스를 개시했다. 2006년 6월 Orange TV로 명칭을 변경했다. 2008년 집계로 97.5만 명의 가입자를 확보하고 있다.

사업 초기에는 타 사업자와의 제휴를 통해서 콘텐츠를 확보하였으며, 인기 콘텐츠 독점화를 위해 방송국 개국 등의 자체 채널화를 추진했다. 스포츠 콘텐츠 확보(Orange sports TV 개국, '07), 영화 콘텐츠 확보(Orange Cinema Series라는 자체 채널 출시, '08) 등을 통해 킬러콘텐츠를 확충했다. 영화, 키즈, 성인, 해외방송 등 18개 카테고리로 나누어 프리미엄 pay TV채널을 추가로 판매하고 있다. 2007년부터 시작된 자체 채널의 출시는 IPTV의 가입자 증가 및 유료 VOD 판매량의 꾸준한 증가로 이어지고 있다. 한편, 통합단말(Live box)을 활용하여 IPTV 고객기반을 확대하고 있는데, 최근에는 홈 네트워크 솔루션 사업으로도 진출을 꾀하고 있다. 브랜드 로열티(Orange TV) 활용 및 고객 편의 서비스 제공이 주요 전략이라 하겠다.

홍콩의 PCCW는 2003년 서비스가 시작되어, 2008년 기준 92.7만 명의 가입자를 확보하고 있다. 각 장르별로 많은 양의 콘텐츠를 보유하고 있을 뿐만 아니라, 고객이 선호하는 콘텐츠의 독점방영권을 확보하고 있다.

IPTV의 브랜드명은 'nowTV'로 9개 카테고리(Movie/Drama, Sports, Adult, Entertainment / Leisure 등) 150개 채널을 구성하고 있다. 케이블에서는 방영되지 않는 외국 프로그램을 확보해 차별화를 시도하고 있는데, Disney, HBO, Star Movies 등이다. 스포츠 채널 독점권은 ESPN, STAR Sports 등을 확보하고 있다. 자체 채널을 통한 양방향 서비스를 실시하고 있는데, 스포츠 채널에 주로 집중(경기결과 투표, 선수 및 팀의 관련 데이터 제공)하고 있으며, 기타 온라인 쇼핑, 게임, 온라인 뱅킹, 주식 정보 제공 등에도 활용되고 있다. nowTV의 킬러 콘텐츠 및 부가서비스를 QPS(PC, 전화, 모바일, TV)로 확대하여 제공하고 있으며, 채널당 과금정책(PPC) 도입을 통한 가입자 유인 및 양질의 콘텐츠 확보를 주요 전략으로 내세우고 있다.

미국 버라이존의 FiOS TV는 2005년 텍사스 주 켈러에서 최초로 상용화 서비스를 실시했다. 2008년 현재 60만 명의 가입자를 확보하고 있다.

워싱턴DC 등에서는 자체방송을 제작해 서비스하는 로컬 채널까지 나올 정도로 폭넓은 인기를 모으고 있다. 400여 개의 채널에서 8,000개의 콘텐츠를 공급하고 있으며, HD채널도 100개를 제공하고 있다.

TV를 컴퓨터와 같이 활용할 수 있는 'Media manager', 스포츠중계를 보면서 양방향 서비스를 제공받는 'Interactive Feature' 등의 부가서비스가 제공된다. 다인종 국가의 특성을 반영한 해외 각국의 방송채널도 서비스 중이다. 중국, 필리핀, 베트남 등이 대표적이며, MBC, CBS, MBN, Sky바둑 등의 한국채널이 서비스되고 있다. 스포츠 홈&레저, 음악, 팝, 컬처 등의 프로그램은 무료로 제공된다. FiOS를 비롯한 미국 IPTV 서비스의 가장 큰 매력은 할리우드의 막강한 콘텐츠와 결합했다는 점이다.

이탈리아의 Fastweb은 2000년 초 e.Biscom에서 독자브랜드로 출시된 서비스이다. 2002년부터 TV방송을 서비스하기 시작했고, 2003년부터는 실시간 축구 경기를 콘텐츠 라인업에 포함했다. 2008년 기준 17만 명의 가입자를 확보하고 있다.

Fastweb은 최초로 IPTV를 상용화한 브랜드로, 케이블 방송사업자가 없는 이탈리아의 미디어경쟁 환경 속에서 높은 성장세를 기록했다. 축구 중계(세리에 A) 독점권 확보로 가입자 확대 계기를 마련했다. VOD, 위성 방송 채널, 부가서비스 등을 제공 중이다. 위성방송사(SKY)로부터 방송프로그램을 제공받고 있으며, 20개의 무료채널, 40개의 프리미엄 채널, 그리고 다양한 VOD 서비스를 제공한다. VOD 서비스 역시 '다양성'에 초점을 맞춰 14개의 주제하에 700개의 할리우드 영화와 수천 개의 주문형 콘텐츠로 구성된다.

유사 서비스와 경쟁, 디지털케이블TV 그리고 인터넷TV서비스

IPTV가 융합 서비스인 관계로, 유사 서비스들과의 경쟁은 필연적이다. IPTV와 경쟁관계인 유사 서비스들과의 유사점 및 차이점을 정리하면 다음과 같다.

기준	IPTV	케이블TV	Pre-IPTV	인터넷TV
전송매체	인터넷망	케이블TV망	인터넷망	인터넷망
전송기술	IP방식 (양방향)	RF방식 (단방향·양방향)	IP방식 (양방향)	IP방식 (양방향)
전송내용	실시간 방송, 양방향 콘텐츠	실시간 방송	양방향 콘텐츠	실시간방송, 양방향 콘텐츠
단말기	TV 등	TV	TV	PC 등
QoS	보장	보장	미보장	미보장
서비스종류 (적용법률)	IPTV (IPTV법)	방송 (방송법 규제)	부가통신서비스 (전기통신사업법)	부가통신서비스 (전기통신사업법)

IPTV와 유사 서비스들과의 비교

가장 먼저 제기되는 논란이 디지털케이블TV와의 차별성 및 경쟁관계이다. 시청자 입장에서 보자면, IPTV는 디지털케이블TV와 다를 게 없다. 누가 저렴하고 편리하게 서비스를 제공하느냐가 선택기준이 되는 것이다.

이러한 상황에서 최근 IPTV를 위협하는 웹 서비스들까지 등장하고 있다. IPTV의 가장 큰 특징인 원하는 시간에 원하는 콘텐츠를 보는 서비스를 웹 서비스에서도 제공하기 때문이다. 웹 서비스의 경우 TV를 통하지 않고 인터넷에서 비로 디운로드받을 수 있기 때문에 더욱 편리한 측면도 있다. 또한 유튜브에서 발생하는 저작권의 문제나 질 낮은 콘텐츠 문제를 해결하면서 또 다른 수익모델을 제시하고 있다. 이러한 웹 서비스들의 등장은 IPTV의 강력한 대항마로 부상하면서 새로운 경쟁구도를 야기하고 있다.

IPTV의 이러한 특성과 중첩되는 웹 서비스가 등장하면서 소비자의 선택이 갈리고 있다. IPTV는 콘텐츠를 소비하기 위해선 어찌됐든 TV를 통해야 하지만 최근 TV를 통하지 않고 인터넷에서 직접 콘텐츠를 소비하는 이른바 OTT(인터넷에서 콘텐츠를 바로 다운받는) 서비스가 급부상하면서 IPTV의 사업영역과 불가피하게 충돌하고 있다.

OTT를 적극 활용하는 사업자는 NBC, ABC, Universal 등과 같은 전통적인 방송사업자들이나 AOL, Yahoo 등 인터넷 포털 외에도 유튜브와 같은 UCC 사이트, 시네마 나우(Cinema Now)나 러브필름(LoveFilm) 등의 온라인 동영상 사이트, Apple과 같은 인터넷TV 사업자 등 다양하다. 예컨대, 인터넷TV 서비스인 주스트(Joost)는 만화, 영화, 시리즈물, 스포츠, 드라마, 다큐멘터리 등을 다루는 150개 채널을 확보하고 있으며, 비아콤(CBS, Paramount, MTV), 워너뮤직, 튜너브로드캐스팅, 소니픽쳐스 등 주요 배급사와 계약을 맺었다. 주스트는 유럽과 북미지역에서 시청각적 플랫폼으로 소개된 이후, TV의 장점과 인터넷의 장점을 합친 신개념의 플랫폼으로 각광받고 있다. 저작권 문제 없이 질 높은 콘텐츠를 제공한다면 IPTV와도 겨루어 볼 만하다는 것이 주스트의 입장이다. 단, 실시간 지상파 방송제공 등의 한계점은 IPTV와의 정면대결에서 불리한 요소로 작용할 전망이다.

이처럼 OTT는 IPTV사업과 상당 부분 서비스 중복이 불가피하므로 IPTV의 발전에 강력한 위협요소로 부각되고 있다. 브로드밴드가 더욱 확산되고 콘텐츠 소비가 개인화되면서 이 같은 OTT의 시장규모는 무서운 속도로 증가할 것으로 보인다.

지금까지 미디어 사업자들의 수익모델은 제휴사들과의 협상을 통한 광고수익과 가입비에 기반을 두었지만 현재는 유저의 이용행태에 따라 수익모델의 형태에도 변화가 따라야 사업의 성공을 담보할 수 있다. 특히 최근 소비자들은 광고에 의무적으로 노출된 기존의 방식에서 벗어나 OTT와 같이 바로 다운받아 광고 없이 볼 수 있는 환경을 선호하고 있다. 따라서 IPTV사업자는 상생 혹은 경쟁에 있어 현실적이고 효과적인 대안을 마련해야 할 것이다.

IPTV 활성화를 위한 과제, '결론은 언제나 콘텐츠'

'결론은 언제나 콘텐츠', IPTV시장을 활성화하기 위한 조건이 콘텐츠라는 점은 자명하다. 이는 누구나 아는, 오래된 답이다. 미디어환경이 어떻게 변화하고 진화하든지 간에 결론은 '콘텐츠'가 핵심이라는 거다. 융합미디어가 보편화되는 시점에서 사용자들은 자신이 원하는 콘텐츠를 장소와 시간에 구애받지 않고 접하고자 하는 욕구가 높게 나타나기 때문에 미디어기업은 보다 질 좋은 콘텐츠를 보다 빠르고 편리하게 제공해야 한다. DMB의 경우 콘텐츠 부족이 성장세를 이어 가는 데 있어 가장 큰 문제로 부상하고 있는데, 특색 없는 콘텐츠 수급으로 인해 DMB에 대한 관심도가 약화된 상황이다. IPTV 역시 경쟁력 있는 콘텐츠 확보가 충족되지 못한다면 시장 확대를 장담하기 어려움은 분명하다.

따라서 지금 IPTV업계에 대한 현실적이고 미래적 질문은, IPTV가 차별적으로 돋보이게 하는 채널 및 콘텐츠 확보가 가능한가라는 것이다. 이용자의 욕구를 충족시킬 만한 수준으로 채널 및 콘텐츠 증가가 이루어지지 않을 경우 가입자 확보는 불가능하기 때문이다.

IPTV 서비스를 차별화해 시청자를 유인하기 위해서는 다양한 PP의 라인업이 요구된다. IPTV 서비스가 개시되면 PP업체들이 대거 IPTV로 움직일 것으로 기대되었으나 여전히 답보상태를 보이고 있다. 2009년 3월 말 기준 방통위에 등록된 IPTV 분야 PP는 총 125개 사업자로 집계되는데, 신규 설립된 PP는 찾아보기 어렵다.

가장 많이 언급되는 이유는 바로 케이블SO의 압력이다. PP를 압박해 IPTV진출을 막는다는 주장이다. 이러한 주장의 진위 여부와 상관없이, IPTV사업자 측의 적극적인 구애가 미흡한 상황이 더 큰 요인이다. 저작권 문제도 걸림돌이다. 영화 등의 콘텐츠를 구매해 채널을 편성하는 PP는 IPTV에 채널을 넣기 위해서는 IPTV용 방송권을 별도로 구매해야 하는데 이에 PP들은 부담을 느끼고 있기 때문이다.

　　IPTV의 발전이 답보상태를 보이자 지난 4월 정부는 콘텐츠 부족을 타개하기 위한 정책을 제시했는데, 주요 골자는 IPTV용 스포츠채널을 새로 만들어 콘텐츠 문제를 해결하는 한편 케이블TV(SO)업계의 불공정행위를 막기 위한 방송법 개정을 검토하겠다는 것이다. 그러나 KT, SK브로드밴드, LG데이콤 등 IPTV 3사가 콘텐츠를 위한 투자는 하지 않고 여전히 정부의 조치에 기대고 있다는 비판이 높다.

　　무엇보다 소비자들의 관심 부족이며, 이를 타개하기 위한 IPTV의 적극적 전략이 부재하다는 점이 문제다. 2009년 3월 말 기준 IPTV 가입자 규모를 보면, 22만 명 수준이다. 올 연말 200만 명을 전망하는 정부의 기대와는 먼 수치이다. 사업자들의 전략을 보면, IPTV를 통해 매출을 늘리려는 전략보다는 초고속인터넷에 끼워 파는 식의 덤으로 생각하는 느낌이 없지 않다. 지상파 방송의 재방송 역할에 만족하는 것은 아닌지 의구심이 들 정도이다. 게다가 케이블TV와의 가격경쟁에서도 밀리는 상황이다. 1만 원이 넘는 비용은 소비자에게 적지 않은 부담이 된다.

　　이러한 한계와 우려에도 불구하고, IPTV가 가진 가능성은 희망을 갖게 한다. 대부분의 사람들은 여전히 TV를 통해 콘텐츠를 소비하고 있지만 기존의 TV에 양방향성을 가미한 IPTV의 등장은 TV의 진화 차원에서 새로운 시장을 형성할 것으로 기대를 모으고 있다.

　　이에 IPTV 전용 콘텐츠가 제작되어 유통될 수 있는 환경이 구축되어야 하는바, 시장에서 자율적으로 조정되기 어려운 상황에서는 조기 시장 구획 및 지속성장 기반 확충을 위해 정부의 정책적 개입이 필요할 것이다. 우선 뉴미디어 콘텐츠 의무편성비율 고시(매체 적합콘텐츠 쿼터제)를 검토할 수 있겠다. IPTV 서비스 시간 중 일정 비율을 전용 콘텐츠로 채우도록 의무화하는 것이다. IPTV 콘텐츠 편성시간을 고시하며, 미준수 시 사업 허가 갱신에 제약을 가하는 것이다. 이 같은 제도는 단기적으로는 서비스사업자에게 어려움을 가져다줄 수 있지만 장기적으로는 서비스 사업자는 물론 PP의 발전적 진화를 견인할 수 있을 것이다. 물론 서비스

사업자의 단기적 어려움을 현실적으로 보완해 줄 수 있는 정책이 병행되어야 할 것이다. 또한 PP 활성화를 위해 IPTV 사업자 및 단말사업자 수익의 일정비율을 콘텐츠 제작 분야에 직접 투자하도록 의무화할 수 있다. 다양한 뉴미디어 플랫폼의 등장이 콘텐츠 제작 활성화를 유도하지 못하고 있는 원인 중 하나는 콘텐츠사업자들의 제작 환경이 열악하기 때문이다. IPTV 활성화를 위해서는 다양한 양질의 콘텐츠가 필요한데, 이를 위해서는 콘텐츠사업자의 제작비용에 대한 부담을 경감시킬 수 있는 방안모색이 필요하다. 이처럼 IPTV사업자의 콘텐츠사업자에 대한 시혜적 협력을 통해 시장이 조기에 형성되고 지속 성장하는 기반이 마련될 수 있을 것이다.

인터넷라디오의 진화

라디오는 여전히 많은 사람들이 저렴하고 친근하게 접근할 수 있는 매체이다. 특히 라디오 방송이 인터넷 기술과 결합하게 되면서 공간의 구애 없이 더욱 많은 사람들이 쉽게 라디오방송에 접근할 수 있게 되었다. 인터넷 라디오는 전파 권역을 완전하게 무너뜨리고 전 세계의 모든 라디오를 공유할 수 있다는 점에서 고전적 라디오 개념과 차별화된다.

특히 음악을 즐겨 듣는 젊은 세대에게 수많은 음악 장르를 접할 수 있는 인터넷라디오는 매우 매력적인 서비스로 여겨지고 있다. 앰비언트 팝, 팝 펑크, 데스메탈, 랩메탈 등 신세대 음악에서부터 콜롬비아 음악과 같은 제3세계 음악, 그리고 프랑스어를 사용하는 미국 지방 흑인음악인 요들 자이테코와 같은 생소한 음악들도 모두 접할 수 있다.

이러한 변화하는 청취자의 취향에 조응하여 인터넷라디오방송들도 새롭게 변화되고 있다. 실제로 미국에서 가장 인기 있는 인터넷라디오 서비스 '판도라(pandora)'는 라디오

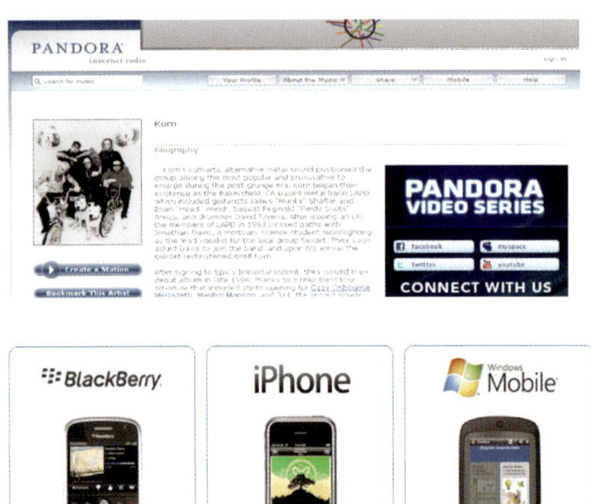

지능형 인터넷라디오 서비스를 표방하는 '판도라(pandora)'

음악 방송을 청취하면서 자신만의 방송채널을 만들 수 있도록 하는 등의 차별화된 서비스를 제공하고 있다. 최근에는 모바일 서비스도 런칭하여 블랙베리폰과 아이폰 등을 통해 라디오 서비스를 즐길 수 있게 해 주고 있다.

하지만 청취자들이 원하는 아티스트와 음악에 관한 방대한 데이터베이스나 깊이 있는 정보를 제공해 주는 서비스는 전무한 상황이다. 특히, 지상파 라디오 방송사들의 이에 대한 관심은 현재까지 없었다.

웹2.0의 패러다임을 적극적으로 차용한 BBC 뮤직베타

지상파방송사들이 큰 관심을 쏟지 않았던 인터넷라디오 시장에 저력 있는 지상파방송사인 BBC가 새로운 서비스를 내놓아 큰 관심을 모으고 있다. 팬들을 위한 포괄적인 리소스를 제공하고, 오픈소스와 컴퓨터가 정보자원의 뜻을 이해하고, 논리적 추론까지 할 수 있는 차세대 지능형 웹인 시멘틱 웹테크놀로지를 적극적으로 차용해 2008년 6월 시범서비스에 들어간 인터넷라디오 서비스인 '뮤직베타(Music Beta)'가 그것이다.

구체적으로 이 서비스는 집단지성을 대표하는 대표적인 사이트인 위키피디아에서 아티스트의 개인 프로필을 연동하고, 음악 메타 데이터의 온라인 커뮤니티인 '뮤직브레인즈(MusicBrainz)'에서 앨범정보와 연관아티스트를 가져와 이를 BBC가 자체적으로 생성한 앨범리뷰 등과 결합시켜 보여 준다. 자체적으로 가진 데이터베이스만을 고집하는 것이 아니라 오픈소스 정신에 입각하여 다른 사이트와의 연동을 통해 청취자가 원하는 더욱 풍부한 음악 데이터베이스를 제공하는 것이다.

실제로 각 아티스트의 페이지에 접속하면 개인 프로필과 음반은 물론 최근까지 가장 많이 해당 아티스트의 음악이 방송된 라디오 프로그램과 DJ, 연관된 아티스트, 개인적인 관계(배우자, 가족관계 등), 최근 출시

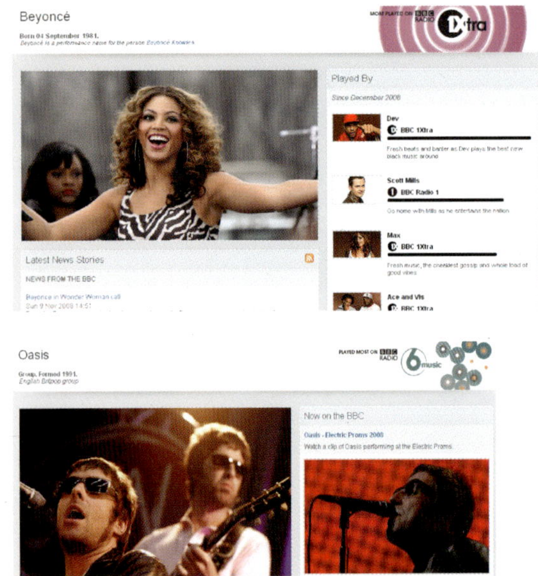

BBC 뮤직베타에서 제공되고 있는 아티스트의 페이지.
미국의 팝스타 '비욘세(Beyonce)'와 영국 록그룹 '오아시스(Oasis)'

된 음반에 대한 BBC의 리뷰, 링크 페이지까지 다양한 정보를 모두 확인해 볼 수 있다. 단순하게 아티스트의 정보를 제공하는 것이 아닌 라디오 프로그램의 정보도 연동시킨 점은 해당 아티스트에 대한 관심을 자연스럽게 라디오 채널로 돌릴 수 있는 장치로 볼 수 있다.

이러한 베타뮤직을 통한 서비스 전략은 국/내외를 겨냥한 다양한 프로그램을 운영 중(현재 387개)인 BBC에게는 청취자들에게 질 높은 정보를 제공해 준다는 점에서 큰 시너지 효과를 줄 것으로 기대된다.

또한 최근까지 대부분의 라디오 방송사들은 프로그램의 홍보를 DJ의 캐릭터와 연계하여 해 왔으나, 향후 BBC의 사례와 같이 음악정보와 아티스트정보에 대한 서칭을 통해 자연스럽게 프로그램에 대한 관심을 갖게 하는 홍보방식도 일반화될 것으로 전망된다.

외부의 위키피디아와 같은 퍼블릭 사이트들을 활용한 정보 제공은 특히 콘텐츠에 대한 자체 제작이나 외부콘텐츠를 제공받음으로 인해 생기는 라이선스 문제 등을 쉽게 해결할 수 있다는 점에서 실제로 BBC 측에 매우 큰 비용절감 효과를 가져오고 있다.

생활 속의 친근한 매체였던 라디오가 인터넷 기술과 결합하여 광범

위한 시청자층을 보유하게 되었다. 하지만 여전히 웹2.0적 특성을 제대로 반영한 서비스는 전무한 상황이었다. BBC의 '뮤직베타'는 오픈소스와 시멘틱 웹테크놀로지를 적극적으로 받아들인 본격적인 웹2.0 시대의 온라인 라디오 서비스로 평가된다. 특히 오픈된 무료의 퍼블릭 콘텐츠를 활용한다는 점에서 매우 비용효율적인 서비스로서 평가받고 있다.

BBC의 사례는 온라인 공간을 청취자의 사연이나 문자 수신, 선곡표 소개 정도로 활용하고 있는 국내 지상파 라디오에게도 시사하는 바가 크다. 청취자들에게 풍부한 음악정보를 제공할 수 있는 새로운 온라인 라디오 서비스의 런칭을 고려해 볼 필요가 있겠다.

미국인의 커뮤니케이션 방식을 바꾼 트위터(Twitter)

마이크로 블로그 서비스의 선두주자, 트위터

트위터는 미국의 대표적인 마이크로 블로그 서비스이다. 2006년 서비스를 시작했을 당시에는 많은 인기를 얻지 못했지만, 2007년 초부터 인기를 끌면서 미국 내 유명 정치인들에게까지 그 영향을 미치며 그 파워를 과시하고 있다. 트위터는 서비스 초기부터 입력 가능한 글자 수를 제한하고 메신저와 같이 이용자 간 실시간으로 커뮤니케이션할 수 있게 했다. 서비스 초반부터 외부개발자에게 애플리케이션을 공개해 구글토크, MS社의 MSN메신저, AOL의 AIM 등 메신저프로그램 혹은 페이스북에서도 트위터에 글을 게시할 수 있도록 서비스를 제공한다.

2007년 트위터는 모바일 VoIP 서비스업체인 프라잉(Fring)과 서비스를 통합해 트위터 – 프라잉(Twitter – Fring) 버전, 즉 프라잉 망을 통해 상대방에게 메시지를 전달하는 서비스도 제공하고 있다. 이처럼 애플리케이션을 공개한 트위터의 전략은 매우 성공적이었으며, 트위터는 스카이프와 연동해 서비스를 제공하면서 미국 청소년층에게 각광받고 있다. 트위터는 시스템 과부하로 인한 서버의 다운, 미국 경기침체의 장기화 등 대내외적인 악재가 겹쳤지만 여전히 놀라운 성장을 보이고 있다. 미국 IT전문 시장조사기관인 히트와이즈(Hitwise)의 발표에 따르면, 2008년 6월 기준 트위터의 접속량이 전년 동기 대비 500% 이상 증가했다고 밝히고 있다. 같은 기간 미국 내 웹 접속량은 0.0024% 정도 증가하는 데 그쳤다.

트위터의 시장점유율은 타 경쟁사와 비교했을 때 압도적으로 높게 나타났다. 트위터의 웹트래픽은 프렌즈피드보다 24배, 플러크보다 12배 높은 것으로 확인됐다. 이번 분석에서는 트위터의 웹페이지 접속량만 분석했기 때문에 모바일폰이나 제3의 웹사이트에서 트위터 이용량까지 포함한다면 다른 마이크로 블로그 사이트와 더욱 큰 차이를 보일 것으로 예측된다.

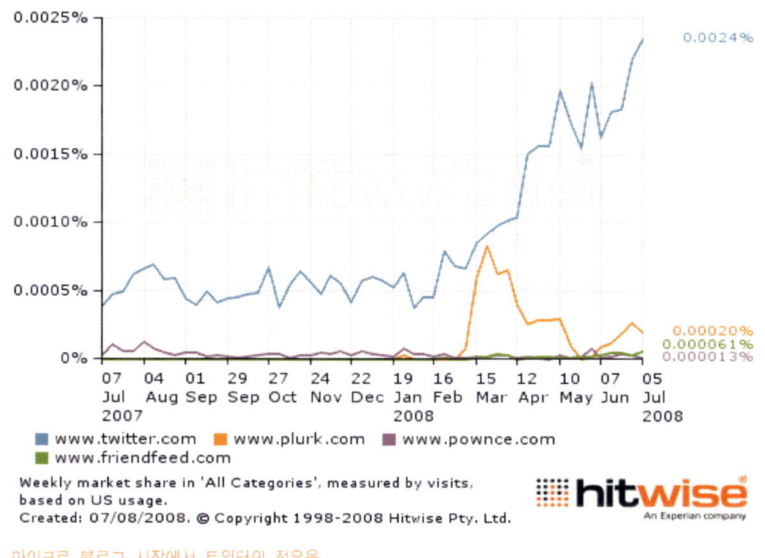

마이크로 블로그 시장에서 트위터의 점유율

2008년 6월 말 3차 펀딩에서 스파크캐피털과 제프 베조스의 베조스 익스페디션스가 포함됐던 것으로 확인되면서 제프 베조스가 트위터에 투자하는 것이 알려졌다. 트위터는 펀딩을 통해 시스템인프라를 강화하고 엔지니어, 아키텍트 영입에도 적극 나설 계획이다. 또한 트위터는 마이크로 블로그 플랫폼에서 커뮤니케이션 유틸리티로 변화를 모색하고 있다.

간편함을 무기로 한 '마이크로 블로깅 서비스' 트위터 열풍

'새가 지저귀는 소리'라는 뜻인 미국의 마이크로 블로그 서비스인 트위터는 유·무선 통합 블로그 서비스이다. 한 번에 140자 이내의 짧은 문구만을 쓸 수 있는데, 이렇게 작성된 문구를 자신의 트위터 계정이나 휴대폰에 올리면 지인들에게 자동으로 발송된다.

트위터는 서비스 이용료가 없다. 그러나 폭발적인 영향력을 인정받아 수천만 달러를 벤처투자회사들로부터 투자받고 있다. 수익모델을 오히려 다른 기업들이 도와주고 있는 셈이다. 트위터는 사람들이 커뮤니케이션하는 방식을 변화시키고, 새로운 사업 모델을 창출하고 있다는 평가를 받고 있다.

트위터는 일반대중뿐만 아니라 버락 오바마 대통령과 브리트니 스피어스, 샤킬오닐 등 정치인·연예인·스포츠인에 이르기까지 많은 미국인들이 선호하는 인터넷 서비스로 자리 잡고 있다. 워싱턴 정가에서는 오바마 대통령이 즐겨 쓰는 블랙베리폰과 더불어 트위터가 새로운 '웹2.0 정치'의 수단으로 부상하고 있다. 또한 인기 영화배우 데미무어는 트위터에 접속해 팬들과 대화를 나누던 중 자살하려는 한 네티즌을 설득하고 대화로 구해 내 화제가 되기도 했다.

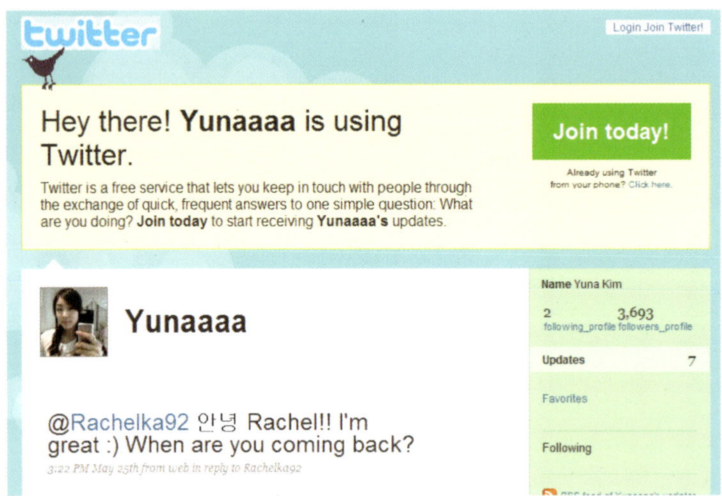

김연아(twitter.com/Yunaaaa)도 가입한 트위터

대형 사건·사고에서도 트위터의 역할은 빛난다. 인도 뭄바이 테러 사건 발생 당시 네티즌들이 테러범에 의해 장악된 병원이나 호텔과 관련된 정보를 문자 메시지로 트위터에 전송해 많은 도움을 주었고, 허드슨 강 비행기 추락 사고에서도 사고를 가장 먼저 외부에 타전한 것은 바로 트위터였다.

인도 뭄바이 테러(左)와 허드슨 강 비행기 추락사고(右)에서 신속한 정보를 전한 트위터

웹2.0의 장점을 극대화한 최경량 블로그의 미학

트위터는 2006년 블로그와 소셜네트워크서비스 두 가지 특성과 기능을 합쳐 놓은 서비스를 제공하면서 등장했다. 웹2.0의 열풍 속에서 트위터는 매력적인 미디어로서 포스트 유튜브라고 불릴 만큼 마니아층을 형성할 정도로 높은 인기를 얻으며 전 세계적으로 확산되고 있는 추세이다. 대표적인 마이크로 블로그 사이트인 트위터 이외에도 구글에서 나온 엔지니어들이 만들고 제2의 트위터로 주목받는 프렌드피드(Friendfeed), 플러크(Plurk), 디그(Digg)의 케빈로즈(Kevin Rose)가 만든 파운스(Pownce), 중국의 판포우(Fanfou), 일본의 모고모고 등에서도 마이크로 블로그 서비스를 제공하고 있다.

마이크로 블로그는 미니블로그 혹은 나노블로그라고도 불리면서 기존의 블로그 형태와 차별화하고 있다. 마이크로 블로그는 포스팅의 글자

마이크로 블로그 서비스를 제공하는 프렌드피드와 플러크

수를 100~200자 이내로 제한했기 때문에 이용자들이 자신의 생각과 느낌을 간단히 40자가량, 한 줄 정도로 작성할 수 있다. 기존의 블로그에서는 운영자가 다소 무거운 주제를 논리정연하게 글로 작성해야 한다는 부담이 있었던 반면, 마이크로 블로그는 댓글식으로 이용자의 생각과 느낌을 표현할 수 있으며 다른 이용자들과 생

각이나 느낌을 실시간으로 주고받을 수 있다. 이러한 측면에서 마이크로 블로그는 이용자가 부담 없이 짧은 글로 자신의 상황을 표현한 웹2.0 시대 특성 중 개방과 공유에서 인터넷 이용자의 욕구를 잘 반영했다는 평가를 받고 있다. 특히 마이크로 블로그는 중국의 쓰촨(四川) 대지진 사태에서 그 특징인 신속성과 전달성에서 두각을 나타내었다. 지진현장에서 네티즌들이 현장 소식과 의견을 마이크로 블로그 사이트에 신속하게 올리면서 새로운 통신수단으로 각광받는 계기가 되었다.

마이크로 블로그에서는 기존 블로그와 달리 모바일폰의 문자메시지 기능을 통해 쉽고 편리하게 글과 사진을 올리는 것 역시 가능하다. 또한 마이크로 블로그는 홈오토메이션 분야에도 활용되어 개방과 공유의 위력을 드러냈다. 실제로 미국의 한 블로거가 홈네트워크 시스템과 여기에 연결된 컴퓨터, 인터넷으로 마이크로 블로그 서비스인 트위터에 접속한 후, 자신의 휴대폰에서 트위터로 메시지를 보내는 방식으로 거실의 전구를 간단히 작동시키는 작업을 시연해 화제를 모았던 사례가 있다.

기업의 고객관리 수단으로도 부상 중

2008년 8월 창업한 한인 가족이 운영하는 트럭 노점상 '고기(KOGI)'가 미국 내에서 폭발적인 반응을 보이고 있다. 멕시코 전통요리인 타코를 판매하는 이 노점상은 판매장소를 하루에도 두세 번씩 바꾸고, 영업시간도 일정하지 않지만 트럭이 도착하면 이미 수십 명이 트럭을 기다리고 있을 정도로 인기를 누린다. 이를 가능하게 한 것은 바로 트위터 때문이다.

'고기'의 이동·판매 스케줄이 변동될 때마다 인터넷으로 맺은 1촌 고객들에게 트위터로 알려주는 마케팅·홍보 방식을 이용하고 있기 때문이다.

저가 항공사인 젯블루(Jetblue)는 트위터에 회사의 홈페이지를 운영하고 있다. 여기서는 고객들

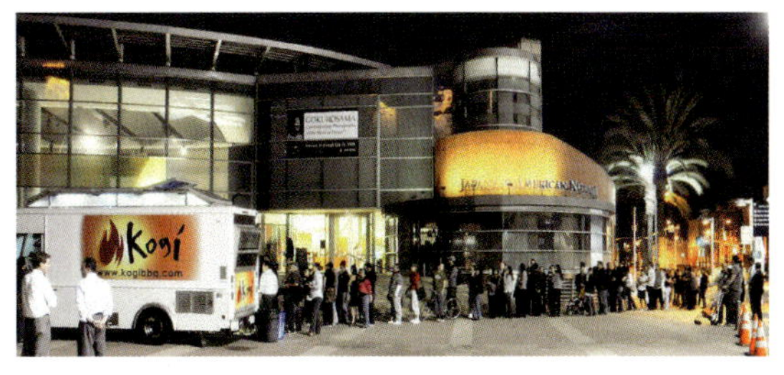

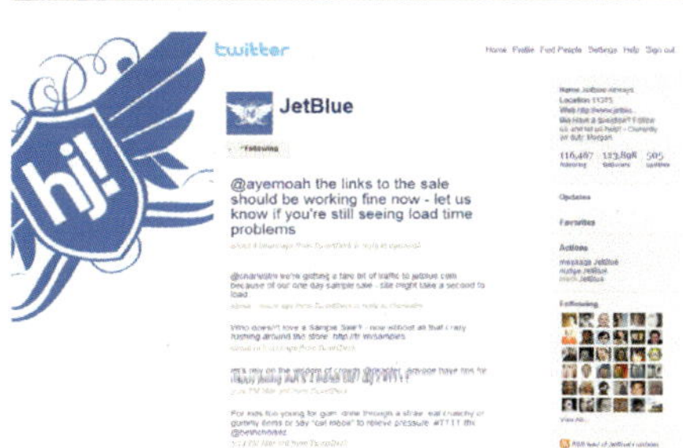

트위터를 활용한 기업들. 타코 트럭 노점상 '고기(左)'와 저가여행사 '젯블루(右)'

이 실시간으로 항공기 스케줄 등 정보를 확인할 수 있는 한편, 회사에서도 돌발 상황이 발생하면 실시간으로 상황이 변하는 것을 알려 줄 수 있다.

이 외에도 펩시(Pepsi), 델(Dell), 포드(Ford), 케이블회사인 컴캐스트(Comcast), 스타벅스(Starbucks) 등의 거대기업들로부터 1인 기업까지 다양한 기업군들이 최근 트위터를 전 방위적으로 활용하고 있는 추세이다.

중·장년층은 든든한 지원군, 미래 비즈니스 모델은 여전히 안갯속

최근 시장조사업체인 컴스코어(comScore)에 따르면, 트위터의 최근 이용세의 급증(전년 동기 대비 무려 700%의 증가세)은 흔히 유추하듯이 10대와 20대의 젊은 층 때문이 아니라 45~54세 구간의 연령이 주도한 것으로 나타났다.

이들 세대들은 35세 이후에 꾸준하게 인터넷을 사용해 트위터와 같은 서비스에 익숙하며, 트위터를 직장에서의 업무와 개인적인 레저 활동에 모두 통합적으로 활용하고 있다. 소셜 네트워킹에 매력을 느낀 이들 인터넷 1세대의 활약이 바로 트위터의 놀라운 성장속도에 큰 기여를 하고 있는 셈이다.

하지만 이렇게 높은 성장세와 사용자들의 호평에도 불구하고, 비즈니스 수익모델로서는 자리 잡지 못하고 있다는 평가이다. 실제로 트위터의 장기적인 성공을 위해 수익모델을 찾아야 하지만, 유료화를 추진하거나 기타 부가서비스를 제공하면서 기존의 트위터 고객들이 이탈할 수 있다는 우려도 제기되고 있는 상황이다.

최근 마케팅 툴로서 트위터를 이용하고 싶어 하는 기업에 프리미엄 계정을 제공하는 것을 검토 중이며, 검색 툴 서머라이즈를 인수해 광고모델 이용을 고려하기 시작한 것은 비즈니스 모델 마련을 위한 신호탄으로 볼 수 있다.

마이크로 블로그 서비스인 트위터는 미국인의 커뮤니케이션 방식을 변화시킬 정도로 큰 인기를 구가하고 있다. 전 세계적으로 사람들이 관심을 갖고 있는 사람들, 조직, 사건 등에 대해 현재 상황을 실시간으로 전하고 있다는 점에서 미디어2.0의 총아로 여겨지고 있다.

지속적으로 폭발적인 성장세를 보이고 있지만, 확실한 비즈니스 모델의 부재는 향후 트위터의 성장가도를 가로막는 장애물로 작용할 수 있다.

한국에서도 유사한 단문서비스인 미투데이, 플레이톡 등이 있지만,

실제로는 큰 호응을 얻고 있지 못하다. 이미 싸이월드와 같은 화려한 부가서비스가 제공되는 SNS에 네티즌들이 익숙해 있기 때문이다. 하지만 미국과 같이 슬로우어답터(Slow Adopter)로 대변되는 중·장년층을 겨냥하는 것이 새로운 시장개척 기회를 줄 수도 있을 것이다.

사용자 중심으로 진화하는 지식제공 서비스

웹2.0을 기반으로 한 집단지성의 진화 양상

디지털미디어와 아날로그미디어의 가장 큰 차이점은 상호작용성에 있다. 일방향으로 메시지를 전달하던 방식에서 양방향으로 커뮤니케이션을 하며 다양한 콘텐츠를 생성하는 것이다. 이러한 커뮤니케이션 방식의 진화는 개방과 참여, 공유의 웹2.0 태동을 불러일으켰고, 사람들로 하여금 집단지성(Collective Intelligence)을 배가시켰다. 사람들은 상호간의 자유로운 지식공유를 통해 집단적 지성능력을 배양했으며, 웹은 이러한 집단지성의 핵심도구로 활용됐다.

웹2.0에서는 누구나 지식을 생산할 수도 전달할 수도 있기 때문에 지식의 확산이 활발하게 이뤄진다. 또한 수용자 개개인의 취향과 니즈에 맞는 정보와 지식이 제공될 수 있으므로 집단지성의 진화를 가져올 수 있다. 예컨대, UCC가 처음 등장했을 때에는 단순 재가공이나 오락성 위주의 콘텐츠가 대부분이었으나 최근 들어 지식을 공유하는 콘텐츠가 급증하면서 새로운 지식제공 서비스로 자리매김하고 있다. 이 밖에도 개인의 취향과 니즈에 부합하는 뉴스 제공이나 검색서비스 제공은 한 차원 진화된 지식 제공 서비스의 양상을 나타낸다.

동영상 지식공유 전문사이트 '하우투비디오'의 급부상

UCC가 처음 등장했을 때에는 오락성 위주의 기존 프로그램 재가공 혹은 패러디가 대부분이었다. 이는 저작권 침해나 수익모델 파괴 등의 부작용을 양산했다. 하지만 최근 이 같은 오락성 외에 교육, 매뉴얼, 어드바이스와 같은 지식관련 콘텐츠가 다수 제작되면서 UCC의 새로운 성장가능성을 제시하고 있다. 실제로 2008년 4월 23일자 뉴욕타임즈 기사에서는 급증하는 지식공유 사이트를 집중조명하며 새롭게 진화하는 지식서비스를 소개했다. 예컨대 25년 전 미국 홈비디오 시장에서 인기를 끌었던 제인폰다의 미용체조 비디오가 웹으로 옮겨 오면서 다시 인기를 얻고 있는 사례를 들 수 있다. 이처럼 이용자 간의 지식공유는 기존의 텍스트 위주의 방식에서 동영상을 통한 방식으로 한 차원 진화해 나가고 있다.

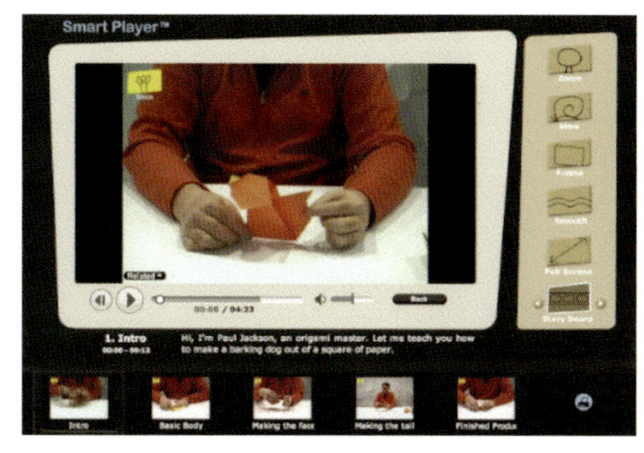

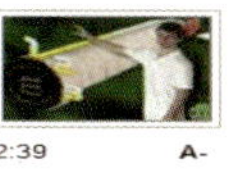

파이브미닛라이프비디오피아의 하우투비디오 클립과 원더하우투에서 'Tennis'로 검색된 목록

하우투비디오 전문사이트들은 DIY(Do – It – Yourself)팁 또는 혼자 하는 법, 요리와 뷰티 어드바이스, 스포츠와 음악교본서 등 잡다한 주제들을 다루고 있다. 새로운 지식공유 서비스는 소소한 주제부터 풍자와 유머

가 곁들어진 심각하고 난해한 주제들까지로 영역을 넓혀 가고 있다. 대부분 비디오클립들은 몇 분 이내의 분량이며 대부분은 이용자들이 요청했던 교육적인 설명 또는 지침서의 형태이다.

이 같은 하우투비디오의 인기를 방증하듯 지난 2년 동안 원더하우투(WonderHowTo.com), 비디오저그(VideoJug), 하우캐스트(Howcast), 엑스퍼트 빌리지(Expert Village), 파이브 미닛 라이프 비디오피아(5min Life Videopia) 등과 같은 지식공유 전문사이트가 생겨났으며, 많은 투자자들은 수백만 달러를 투자해 왔다.

그중에서 하우캐스트와 엑스퍼트빌리지는 대표적인 지식공유 전문사이트로 꼽힌다. 하우캐스트는 구글, 유튜브에서 근무했던 제이슨 리에브만, 다니엘 블랙맨, 산제이 라만 등이 함께 창업한 사이트이며, 이들은 유튜브보다 좀 더 세련되고, 고급화된 지식제작을 목표로 하고 있다. 높은 수준의 동영상 콘텐츠는 이용자, 동영상제작자, 콘텐츠 배급자, 그리고 광고주들에게 새로운 기회를 제공하기도 한다. 하우캐스트는 튜더인베스트먼트(Tudor Investment Corp.) 주도 아래 연속 8백만 달러를 자금 조달받았으며, 유튜브 채널을 이미 확보했다. 또한 뉴스와 영화 비디오클립 서비스를 제공하는 브이캐스트폰(Vcast phone)을 위해 마이스페

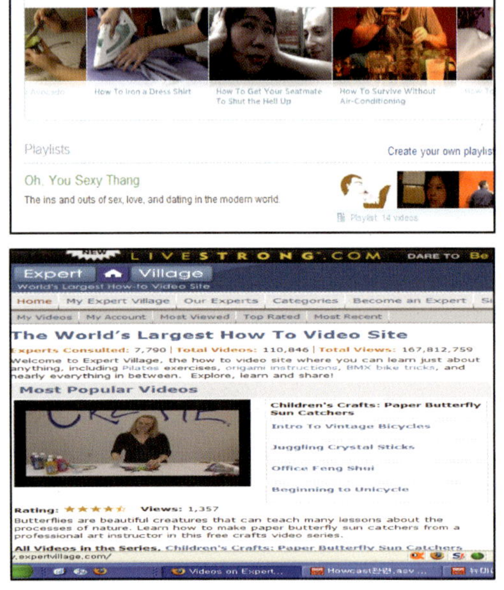

하우캐스트와 엑스퍼트빌리지 사이트의 메인페이지

이스, 버라이즌과 배급계약을 체결하기도 해 수익모델 확보에 소기의 성과를 거두고 있다.

또 다른 하우투비디오 사이트인 엑스퍼트 빌리지(Expert Village)는 2007년 LA 디맨드미디어(Demand Media)에 의해 인수됐는데, CEO인 리처드 로젠블래트 역시 전 마이스페이스의 모회사 회장이었다. 엑스퍼트 빌리지는 마이스페이스판 신채널에 매주 10~20개의 하우투(How-to) 비디오를 추가해 나가고 있다. 수백 명의 독립 비디오 프로듀서들이 9만 개의 하우투비디오를 제작했고, 1만 2천 개를 새로 만들어 내고 있다.

웹2.0을 기반으로 한 지식공유 동영상 사이트들이 각광을 받으면서 새로운 비즈니스 모델이 대두되고 있다. 동영상을 중심으로 한 차원 진화된 지식공유 방식은 집단지성의 확장을 주도하고 있으며, 앞으로도 더욱 폭넓은 주제와 콘텐츠로 전개되어 나갈 전망이다.

맞춤형 뉴스제공, SNS와의 결합으로 서비스 범위 확장

웹2.0의 등장으로 지식공유의 폭이 한층 넓어진 가운데, 개개인의 취향과 니즈에 맞는 정보 제공이 화두로 떠오르고 있다. 이미 블로그와

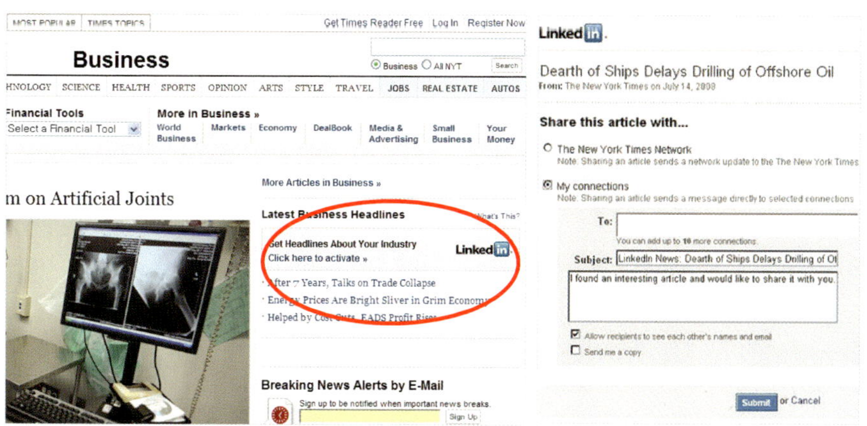

뉴욕타임스닷컴에서 제공되는 링크드인 서비스

미니홈피로 RSS(Really Simple Syndication)와 같은 맞춤형 정보 제공 서비스가 보편화되고 있고, e메일로 개인별 취향에 맞는 뉴스가 제공되는 서비스도 활성화되어 있다.

여기에 NYT는 소셜네트워크(SNS)업체 링크드인(Linkedin)과의 파트너십을 공식 발표하면서 새로운 맞춤형 정보 제공 서비스를 오픈했다. 이 서비스는 뉴욕타임스의 웹사이트 뉴욕타임스닷컴의 비즈니스와 테크놀로지 섹션에서 링크드인 가입자를 대상으로 개인별 맞춤화된 기사와 광고를 제공하는 서비스이다. 링크드인 가입자의 직업 및 전문분야 등 공개 정보를 기반으로 개개인의 관심분야와 전문분야에 해당되는 뉴스와 광고를 제공한다. 뉴욕타임스닷컴의 이용자 역시 해당 뉴스 페이지에 걸려 있는 링크드인 툴을 이용해 링크드인 네트워크 안에서 기사를 공유하거나 댓글을 주고받을 수 있다.

2008년 7월 기준 링크드인의 경우 25만 명의 가입자를 보유하고 있으며, 뉴욕타임스의 경우 17만 명 독자와 방문객들이 매달 뉴욕타임스닷컴을 방문하고 있다. 뉴욕타임스닷컴의 광고주는 이번 서비스를 통해 더욱 많은 이용자에게 광고를 전달할 수 있는 효과를 누릴 것으로 기대하고 있다. 이번 파트너십을 통해 새로운 서비스를 제공하게 된 뉴욕타임스와 링크드인 양사는 가입자의 희망에 따라 이 서비스를 선택하거나 거부할 수 있는 옵트아웃(Opt-Out) 시스템을 사용해 가입자의 의사를 존중하고 있다.

NYT의 이번 맞춤형 뉴스서비스는 가장 유망한 서비스 분야인 SNS와의 결합이라는 측면에서 많은 관심을 받고 있다. SNS인 링크드인은 가입자가 자신의 프로필을 기반으로 다양한 인맥을 구축할 수 있도록 돕는 서비스를 주로 제공하고 있는데, 때문에 링크드인에서 가입자가 기입해야 하는 프로필은 현 직업, 직장, 전공 등으로 다양하다. 또한 링크드인은 취업과 채용을 원하는 사람들을 타깃으로 네트워크를 구축했기 때문에 가입자는 일반적으로 이력서에 기본적으로 기입해야 하는 정보를 제공하고,

사이트에서는 비즈니스 네트워크를 통해 구직 기회를 제공하고 있다.

링크드인 가입자들은 170여 개 분야에 종사하고 있고, 이들의 국적은 150여 개에 달한다. 연평균 소득 역시 10만 9천 달러로 가입자들의 비용 지불능력이 높게 나타났다.

링크드인이 이처럼 가입자의 다양한 정보를 확보하고 있기 때문에 뉴욕타임스는 직업 혹은 전공에 맞추어 뉴스 및 광고를 제공할 수 있게 되며, 링크드인 역시 추가로 높은 광고수익을 얻을 수 있는 등 언론을 활용할 수 있는 기회를 얻게 된다. 특히 링크드인의 가입자들은 사이트 이용목적이 명확하고 경제적으로 여유가 있다. 또한, 링크드인의 온라인광고 클릭비율이 다른 사이트에 비해 월등히 높다는 점에서 이번 제휴가 양사에게 실질적 이득이 될 것으로 기대된다.

검색서비스의 진화

이용자 편의를 극대화하는 맞춤형 검색서비스 부상

웹2.0이 전 세계로 확산되고, 콘텐츠와 서비스 전반에 걸쳐 적용분야가 넓어짐에 따라 패러다임도 변화하고 있다. 개방과 공유, 참여의 웹2.0 패러다임은 수용자의 적극적인 참여를 유도하였고, 양방향 커뮤니케이션이 원활하도록 만들었다. 이러한 패러다임 변화는 검색서비스에서 가장 돋보였다. 기존의 검색서비스는 정보의 바다라는 엄청나게 큰 공간에서 내가 원하는 정보를 찾기 위해 많은 시간과 노력이 필요했으나 최근 부상하고 있는 맞춤형 검색서비스는 개인이 필요한 정보만을 추려서 신속하게 제공해 줌으로써 편의를 극대화하고 있다.

그렇다면 왜 웹2.0의 패러다임이 검색서비스에서 가장 돋보였을까? 그 이유는 바로 검색시장의 중요성에서 찾을 수 있다. 밀레니엄과 함께 '닷컴버블'이 현실화되었고, 웹1.0의 한계가 지적될 때 혜성처럼 등장한 기업이 바로 '구글(google)'이다. 신생기업인 구글이 이처럼 짧은 시간에 웹을 지배하는 사업자로 등극할 수 있었던 이유는 바로 검색시장의 지배다. 구글은 철저하게 이용자의 관점에서 편의를 도모코자 과감히 노출광고를 삭제하고, 검색속도를 높였다. 이처럼 구글은 이용자의 참여와 공유, 개방을 이끌어 냈기 때문에 웹2.0을 대표하는 기업으로 손꼽히게 되었으며, 이를 기반으로 통신, 방송, 콘텐츠 등의 시장으로 확장할 수 있었다. 국내에서도 후발주자였던 네이버가 다음을 추월하며 1위로 등극할 수 있던 이유로 '지식인'을 꼽을 수 있다. 이용자 스스로가 지식을 제공하고,

공유하는 지식검색은 오늘날 네이버가 있게 한 주동력으로 평가된다. 이 밖에도 세계적인 온라인 백과사전으로 부상한 '위키피디아'의 경우에도 이용자가 직접 참여해 지식을 제공하는 전형적인 웹2.0 방식이다.

2008년에는 이러한 웹2.0의 검색서비스에서 한 단계 나아가 개개인의 니즈와 취향에 맞는 맞춤형 검색서비스가 큰 인기를 누렸다. 이용자의 참여가 더욱 적극적이고 쉬워질 웹 환경에서 앞으로 검색서비스는 한층 더 전문화되고, 개인화될 것으로 전망된다.

전문자료 검색에 탁월한 구글의 '서치위키'

구글은 명실상부한 세계 제일의 검색서비스 업체이다. 구글이 레드오션 시장이었던 검색시장에서 독보적인 사업자로 발돋움할 수 있었던 까닭은 이용자 중심의 서비스를 개발하고 제공하였기 때문이다. 예컨대 각종 광고로 어지럽게 널려 있던 기존의 검색 인터페이스를 과감히 버리고 검색창만 제공해 이용자의 편의를 높였다거나 이용자가 원하는 검색정보를 우선적으로 노출하는 서비스 등을 들 수 있다.

같은 맥락에서 구글은 2008년 11월 18일 이용자의 편의를 극대화하기 위한 방안으로 맞춤형 검색서비스 '서치위키'를 제공하기로 했다. 서치위키는 구글의 검색 결과에서 내용을 추가하거나 쓸데없는 내용을 제거해 자신만의 검색 결과를 나타내도록 만들 수 있도록 하는 서비스다. 다시 말해 이용자가 본인이 원하는 정보를 스스로 편집할 수 있도록 한 맞춤형 검색서비스 시대가 열린 것을 의미한다.

서치위키 서비스를 이용하기 위해서는 먼저 구글계정에 로그인해야 한다. 검색어 입력과 계정이 연동되기 때문이다. 즉 이용자가 로그인 상태에서 같은 검색어를 입력할 경우 자신이 변경한 검색 결과가 표시되고, 반면 본래의 검색 결과를 보고 싶다면 로그아웃 이후 검색서비스를 이용하면 된다. 이와 같이 구글은 서치위키 서비스로 이용자가 원하는 정보를 스스로 편집해 저장하고 꺼내 볼 수 있도록 했다. 야후에 이어 구글도 맞춤형 서비스에 동참하면서 본격적인 검색시장의 패러다임이 시작될지 단지 실험적인 시도에 그칠지는 관심을 갖고 지켜봐야 하겠지만 맞춤형 검색서비스가 부상하고 있음은 자명한 사실이다.

구글의 서치위키는 맞춤형 검색서비스이기 때문에 이용자의 취향과 활용도를 충분히 고려한 서비스로 평가된다. 실제로 검색창에서 임의의 키워드를 입력할 경우, 개인이 검색 순위를 바꿀 수 있는 위·아래 화살표에서부터 특정 검색 결과를 삭제할 수 있는 'X' 등 개인화를 위한 각종 아이콘들이 검색 결과 페이지에 표시된다. 또한 이용자들은 검색 결과에 새로운 사이트나 내용을 추가할 수도 있다. 로그인을 함으로써 이용이 가능한 서치위키는 각 이용자들이 변경하는 내용이 비로그인 이용자의 구글 검색에는 영향을 미치지 않지만, 개인 코멘트 등 내용을 추가할 경우에는 다른 이용자들도 해당 내용이 추가된 검색 내용을 확인할 수 있다.

이처럼 이용자가 각자의 검색내용을 자유자재로 편집할 수 있기 때문에 의학사전이나 법률용어 등의 전문자료 검색에 탁월하다는 평가를 받고 있다. 물론 일반자료 검색도 개개인의 취향에 맞추어서 제공되기 때문에 더욱 편리하게 정보에 접근할 수 있다.

실제 구글의 서치위키 사용법은 다음과 같다. 예를 들어 '넷북'이라는 검색어를 찾기 위해 서치위키를 사용했을 경우 아래의 그림과 같이 결과가 노출되고, 결과 옆에 녹색의 화살표와 아래에 'X' 표시가 동시에 활성화된다. 녹색의 화살표(↑)를 누르면 검색결과가 위로 올라가고, 'X'를 누르면 검색결과가 제거된다. 따라서 본인이 원하는 검색결과를 위로 올리거나 원하지 않는 결과를 삭제해 편집할 수 있다.

　　이어 제거된 검색결과는 다음의 그림과 같이 화면 아래쪽에 노출되며, 'X' 옆에 '리스토어(Restore)' 버튼을 누르면 다시 검색결과를 되살려서 위로 올릴 수 있다.

　　그림에서와 같이 서치위키는 본인 임의로 자료 노출을 편집할 수 있어 각종 사전이나 전문자료와 같이 반복적으로 검색되는 결과에 매우 유용할 것으로 전망된다. 지금까지는 검색결과가 모두 같이 노출되어 찾고자 하는 자료가 뒤에 나올 경우 매번 뒤로 넘겨서 검색해야 하는 불편함을 감수해 왔으나 서치위키로 인해 검색시간은 물론 편리함까지 더해

검색시장에 새로운 패러다임을 불러올지 귀추가 주목되고 있다.

하지만 서비스 초기 코멘트 오용의 가능성이나 사생활 침해 및 사용자 정보 노출가능성 등의 문제점이 지적되면서 이 같은 구글의 문제점들이 향후 서치위키의 확산에 치명적인 걸림돌로 지적되고 있다. 실제로 구글에 앞서 2005년 야후에서는 '마이웹'이라는 서치위키와 유사한 개인화 검색서비스를 출시한 바 있었으나 앞서와 같은 문제점과 낯선 인터페이스 등을 이유로 서비스 확장에는 큰 성공을 거두지 못했다. 따라서 구글의 이번 맞춤형 검색서비스의 성패에 따라 향후 다른 검색서비스의 방향도 결정될 것이라는 의견이 설득력을 얻고 있다. 하지만 서비스 성패에 상관없이 모든 서비스의 방향이 이용자 중심으로 옮겨 가고 있음은 부정할 수 없는 사실로 나타나고 있다.

브레인 파워를 기반으로 한 맞춤형 검색서비스 '차차'

2007년 정식 서비스를 시작한 검색서비스 '차차(ChaCha)'는 인력을 기반으로 하는 서치 엔진(a web based human search engine)이다. 차차는 2006년 말 베타서비스를 시작으로 서비스를 오픈했으며, 기본적으로 온라인에서 검색엔진의 기능을 하고 있다. 서비스 초기에는 웹에서 일반검색 기능뿐만 아니라 '서치위드가이드(search with guide)'라는 맞춤검색서비스를 통해 일대일로 검색가이드와 채팅을 통해 자신이 원하는 구체적인 정보를 획득할 수 있었다. 서비스이용자가 가이드가 제시한 정보에 만족하지 못했을 때에는 새로운 가이드와의 채팅을 통해 정보검색을 하는 것이 가능했다.

이러한 차차의 온라인 맞춤검색서비스는 모바일 서치엔진으로 옮겨가 2008년 초 새롭게 등장했다. 300억 원가량 투자를 받아 모바일 기반으로 변경하는 등 서비스의 진화를 이루었다. 차차의 모바일 버전 검색서비스는 인력기반으로 검색을 하는 것은 기존과 동일하며, 이용자가 질문을 차차 모바일서비스에서 문자메시지로 전송하거나 전화를 걸면 몇 분 내에 문자메시지 형태로 답변을 받게 된다.

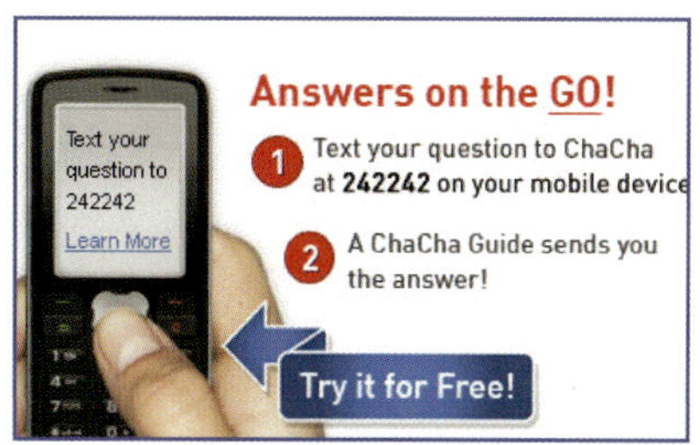

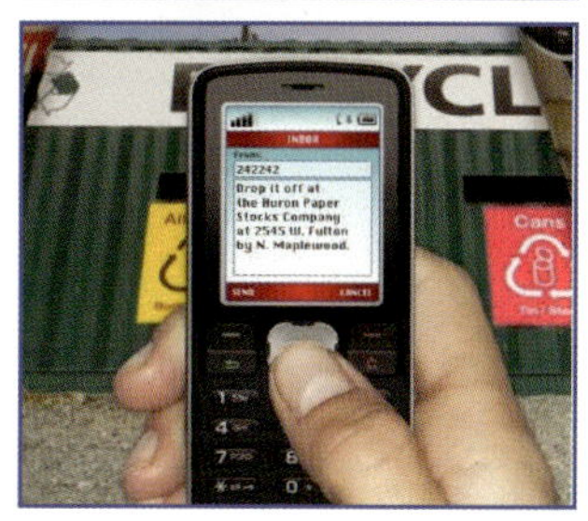

차차의 모바일 버전 검색서비스 방법 및 구현과정

차차의 모바일 검색엔진은 기본적으로 유비쿼터스 개념을 차용해 언제 어디서나 자유롭게 모바일을 이용해 질문과 답변을 주고받을 수 있다는 것을 가장 큰 장점으로 내세우고 있다. 또한 검색서비스가 무료로 제공된다는 것 역시 차차 서비스의 장점 가운데 하나이다. 검색을 도와주는 일종의 인력풀(pool)인 가이드 집단은 인터넷 이용에 어느 수준 이상의 전문지식을 갖춘 사람들로 구성되었다. 가이드 집단은 다른 사람들과 자신의 기술과 지식을 공유하는 것을 즐긴다는 특성을 가지고 있다. 가이드 집단은 익스페디터(expediter), 제너럴리스트(generalist), 스페셜리스트(specialist), 트랜스크라이버(transcriber) 다섯 집단으로 구분된다.

현재 차차의 모바일검색엔진은 AT&T, 스프린트(Sprint)와 T－모바일에서만 서비스가 가능하다. 이러한 유형의 인력기반의 검색엔진은 차차 이외에도 메카니컬 주(Mechanical Zoo), 아르드바크(Ardva)가 소셜 검색엔진으로 새롭게 등장했다. 이용자와 양방향 커뮤니케이션이 가능한 검색서비스는 앞으로도 더욱 다양한 형태로 진화할 것으로 전망된다.

검색서비스는 웹2.0 시대를 맞아 점차 이용자 중심의 맞춤형, 지능형 서비스로 진화하고 있으며, 이러한 검색서비스는 양질의 지식정보를 제공하는 데 일조하고 있다. 따라서 앞으로도 맞춤형 검색서비스의 개발을 위해 많은 기업들이 발 벗고 나설 것으로 전망되며, 더욱 다양한 형태의 검색서비스가 제공될 것으로 보인다.

게임 유통시장의 새로운 BM, '트레이드' & '오픈마켓'

아마존, 중고 게임타이틀 유통사업 진출

2009년 3월, 세계 최대 규모 온라인 쇼핑몰인 '아마존 닷컴(Amazon.com)'은 중고 게임 타이틀의 온라인 재판매 사업을 개시하였다. 이른바 '트레이드 인(Trade-in)' 서비스로 아마존 고객이 보유한 각자의 중고 게임 타이틀을 사고팔 수 있는 서비스 시스템이다. 이미 아마존 닷컴은 2009년 2월, 온라인게임 다운로드 서비스를 시작했으며, 아마존 런칭 초기부터 쇼핑몰 부문에서 비디오게임 타이틀을 판매해 왔다.

Video Games Trade-In beta (What's this?)

아마존닷컴의 비디오게임 트레이드 인 서비스[11]

하지만 아마존의 게임 타이틀 가격이 타 업체들보다 비싸다는 지적을 받아 왔다. 미국 내 1위의 게임소매 업체인 '게임스톱(GameStop)'과 온

____

11) http://www.amazon.com/Video-Games-Trade-In/b?ie=UTF8&node=979418011

라인게임 쇼핑몰 '게임 크레이지(Game Crazy)'는 현재까지 미국 비디오게임 시장의 주요 유통창구로 활약하고 있다. 하지만 이들 업체에 비해서 아마존은 상대적으로 비싼 가격으로 비디오게임을 판매해 왔으며, 큰 호응을 얻지는 못했다.

Title	Amazon	Game Stop / EB Games	Game Crazy
LittleBigPlanet (PS3)	$ 29.00	$ 26.25	$ 22.73
Left 4 Dead (XBOX 360)	$ 26.50	$ 24.00	$ 22.73
Fallout 3 (PS3)	$ 25.50	$ 22.75	$ 24.55
DeadSpace (XBOX 360)	$ 20.00	$ 18.00	$ 20.00
Mario Kart DS (Nintendo DS)	$ 16.50	$ 15.00	$ 14.00

주요 비디오게임 유통업체들과 아마존 닷컴의 게임 타이틀별 가격 비교[12]

이러한 상황에서 아마존은 내적으로는 비디오게임 유통에 있어 가격 경쟁력의 한계를 극복하고 기존 아마존 유저들의 이탈을 막기 위해 중고 게임 타이틀의 재판매를 본격화하게 된 것이다. 이러한 전략은 향후 부상할 가능성이 높은 중고 게임 유통 서비스의 유망성을 의식한 행보로도 읽힌다.

아마존의 중고 게임 타이틀 유통체계인 트레이드 인 서비스는 회원들이 자신의 중고 게임 타이틀을 제공하고 받은 적립금(credit)으로 새로운 게임 타이틀을 살 수 있도록 한 것이다. 이렇게 회원들이 제공한 중고 타이틀은 온라인에서 재판매된다.

아마존의 트레이드 인 서비스 등장에 대해 아마존의 기존 고객들은 저렴하게 게임타이틀을 보유할 수 있다는 측면에서 긍정적인 평가를 내리고 있다. 또한 아마존은 이번 사업 다각화전략으로 게임 타이틀의 경쟁력 약화로 인해 잃었던 고객들의 회귀효과도 기대하고 있다.

---

12) http://news.cnet.com/amazon − launches − trade − in − program − for − used − games

중고 게임 트레이드 시장을 둘러싼 혈투

아마존의 중고 게임 타이틀 유통으로의 사업 확장은 미국 내 최대 가전유통업체인 '베스트바이(BestBuy)'와 유아용품 및 장난감 소매업체인 '토이저러스(Toys R Us)'가 중고게임 유통 서비스를 준비하고 있다는 움직임을 재빠르게 간파한 대응책이다. 또한 기존 막강한 게임 유통업체와의 전면 경쟁을 대비하여 가격 및 유저확보 면에서 우위를 차지하려는 의도가 엿보이는 대목이다. 이로써 향후 주요 게임 유통업체인 '게임스톱', '게임 크레이지' 그리고 '구즈엑스(Goozex)' 등과의 전면 경쟁이 불가피할 것으로 보인다.

한편, 중고게임 타이틀을 둘러싼 아마존 외의 다른 플레이어들의 행보에도 주목할 필요가 있는데, 비디오게임 플랫폼이 등장하면서 가장 먼저 생긴 비디오게임타이틀 체인점인 게임스톱은 최근까지 온라인에서는 주로 게임에 대한 정보를 제공하였고, 실제 게임 타이틀의 판매는 주로 오프라인에서만 이루어졌다. 게임스톱은 게임뿐 아니라 영화 대여도 가능하며 각 동네별로 위치하고 있어 유저가 즉흥적으로 들러 게임 타이틀을 구입할 수 있는 접근성을 큰 강점으로 내세워 왔다. 하지만 중고게임은 취급하고 있지 않아 향후 중고 게임 타이틀 시장 성장에 따른 사업방향의 전환도 눈여겨볼 부분이다.

게임 크레이지는 가격 경쟁력에서 가장 우위에 있는 온라인 게임 쇼핑몰이다. 게임 크레이지 유저들의 대부분은 타 업체들보다 저렴한 이용료에 매력을 느끼고 있으며, 2009년 3월 9일부터는 아마존과 마찬가지로 트레이드 방식의 유저 간 타이틀 공유서비스를 시작하였다. 게임 크레이지는 아마존이나 기타 경쟁업체들의 중고게임 타이틀 취급에 대한 대응책으로서 이 같은 트레이드 서비스를 내놓은 것으로 보이며, 구체적인 트레이드 서비스의 가격정책이나 공유방식은 아직 정해지지 않았다.

구즈엑스는 미국 내 비디오게임타이틀을 가장 많이 보유한 온라인 쇼핑몰이다. 구즈엑스는 가격보다는 게임 타이틀의 보유량 측면에서 서비스의 차별화를 시도하였으며, 가격이 가장 저렴한 게임 크레이지보다는 많은 유저 수를 확보하고 있다. 구즈엑스 역시 게임 타이틀의 공유나 교환방식의 유저 간 서비스를 구상하고 있으며, 본격적인 중고게임 타이틀 시장의 부상에 따라 사업 다각화를 모색하고 있다. 중고게임 유통사업 계획이 아직 구체화되지 않아 아마존보다는 신규서비스 도입이 늦어질 것으로 예상된다.

미국 내 주요 비디오게임 유통업체(구즈엑스, 게임 크레이지, 아마존)

기존 게임 유통업체들의 선전과 중고 게임 시장의 부상이라는 환경 변화는 향후 미국 내 게임 유통시장 전반에 적지 않은 지형변화를 불러올 것으로 예상된다. 대부분 주요 게임 유통업체들은 급변하는 시장변화에 맞추어 중고 게임타이틀 제공 서비스를 마련하고 있는 추세이다. 이에 대하여 아마존은 기존 비디오게임 시장에서의 게임 유통업체로서는 비주류였으나 발 빠른 대응으로 향후 새로운 게임 시장의 중심으로 부상할 가능성이 높다. 다른 업체들도 새로운 서비스로 영역을 확장하고 있는 상황에서 향후 게임 유통 시장경쟁은 새로운 국면을 맞게 될 것으로 보인다.

게임 유통의 대세, 오픈마켓(앱스토어)

'트레이드' 서비스의 부상과 함께 최근 주목받는 게임업계의 Biz모델은 바로 앱스토어 유의 오픈마켓이다. 애플은 출시 9개월 만에 자사의 유료 다운로드 서비스 '앱스토어(App store)'가 10억 다운로드 돌파 초읽기에 들어갔다고 발표했다. 2008년 7월 처음으로 선보인 앱스토어는 애플 '아이팟 터치' 및 '아이폰' 사용자들을 위한 온라인오픈마켓으로, 그동안 월 평균 1억 1,000만 건의 다운로드 횟수를 기록해 왔다. 특히 다운로드 콘텐츠 중에서 50%를 넘어서는 게임의 인기가 가장 높다.

이러한 인기의 배경에는 최근 각광을 받고 있는 아이팟 터치와 아이폰이 소프트웨어 판매 장터인 앱스토어에서 게임 구입·다운로드·검색 등이 쉽고, 터치스크린을 채택한 큰 화면이 있어 게임을 즐기기에 적합하기 때문이다. 이 때문에 세계적인 게임업체인 EA, 세가 등이 앱스토어에 진출해 있다. 이렇게 게임업체들의 참여가 쉽게 된 것은 자사 컴퓨터인 맥킨토시에서 작동하는 개발도구(SDK)를 홈페이지(www.apple.com)에 무료로 올려놓았기 때문이다.

애플의 앱스토어에 최근 한국산 게임의 열풍도 거세게 불고 있다. 한국인 개발자가 일과 후 개인적으로 시간을 투자해 만든 게임인 '헤비매크(Heavy mach)'가 유료 다운로드 순위 5위에 오르면서 누구에게나 가능성은 열려 있다는 사실을 잘 보여 준다. 또한 2009년 3월에는 국내 모바일게임업체인 게임빌의 '베이스볼 슈퍼스타즈 2009'가 전체 게임(All paid games) 중 8위를 기록한 바 있다. 게임빌은 차세대 단말기 블랙베리와 구글 안드로이드폰, 윈도 모바일 스마트폰용으로 다양한 타이틀을 서비스하는 등 스마트폰 시장을 적극 공략하고 있다.

비단 애플뿐만이 아니라 구글과 MS, 노키아 등 글로벌 기업들이 모두 앱스토어 시장에 뛰어들고 있다. 실제로 구글은 '안드로이드 마켓(Android market)'을 온라인에 오픈하였고, MS는 '스카이마켓(Sky market)'을 준비 중이며, 노키아의 '오비 스토어(Ovi Store)' 역시 5월 중 개설될 예정이다. 이들 오픈마켓에서는 애플의 사례에서도 알 수 있듯이 게임콘텐츠가 가장 높은 비중을 차지할 것으로 예상된다.

게임 시장의 새로운 오픈마켓으로 떠오르고 있는 애플의 앱스토어[13]

유료콘텐츠 시장의 발전을 견인하고 있는 아이폰과 앱스토어

과거에는 많은 인터넷 이용자들이 콘텐츠 이용을 위해 이용요금을 지불해야 했다. 하지만 현재에는 의회 도서관 등 공적으로 운영되는 사이트나 광고기반의 인터넷 사이트에서 여러 가지 유형의 콘텐츠를 무료로 제공하고 있다. 흥미로운 것은 이처럼 무료콘텐츠가 제공되고 있음에도 불구하고 아이폰 유저들은 아이폰 이용과정에서 앱스토어(App store)를 통해 다양한 유형의 유료콘텐츠들을 구입한다는 점이다. 유료콘텐츠와 무료콘텐츠를 동시에 서비스하고 있는 애플은 모든 콘텐츠를 광고에 기반을 두어 무료로 제공하지 않는다는 측면에서 이용자들은 물론 비즈니스 전문가들에게도 때때로 비판을 받기도 하였다. 하지만 애플의 아이폰과 앱스토어 유료콘텐츠 시장의 발전을 견인하고 있는 것으로 평가되고 있다. 아이폰과 함께 2008년 6월 새롭게 선을 보인 앱스토어에서는 2009년 1월 현재 1만 5천여 건의 애플리케이션 등록과 5억 건 이상의 내려받기가 이루어지고 있다.

---

13) http://www.apple.com/iphone/appstore

2009년 들어 현재까지 미국에서 가장 많이 팔리고 있는 컴퓨터 관련 서적인 오렐리(O'Reilly) 출판사의 『아이폰: 더 미싱 매뉴얼(iPhone: The Missing Manual)』은 종이책과 PDF파일, 그리고 아이폰을 이용한 다운로드 애플리케이션 버전 등으로 출시되었으며, 이 중 아이폰을 이용한 다운로드 버전이 가장 인기 있는 것으로 알려졌다.

아이폰과 앱스토어가 성공을 거두면서 세계적인 휴대전화 메이커인 노키아와 삼성전자, 그리고 소프트웨어 시장을 지배하고 있는 마이크로소프트 등이 모바일콘텐츠 시장에 진입하기 위한 준비에 착수하였다. 노키아는 2009년 3월부터 앱스토어와 비슷한 형태의 모바일 소프트웨어 마켓인 '오비(ovi) 스토어'를 출범시켜 다양한 애플리케이션 및 콘텐츠의 유통을 서비스하고 있다. 노키아는 '오비 스토어'가 2012년까지 3억 명의 사용자를 확보하는 등 세계 최대 규모의 모바일 소프트웨어 마켓으로 부상할 것으로 기대하고 있다. 삼성전자는 삼성의 휴대전화 전용 소프트웨어 마켓인 '삼성 애플리케이션즈 스토어'를 2009년 2월 개설하였으며, 마이크로소프트도 2009년 내에 모바일 소프트웨어 마켓인 '윈도 마켓플레이스'를 출범시킬 계획이다.

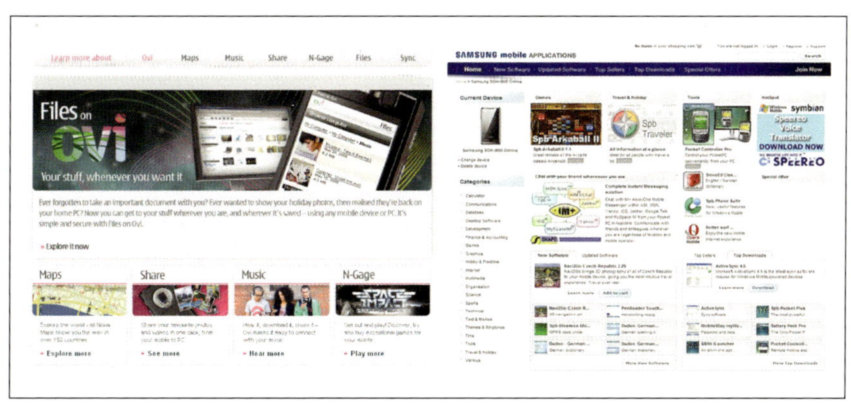

노키아의 오비스토어와 삼성의 삼성 애플리케이션즈 스토어

아이폰 이용자들이 유료콘텐츠를 구입하는 이유

콘텐츠의 온라인 유통이 시작된 이후 소액결제(micropayments) 등 창작자가 자신들이 생산한 콘텐츠에 대한 이용료를 지불받는 방법에 대한 다양한 시도가 이루어져 왔다. 이 같은 시도 중 앱스토어는 모든 정보 및 엔터테인먼트 콘텐츠의 판매를 위한 놀랍도록 실용적인 방법을 활용하고 있는 것으로 분석된다.

앱스토어의 가장 근본적인 성공원인은 디지털 재화(goods)의 구입과 활용을 가장 용이하게 지원하는 환경을 구성하였다는 점이다. 앱스토어에서는 한 번의 클릭으로 이용자가 원하는 콘텐츠나 애플리케이션을 손쉽게 구입하고 활용할 수 있다. 이미 입력된 신용카드 정보에 의해 이루어지는 소프트웨어 구입과 비용 지불 과정은 애플 아이폰의 소비자들에게 전혀 낯설거나 어려운 것이 아니다. 따라서 이용자들은 어떤 종류의 소프트웨어를 구입하든지 간에 그것을 자연스럽고 일상적인 것으로 받아들인다.

앱스토어는 또한 돈을 지불하고서라도 구입할 의사가 있는 이용자들이 필요로 하는 콘텐츠를 제공하고 있다. 예를 들어 돈을 지불하고서라도 이용하고 싶은 전자책이 있는 진지하고 열성적인 독자들을 위해 앱스토어는 그들이 필요로 하는 모든 콘텐츠가 있는 사이트로의 연결을 지원하고 있다.

앱스토어는 번들 상품을 개발하기도 한다. 앱스토어는 디페쉬 모드(Depeche Mode)와 같이 대중적 인기를 보유한 밴드들의 음악과 동영상 및 이미지 등을 이용할 수 있는 번들상품을 판매하고 있으며, 이를 통해 모바일콘텐츠 번들 상품화의 가능성을 확인하였다.

앱스토어는 풍부한 소프트웨어 이용 인터페이스를 제공한다. 이용자들은 아이폰을 통해 소프트웨어를 이용하는 과정에서 제공되는 풍부한 인터페이스 환경에 감동하게 된다.

앱스토어 모델의 미래 전망 및 한국 상황

앱스토어 모델의 성공 및 확산에 따라 다양한 소프트웨어 메이커들이 자신들의 상품을 좀 더 모바일 친화적인 형태로 만들기 위해 노력하고 있다. 오렐리 출판사는 이미 아미폰을 통해 유통시킬 수 있는 새로운 20개의 타이틀을 확보한 것으로 알려지고 있다.

오렐리 출판사를 비롯하여 아이폰과 앱스토어가 형성하고 있는 새로운 시장에 관심을 가지고 있는 소프트웨어 메이커들은 아이폰 세대들이 증가할수록 이 모델이 현재보다 훨씬 많은 이익을 자신들에게 제공할 것으로 판단하고 있다. 이들은 또한 궁극적으로는 이 모델을 통해 유통되는 모든 소프트웨어도 무료가 되거나 매우 저렴한 가격에 판매될 가능성이 있는 것으로 예상하고 있다. 하지만 이 같은 예상이 현실로 나타나기 이전까지는 수용자의 가격 민감성을 반영하면서 가격 차별화를 통해 수익 창출이 지속할 수 있을 것으로 전망하고 있다.

애플 앱스토어의 성공에 자극받은 국내의 IT관련 대형 기업들도 최근 대거 앱스토어류의 오픈마켓에 대한 청사진을 속속 내놓고 있다. 삼성전자는 이미 2009년 3월 23일 휴대폰, PC, MP3플레이어용 통합 앱스토어를 표방하는 '삼성 애플리케이션 스토어(applications.samsungmobile.com)'를 영국에서 오픈했다. 이어서 SK텔레콤이 오는 9월 개점을 목표로 스마트폰용 앱스토어 개점을 준비하고 있고, KT도 7월쯤 인터넷전화용 앱스토어를 열 계획을 갖고 있다. 한국소프트웨어진흥원도 문화체육관광부의 지원을 받아 한국형 앱스토어 '와플(Wapool)'의 문을 열었다.

게임을 비롯한 소프트웨어 개발자들의 호응도 뜨겁다. 콘텐츠 시장의 파이가 커지고, 개발자의 몫이 커진다는 점에서 기대하는 목소리도 높다. 다만, 경계해야 할 부분이 있다. 국내 시장의 한정된 규모와 애플리케이션을 개발할 수 있는 개발자 수가 상당히 부족하기 때문이다. 또한, 국내기업들보다는 애플처럼 개발자들의 로열티가 높은 기업이 절대적으로 유리한 환경이다. 애플은 일단 큰 성공을 거두었지만, 현재 한국형 앱스토어 관련 Biz모델은 미완의 대기라고 할 수 있다. 단순히 앱스토어 열풍에 편승해 콘텐츠 유통망만을 확대시킬 것이 아니라, 유통망이 확대되는 것에 맞춰 콘텐츠 개발이 활성화될 수 있는 생태계를 마련하는 것이 중요한 과제가 될 것이다.

2.0 미디어 비즈전략, 롱테일

　　미디어콘텐츠산업이 수평적 산업구조로 변화하면서 생산 주체의 다양화, 유통의 다각화, 소비행태의 다원화 등이 발생하고 있다. 특히, 제작과 유통 간의 수직적 관계가 해체되면서 유통단계의 세분화가 두드러지고 있다. 플랫폼, 미디어, 채널 등 콘텐츠를 배포하는 창구(window)의 증가로 다각적 이용구조(OSMU)가 확산되고 있는 것이다. 미디어콘텐츠산업의 유통구조에 있어 공통적으로 나타나는 산업 발달 추이를 보면, 유통 발달 단계의 모습이 오프라인에서 인터넷, 모바일, 신규 플랫폼 등장에 따른 디지털콘텐츠화로 변화하고 있다. 더불어 유통단계의 세분화, 다각적 이용구조의 확산은 콘텐츠에 대한 (이용)권리를 통제하여 가치를 획득하는 비즈니스를 확대시켜 콘텐츠 권리관계의 처리에 대한 중요성을 부각시키고 있는 상황이다. 특히 온라인콘텐츠 비즈니스 모델의 대두로 온라인 콘텐츠 유통시장이 활성화되면서 저작권을 보호하고 처리해야 하는 사회적 거래비용이 증가하는 문제가 발생하고 있다.

　　영화산업을 예로 들어 보면, 기존의 영화산업 유통구조는 극장이 유일했으며, 극장 상영 이후 비디오(VHS), TV로 이어졌다. 하지만 새로운 플랫폼이 등장하면서 수직적이고 단순했던 유통구조는 수평적이고 복합적으로 재편됐다. 실제로 뉴플랫폼 등장 이후 영화 유통과정은 극장 상영 이후 비디오나 DVD가 발매되고 그와 동시에 인터넷 VOD나 유료 케이블TV, 위성TV, 유료 DMB 등에서 제공된다. 그리고 얼마간의 홀드백이 지난 후 지상파 TV로 방영되고, 그와 비슷한 시기에 케이블TV에서 방영되고 있다. 다양한 플랫폼이 등장하면서 수평적이고 복합적인 유통구조가 실현가능해졌으며, 단계별 진행시간이 매우 짧아지고 있다.

　기존에 1년 안팎이었던 홀드백 시스템은 최근에 와서 3개월, 심지어는 한 달까지로 단축되며, 이 같은 영화산업 유통구조의 빠른 변화를 방증하고 있다. 이처럼 홀드백이 짧아지고 유통 창구가 다양하게 펼쳐질 수 있는 이유는 영화를 제작하고 배급하는 사업자가 플랫폼 사업자를 겸하고 있기 때문이다. IPTV의 상용화에 따라 콘텐츠를 둘러싼 이 같은 경쟁은 더욱 치열해질 것으로 전망되며, 영화뿐만 아니라 드라마, 스포츠 등의 킬러콘텐츠의 안정적이고 신속한 공급을 위한 투자는 더욱 커질 것이다.

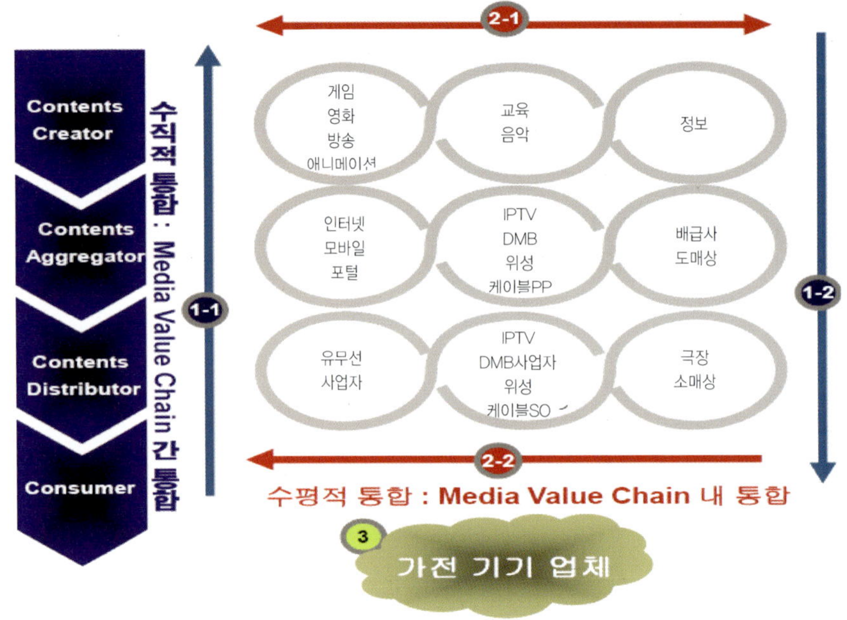

콘텐츠산업의 가치사슬변화
(출처: KT, Global Leading company의 Contents Biz 전략, 2008)

　미디어2.0 환경에서의 가치창출구조는 롱테일 법칙을 통해 설명된다. 롱테일의 법칙은 미국의 잡지 『와이어드(wired)』의 편집장인 크리스 앤더슨(Chris Anderson)이 인터넷서점 아마존의 사례를 분석하여 만든 이론이다. 롱테일의 법칙은 인터넷 유통혁명으로 이러한 사소한 다수가 시장의 중심에 서게 됐음을 의미한다. 롱테일 법칙 역시 웹 이용자가 정보 및 콘텐츠 생산에 참여하고 공유할 수 있는 개방된 환경 때문에 형성된 것이다. 웹 이용자는 자신이 원하는 정보와 콘텐츠를 찾기 위해 분주히 웹서핑을 한다. 이용자가 찾고 있는 콘텐츠가 1920년대 만들어진 영화이거나, 1950년대 녹음된 음악이라 하더라도 조금만 부지런하게 웹 이곳저곳을 서핑하다 보면 분명 원하던 콘텐츠를 찾아서 소비할 수 있게 되는 것이다. 이러한 현상은 영화나 음반 또는 뉴스 등 정보 및 콘텐츠가 처음 생산된 이후 오랜 시간이 흐른다 하더라도 분명 이를 소비하려는 소비자가 있고 꾸준하고 지속적으로 소비되는 상황을 창출한다. 오래된 콘텐츠를 소비하는 소비자는 롱테일의 긴 꼬리를 이룬다. 그리고 이 꼬리에 꼬리를 물고 이어지는 소비는 생산자가 정보 및 콘텐츠를 처음 출시하였을 때, 즉 영화나 음반 등을 막 출시하거나 개봉하였을 때 거둬들인 이익보다 더 많은 이익을 거둬들일 수 있게 한다.

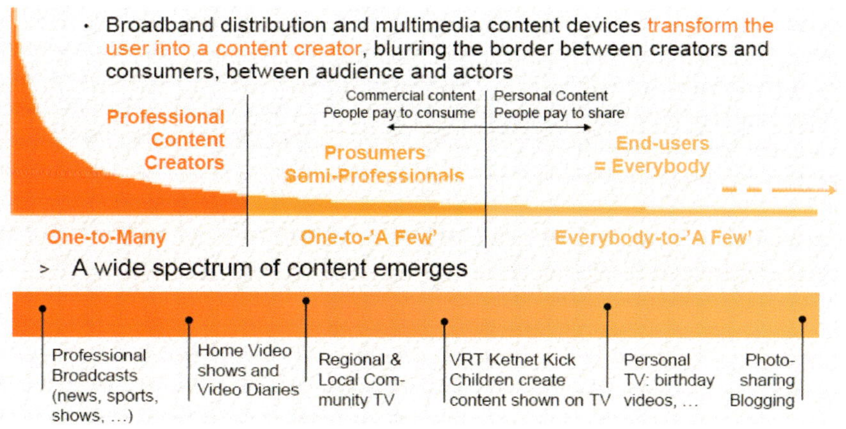

롱테일 법칙에 따른 미디어(콘텐츠)스펙트럼의 변화

이 같은 롱테일의 법칙은 웹에서뿐만 아니라 미디어2.0 환경을 구현하는 기존 미디어에서도 적용될 수 있다. IPTV는 미디어2.0 환경을 구현하는 대표적인 사례이다. IPTV는 인터넷 등 정보이용과 실시간 방송 시청 기능, 그리고 VOD 서비스 기능 등을 제공한다. 따라서 IPTV 환경에서는 이용자가 원하는 정보와 콘텐츠를 찾아서 즐기게 된다. 이용자가 주도권을 갖는 것이다. 그리고 자신이 생산한 UCC 등의 정보도 다른 사람과 공유할 수 있게 된다. 앞으로 기존 미디어는 이같이 이용자가 정보와 콘텐츠 생산에 참여하고 이를 공유할 수 있는 환경인 미디어2.0 환경을 제공하지 못한다면 웹에 대해 경쟁력을 상실하고 말 것이다. 지금도 지상파 TV는 자신들의 주요한 수익원인 광고를 인터넷에 빼앗기고 있다. KBS가 시청료 인상이 필요하다고 주장하는 이유 중 하나도 기존에 자신들의 것이었던 광고수익을 이제는 인터넷과 나누어 가져야만 하는 상황에 직면했기 때문이다.

다수의 다양한 욕구를 갖는 이용자들이 시장을 주도하는 롱테일의 법칙이 적용되는 미디어2.0 환경에서 생존을 위한 경쟁력을 확보하기 위해 미디어 기업들은 다음과 같은 핵심역량(core competences)을 요구받고 있다. 첫째, 속도의 경제학(Economies of speed)이다. 속도의 경제학은 얼마나 빠르게 생산하고 시장과 소비자의 변화에 얼마나 빠른 속도로 대응하느냐가 중요한 가치를 갖게 된다는 것을 의미한다. 미디어2.0 환경에서는 경쟁자보다 발 빠르게 시장과 소비자가 원하는 것을 파악하고 대응하며 변화하는 것이 필요하다.

둘째, 범위와 규모의 경제학(Production economies of scale and scope)이다. 규모의 경제는 특정 상품을 많이 생산할수록 제품 한 개당 생산원가가 낮아져 이익이 보다 많이 발생하는 경우이고, 범위의 경제는 한 상품만 생산하는 것보다는 다양한 상품을 생산하는 것이 보다 많은 이익을 창출하게 하는 것이다. 따라서 미디어2.0 환경에서는 얼마나 많은 이용자(규모의 경제)와 얼마나 다양한 이용자(범위의 경제)가 참여하고 공유할 수 있는가가 중요한 가치가 되는 것이다.

셋째, 상호 연결된 프로슈머(Connected prosumers)이다. 생산과 소비라는 두 가지 행위 모두에 참여하는 이용자인 프로슈머가 얼마나 밀접하고 조화롭게 상호 연결되어 있는가 하는 점도 미디어2.0 환경의 가치를 좌우하게 된다. 프로슈머의 연결망이 밀접하고 촘촘할수록 창출되는 가치 역시 눈덩이처럼 불어나게 되는 스노우볼 효과(snowball effect)가 발생한다.

넷째, 퍼스널 미디어(Personal media)가 중요하다. 미디어2.0 시대에 퍼스널 미디어는 가치창출을 위한 새로운 수단이 될 수 있으며, 정보 및 콘텐츠의 가격변화(switching costs)에도 영향을 미치게 된다.

다섯째, 마이크로 퀄리티(Micro quality)이다. 미디어2.0 환경에서 상품은 매스 마켓이 아닌 니치 마켓에서의 품질이 보다 중요한 가치를 얻어 가고 있다. 미디어2.0 환경은 다양한 참여자가 존재하는 환경이며 동시에 이들의 다양한 욕구가 반영되는 시장이기 때문에 여러 형태의 니치 시장(Niche Market)이 존재할 수 있다. 따라서 니치 마켓에서의 품질이 보다 중요한 가치를 얻어 가게 된다.

여섯째, 관심의 경제(Attention Economy)이다. 미디어2.0 환경에서는 상대적으로 많은 정보 및 콘텐츠가 시장에 나오게 된다. 미디어산업의 가장 중요한 법칙은 '관심은 드물다(attention is scarce)'는 것이다. 미디어가 다양해질수록 관심은 절대적으로 부족해진다. 따라서 다양한 미디어가 등장하고 있는 미디어2.0 환경에서 중요한 것은 역시 소비자의 '관심'이다. 광고주-미디어-소비자 등 세 행위자 간 상호작용으로 구성되는 미디어 시장에서 관심은 가치사슬(value chain)의 가장 중요한 부분으로 작동하는데, 이는 관심이 미디어 시장의 주요 행위자인 광고주에 의해 요구되고 소비자에 의해 공급되기 때문이다. 미디어는 광고주와 소비자의 소비를 조화해 내야 하는 목표를 갖는다. 그리고 그 목표를 달성하기 위한 방법 중 가장 중요한 것이 관심의 창출과 유지이다.

따라서 미디어2.0 환경에서 미디어 기업이 적응하고 생존하기 위해서는 가치창출의 핵심 요소인 관심을 효과적으로 이끌어 낼 수 있어야만 한다. 이를 위해 미디어 기업들에게 미디어2.0 시대의 특징을 정확하고 풍부하게 구현해 내야 한다. 즉 이용자들의 자발적 참여를 통해 다양하고 많은 양의 콘텐츠를 플랫폼에 결집(aggregation)시키고, 그 같은 콘텐츠가 가치 있음을 드러내어(revelation) 활발한 공유를 유도하며, 다른 플랫폼 및 서비스와 상호 연동할 수 있는 개방적 환경을 유지하기 위한 유연적응성(robustness)을 지속적으로 유지하는 것이 관심의 경제를 효과적으로 창출할 수 있는 방법이라고 하겠다.

콘텐츠를 '모아모아', 미드테일 전략

인터넷의 확산, 모바일의 진화는 콘텐츠의 폭발적인 증가를 야기했고, 이용자들은 넘쳐나는 콘텐츠를 어떠한 방식으로 선택하고 소비해야 할지 고민하기 시작했다. 이에 사업자들은 콘텐츠의 보다 원활한 소비를 위해 콘텐츠를 한곳에 모아 주는 서비스를 구상했다. 포털 사이트나 모바일의 앱스토어 등이 대표적인 사례이다. 이들 서비스의 공통적인 특징은 흩어져 있는 콘텐츠를 한곳에 모아 준다는 것이다. 분산된 콘텐츠를 집결해 선택의 용이성을 높여 주는 것은 곧 수익의 증대로 이어지기 때문에 이 같은 콘텐츠 네트워크의 활용은 중요한 비즈니스 모델(BM)의 요소로 부각된다.

파레토와 롱테일의 중간, 미드테일 전략

최근 콘텐츠 네트워크를 통해 새로운 BM을 구축하고 있는 사례가 증가하고 있다. 대표적인 사례로 글램 미디어(Glam Media)를 들 수 있는데, 블로그 네트워크를 지향하는 서비스로 올드미디어 콘텐츠를 뉴미디어 콘텐츠와 결합해 서비스한다는 특징을 갖고 있다.

글램 미디어는 온－오프라인 콘텐츠의 조화를 통해 미드테일(Mid Tail) 시장을 공략 중에 있으며, 향후 SNS와 포털 등과 같은 서비스 시장 진출을 목표로 하고 있다.

웹2.0이 본격화되면서 롱테일(Long Tail) 법칙은 새롭지만 당연한 인터넷 비즈니스 모델로 인정받고 있는데, 롱테일 법칙은 웹 이용자가 정보 및 콘텐츠 생산에 참여하고 공유할 수 있는 개방된 환경 때문에 형성된 것이다. 웹 이용자는 자신이 원하는 정보와 콘텐츠를 찾기 위해 분주히 웹서핑을 한다. 이용자가 찾고 있는 콘텐츠가 1920년대 만들어진 영화이거나, 1950년대 녹음된 음악이라 하더라도 조금만 부지런하게 웹 이곳저곳을 서핑하다 보면 분명 원하던 콘텐츠를 찾아서 소비할 수 있게 되는 것이다. 이러한 현상은 영화나 음반 또는 뉴스 등 정보 및 콘텐츠가 처음 생산된 이후 오랜 시간이 흐른다 하더라도 분명 이를 소비하려는 소비자가 있고 꾸준하고 지속적으로 소비되는 상황을 창출한다. 오래된 콘텐츠를 소비하는 소비자는 롱테일의 긴 꼬리를 이룬다. 그리고 이 꼬리에 꼬리를 물고 이어지는 소비는 생산자가 정보 및 콘텐츠를 처음 출시하였을 때, 즉 영화나 음반 등을 막 출시하거나 개봉하였을 때 거둬들인 이익보다 더 많은 이익을 거둬들일 수 있게 한다.

결국 롱테일 이론에 따르면, 무한히 다양한 미디어 환경하에서 소비자들은 끊임없이 니치 콘텐츠 혹은 필요정보를 탐색하는데, 시장은 이러한 소비자들을 만족시키기 위해 새로운 서비스를 개발하고, 이는 자연스럽게 다양한 비즈니스 모델을 잉태하게 된다.

글램 미디어는 파레토 법칙(20%의 히트상품이 시장의 80%를 점유한다는 히트 중심의 경제논리)과 롱테일 법칙 중간에 '잊힌' 미드테일에 주목하고 있는 것이다.

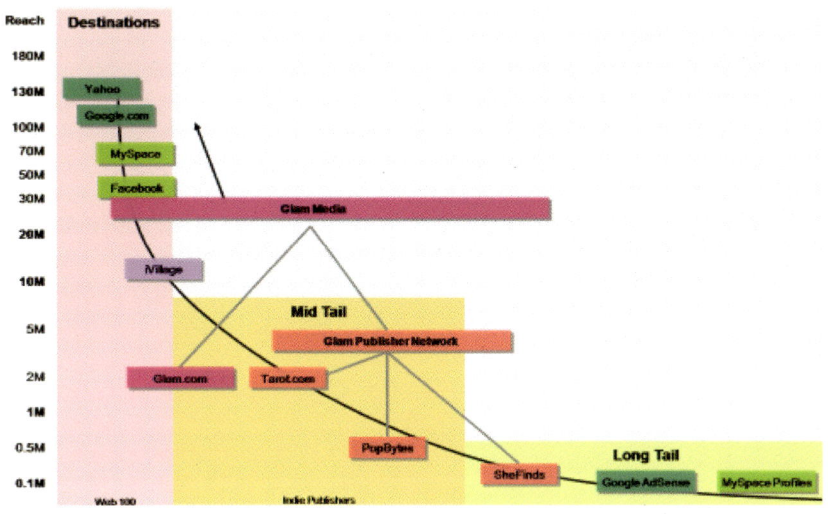

글램 미디어의 시장 현황 및 전략[14]

글램 미디어는 대표적으로 Glam.com과 Brash.com 두 가지 서비스를 제공하고 있는데, 이들 서비스는 각각 여성전용, 남성전용의 서비스로 잡지 형태의 모습을 지니고 있다. 이처럼 여성과 남성의 콘텐츠 차별화를 통해 확실한 타깃을 공략함으로 선택과 집중의 전략을 취하고 있는 것이다.

글램 미디어의 콘텐츠 네트워크 기반 미드테일 전략

글램 미디어는 전형적으로 올드미디어와 뉴미디어 콘텐츠의 결합모델로 볼 수 있으며, 실제로도 종이잡지와 웹매거진의 결합 형태를 띠고 있다. 이처럼 글램 미디어가 온오프라인 콘텐츠의 결합을 시도한 이유는 단절된 콘텐츠 네트워크 구조로는 양질의 콘텐츠에도 불구하고 타깃과 수익모델에 한계가 있기 때문이다.

글램 미디어는 콘텐츠 네트워크를 통해 모은 콘텐츠를 새롭게 배치

---

14) http://uk.glammedia.com/gfx/about/swag2.png

하고 재가공하여 보다 많은 타깃에게 다양한 콘텐츠를 제공하고 있다. 또 다른 OSMU의 사례로도 볼 수 있겠다.

남성과 여성을 나누어 차별화된 콘텐츠를 제공함으로써 광고주 역시 타깃을 세분화할 수 있게 된다. 이러한 타깃 세분화, 전문화는 광고 수익을 극대화하고 광고주 역시 광고 효과를 높일 수 있어 다양한 분야의 파트너십을 유인할 수 있다. 실제로 글램 미디어의 파트너들은 잡지와 같은 전통적인 콘텐츠 공급자부터 블로그와 같은 뉴미디어 콘텐츠 공급자까지 다양한 진용을 갖추고 있다.

이처럼 콘텐츠 네트워크를 활용한 비즈니스 모델은 유통 활로를 넓혀 주고, 나아가 가치사슬의 폭도 넓혀 주며 디지털 콘텐츠 생태계의 신(新)모델로 부상하고 있다. 미국의 시장조사업체 컴스코어의 2008년 9월 조사에 따르면, 글램 미디어 사이트의 미국 내 방문자(Unique Viewer)는 520만명이며, 글로벌의 경우에는 900만명으로 집계된다. 또한 700개 이상의 사이트가 현재 글램 미디어의 네트워크에 가입되어 있으며, 41만여 개 이상의 콘텐츠가 등록되어 있다. 이는 다양하고 많은 파트너들을 기반으로 짧은 시간에 상당한 성장을 달성한 것을 의미한다.

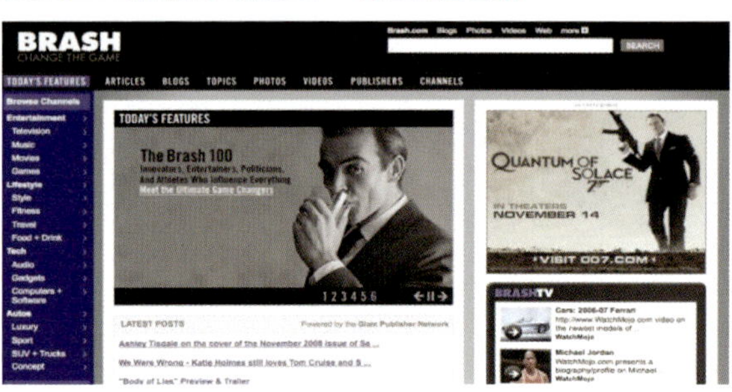

여성과 남성으로 차별화된 글램 미디어의 콘텐츠

최근 국내에도 태터앤미디어(http://www.tattermedia.com/)와 같이 블

로그 네트워크에 기반을 둔 사이트들이 인기를 얻고 있으며, 중소규모 사이트의 광고를 위한 커넥트 서비스가 등장하고 있어 머지않아 글램 미디어와 같은 미드테일 기반 비즈니스 모델이 활성화될 가능성이 높다고 하겠다.

UCC 비즈니스 모델을 찾아서

UCC의 성장, 수익모델은?

UCC는 전통미디어 콘텐츠를 완벽하게 대체하며, 창조가치를 높이고 있다. UCC를 시청하는 이용자의 수는 기하급수적으로 증가하고 있으며, 무료서비스이기 때문에 이들의 잠재적인 성장률은 매우 높게 평가되고 있다.

한편, UCC콘텐츠 자체는 무료이긴 하지만 UCC에 수반된 기기(device)나 소프트웨어(S / W), 인터넷 사용은 또 다른 수익모델을 창출하며, 인터넷 사업자에게 기회요인으로 작용한다. 예컨대, UCC플랫폼에 올리기 위해 이용자는 디지털 카메라나 모바일 등을 활용하고, 편집을 위해 비디오 편집 프로그램을 이용하는 등 UCC를 제작하는 과정에서 부가서비스 활용도가 높다. 또한 인터넷 사업자나 통신사업자는 UCC를 포스팅함으로써 이용자를 확보할 수 있으며, 누구나 UCC를 제작할 수 있기 때문에 시장파이가 엄청나게 크다. 여기에 이용자들은 원래 UCC콘텐츠를 재가공하거나 파생된 콘텐츠를 제작하고, 또 평가나 추천을 통해 네트워크를 형성하고 있어 UCC의 비즈니스 성장가능성이 높게 평가되고 있다.

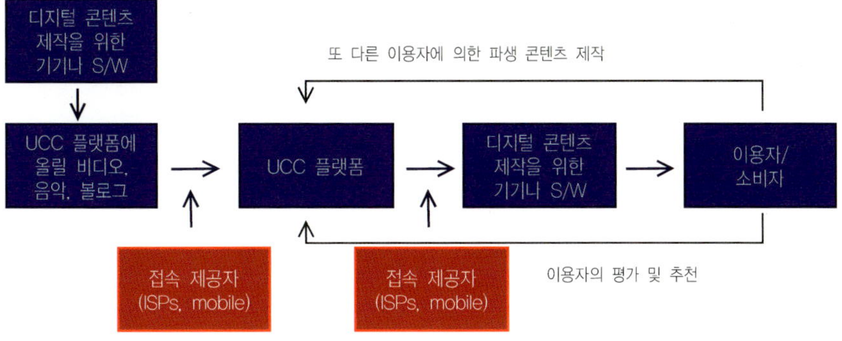

UCC 가치사슬 일반

이처럼 UCC콘텐츠는 원래 비상업적 목적으로 제공되었으나 최근에 와서 잠재적인 수익성을 깨닫고 다양한 수익모델이 구축되고 있다. 그러나 실제 UCC 시장은 저작권 침해와 콘텐츠 부족, 광고수익 저하 등의 이유로 확실한 수익모델이 전무한 상황이다. 유튜브가 인기를 끌면서 대동소이한 후발주자만 무성할 뿐 비즈니스 모델 부재는 해결되지 않았다. 온라인 동영상에 대한 이용자의 니즈가 높아짐에 따라 UCC가 유망한 플랫폼으로 부상하고 있으나 이를 뒷받침할 만한 수익모델이 없어 사업자들은 고심하고 있는 상황이다.

유튜브, CCL적용 다운로드 서비스 개시

유튜브는 명실상부한 세계 최대의 온라인 동영상 전문사이트로 자리매김했지만, 그 명성에 비해 빈약한 수익모델을 갖고 있다는 것이 큰 아킬레스건이다. 이를 타개하기 위해 유튜브는 상당 기간 다양한 비즈니스 모델을 시도해 왔지만, 뚜렷한 성과를 내지는 못했다. 그리고 올 초 새로운 실험을 전개하고 있는데, 그간 서비스해 왔던 스트리밍 방식에서 직접 다운로드 받아 볼 수 있도록 하는 다운로드 방식으로 확장하는 것이다. 다운로드에 CCL(Creative Commons License)을 적용해 창작자의 이용허락 조건을 준수하는, CCL 기반 수익모델이다.

　　CCL은 저작권자가 자신의 저작물에 대한 이용방법 및 조건을 표기하는 일종의 표준 약관이자 저작물 이용허락표시이다. 창작자가 자신의 저작물에 대하여 일정한 조건하에 이용을 허락하는 것이다. 크게 다음 네 가지 범위 안에서 저작물 이용을 허락하게 되는데, 콘텐츠의 성격이나 창작자의 의지에 따라 무료 혹은 유료로 제공될 수 있다.

CCL 표시	의 미
BY: Attribution (저작자표시)	저작물을 이용하려면 반드시 저작권을 표시해야 함
Noncommercial (비영리)	저작물의 이용을 영리를 목적으로 하지 않는 이용에 한한다는 의미
No Derivative Works (변경금지)	저작물의 내용, 형식 등의 단순한 변경도 금지한다는 의미
Share Alike (동일조건변경허락)	저작물을 이용한 2차적 저작물의 작성을 허용하되 그 2차적 저작물에 대해서는 원저작물과 동일한 내용의 라이선스를 적용해야 한다는 의미

　　유튜브는 2009년 2월 일부 제휴사를 대상으로 CCL 동영상 다운로드 서비스를 시작했다. 우선적으로 스탠포드, 듀크, UC버클리, UCLA 등 미국 내 주요 대학과 캘리포니아 대학방송국인 UCTV 등의 유튜브 채널에 동영상 무료 다운로드 서비스를 시범 적용했으며, 해당 동영상은 화면 왼쪽 아래에 다운로드 링크가 따로 표시된다. 대학을 중심으로 시범서비스를 시작한 이유는 동영상 강의를 통해 교육효과를 높이기 위함이다. 기존의 스트리밍 방식의 경우 인터넷이 반드시 연결되어야 강의를 볼 수 있었지만, 이번 서비스의 경우 한 번만 다운받으면 인터넷이 없이도 강의를 몇 번이고 볼 수 있어 효과를 극대화할 수 있다. 이처럼 유튜브는 스트리

밍 서비스의 한계를 넘어 언제 어디서나 콘텐츠를 소비할 수 있도록 다운로드 서비스로 확장을 본격화하고 있다. CCL을 적용함으로써 저작권 보호라는 장치를 구현하면서 말이다.

유튜브의 이번 서비스 도입의 가장 큰 목적은 무엇보다 새로운 수익모델(BM) 개발에 있다고 하겠다. 서비스 확장을 통해 보다 다양하고 견고한 비즈니스 모델을 구축하려는 것이다. 실제 이 서비스에서는 제휴사들이 각 동영상마다 직접 다운로드 요금을 결정할 수 있는 기능도 시범 서비스 중에 있다. 이를 이용하면 제휴사는 특정 동영상을 무료로 내려받도록 할 것인지, 구글 체크아웃을 이용해 소액결제 방식으로 제공할 것인지를 선택할 수 있다. 단, 유료로 제공하는 동영상에 대해서는 CCL을 적용해 비영리로 개인 용도로만 쓰거나(All Rights Reserved), 저작자표시-비영리-변경금지, 저작자표시-비영리-동일조건 변경허용, 저작자표시, 공공자산 등 창작자의 의사에 따라 결정할 수 있다. 유튜브는 우선적으로 다운로드 제휴 신청서를 작성한 제휴사를 대상으로 서비스 범위를 확대할 예정이다. 물론 아직은 일반 이용자가 아닌 유튜브 제휴사들에게만 허용되는 모델이다.

CCL 기반 BM 사례, '스케초리(Sketchory)'

2009년 2월 17일 구글 전문 블로거로 유명한 필립 렌센(Philipp Lenssen)도 CCL을 적용한 새로운 콘텐츠 서비스를 제공하며 이목을 끌고 있다. 렌센은 그의 동료들과 함께 '스케초리(Sketchory)'란 콘텐츠 사이트를 개설했다. 그림(스케치) 공유 사이트로 25만여 개 이상의 그림이 제공되고 있는데, 자료들은 렌센이 3년 전부터 운영해 온 온라인 그림 교환 사이트 '스케치스왑'에서 가져왔다.

스케치스왑은 이용자가 온라인 스케치북에 그림을 그린 다음 '스왑'

버튼을 누르면 다른 누군가의 그림을 띄워 보여 주는 서비스이다. 다시 말해 내 그림을 내놓는 대가로 다른 사람의 그림 한 점을 얻는 서비스인 것이다. 하지만 스케치스왑 안에서는 이렇다 할 수익모델이 부재해 렌센은 2009년 2월을 기해 '스케초리'로 사이트를 재편하고 CCL을 적용한 새로운 수익모델을 제시했다. 스케초리 안에서는 누구나 관심 있는 그림에 태그를 달고, 별점을 매기고, 자유롭게 옮길 수 있다. CCL에 따라서 모든 그림들은 입맛대로 변형하거나 심지어 상업 용도로 판매해도 무방하다. 단, 이곳에 올라온 모든 그림들은 저작자표시(BY)란 CCL3.0 조건을 따라야 한다. 하지만 출처만 밝히면 어떤 용도로든 써도 괜찮으니 사실상 완전 공개나 다름없다. 또한 스케초리에선 최대 1천 장까지 원하는 그림들을 모아 책으로 만들어 주는 서비스를 제공하고 있다. 책으로 묶어 만들어 주는 서비스는 그림을 하나하나 다운받아 프린트하는 비용보다 시간적, 금전적으로 저렴하기 때문에 새로운 수익모델로도 기대를 모으고 있다.

CCL을 적용한 콘텐츠 제공 사이트 '스케초리'

　　이와 같이 CCL을 활용한 새로운 수익모델은 창작자의 의지대로 무
료, 부분무료, 유료 등의 형태로 제공할 수 있어 유연한 서비스가 가능하
며, 소비자 역시 필요에 따라 지불 여부를 결정할 수 있어 합리적인 소비
가 가능할 것으로 평가된다. 따라서 CCL 기반 UCC 비즈니스 모델이 향
후 온라인콘텐츠 시장에 새로운 활로를 견인해 줄 것인지, 2009년 CCL
기반 UCC BM의 행보에 주목할 일이다.

미디어비즈 블루오션 전략, 프리코노믹스

'공짜 점심은 없다'

"공짜 점심은 없다(There is no such thing as a free lunch)."

2006년 타계한 노벨경제학상 수상자인 밀턴 프리드만(Friedman, M.)의 유명한 아포리즘이다. '공짜 점심'이란 개념은 서부 개척시대에 술집에서 술을 일정량 이상 마시는 단골에게 점심을 공짜로 주던 데서 유래했다. 물론 공짜로 먹은 점심 값까지 술값에 포함돼 있음을 모를 사람은 없을 것이다. 내가 먹은 점심은 (나를 포함한 누군가가) 어떤 방식으로든 대가를 지불해야 한다. 결국 공짜 점심은 무료가 아니라는 말이다. 경제학적으로 표현하면, 선택의 대가는 단순히 구입비용이 아니라 이로 인해 포기한 것의 가치, 즉 기회비용(opportunity cost)이라는 거다. 이는 금전일 수도 있고 시간, 노력일 수도 있다. 결국 어떤 것을 선택하게 되면 그에 따르는 기회비용과 제외된 선택에 따르는 이익을 포기해야 한다. 『맨큐의 경제학』에서도 경제학의 10가지 기본 원리에는 제1원리로 '모든 선택에는 대가가 있다', 제2원리로 '선택의 대가는 그것을 얻기 위해 포기한 그 무엇이다'를 강조하고 있다. 그런데 최근 '공짜 점심은 있다'는 주장이 들린다. 공짜 점심이 나중에 본인이 내야 할 비용이 아니라는 것이다. 그냥 다른 사람이 내줄 수도 있단다. 점심뿐만 아니라 공짜 전화, 공짜 정수기, 공짜 다운로드, 공짜 신문도 있다. 이러한 공짜들은 특히 사이버스페이스에 널려 있다.

2.0 패러다임에서 공짜 점심이 대세다. 광고를 주요 수익원으로 하면서 서비스 및 콘텐츠가 무료로 제공되는 방식으로, 이른바 '프리코노믹

스(freeconomics)’다. 온라인 광고시장의 확대에 따라 미국의 유력 신문사인 뉴욕타임스(NYT)와 월스트리트저널(WSJ)이 기존에 유료로 제공하였던 온라인 콘텐츠에 대한 무료화를 잇달아 선언하고 있다. 지금까지는 유료 웹사이트 운영이 신문업계의 새로운 수익모델로 여겨졌지만 유료화로 벌어들이는 수입보다 웹사이트 방문객 증가를 바탕으로 한 광고수입 증대가 더 낫다는 판단에 따라 이러한 조처가 취해진 것이다. 뉴욕타임스의 경우 유료 사이트인 타임스셀렉트(TimesSelect)를 무료로 대체하고, 대신에 광고를 통해 수익을 창출할 것이라고 발표하였다. 기존의 회원에게는 남은 기간에 따라 환불해 줄 계획을 갖고 있다. 타임스셀렉트는 한 달에 7.95달러(약 7,500원)를 받는 유료 팟캐스트를 신청하면 고품격 칼럼과 1851년 이후의 모든 신문기사를 MP3로 들을 수 있는 서비스를 제공하는 대표적인 프리미엄 서비스로 알려져 왔다. 하지만 타임스셀렉트의 성장속도는 NYT가 기대하는 것보다는 낮았고 또 많은 사용자들이 뉴욕타임스 사이트를 직접 방문하기보다는 검색엔진이나 다른 사이트에 걸린 링크를 통해서 온라인 뉴스를 보는 등 새로운 온라인 수용자들의 행태도 유료화 중단에 결정적인 역할을 한 것으로 알려지고 있다.

월스트리트저널(WSJ)을 발행하는 미디어기업 다우존스를 인수한 호주 언론 재벌 루퍼트 머독도 WSJ 온라인 콘텐츠 무료화 계획을 거듭 천명한 바 있다. WSJ의 경우 무료화로 인해 100만 명의 유료 가입자 대신에 전 세계에서 적어도 1천만 명에서 1천500만 명의 독자층을 확보하게 될 것으로 전망하였다. 소수의 프리미엄 독자보다는 다양한 국가와 계층의 독자들을 포섭하는 것을 더욱 중요한 전략으로 여기고 있는 것이다. 결국 무료모델이 WSJ 온라인판의 독자층을 두텁게 해서 많은 대형 광고주들을 끌어들일 수 있다는 것이 머독의 장기적인 미래 플랜이라고 할 수 있겠다.

일본의 경우에도 소위 ‘빅3’로 일컬어지는 아사히, 요미우리, 니혼게이자이 등이 공동 사이트를 구축하여 무료콘텐츠를 제공할 계획이다. 미국뿐만 아니라 일본, 유럽 등 세계 유수의 언론사들에게 무료콘텐츠 제공은 포털과의 전쟁에서 살아남기 위한 자구책으로서 그 영역이 더욱 확대될 것으로 전망되고 있다.

공짜 경제학, 프리코노믹스

프리코노믹스는 프리와 경제를 결합한 용어(freeconomics = free + economics)이니만큼, 우리말로 번역하면 '공짜 경제학'쯤 된다. 프리코노믹스는 혁신적 기업에 의해 주도되고 있으며, 새로운 차원의 정보유통과 미디어 전략으로 주목받고 있다. 구글, 노키아, IBM 등은 프리코노믹스에 주목하고 'Be the first'를 목표로 경쟁 중이다("Be the first to give away what others charge for").

프리코노믹스는 소비자에게 공짜로 서비스를 제공하고, 이를 통해 새로운 '가치'를 얻는 공짜 경제학이다. 이는 참여, 공유, 개방의 이념을 몸소 실천하는 프로슈머에 기반을 두는 경제이다. 소비자는 무료화된 서비스나 기술에 열광하며 자신의 시간과 관심을 기꺼이 지불한다. 소비자는 광고를 보는 대신 무료게임이나, 다양한 기능의 프로그램과 소프트웨어를 무료로 사용할 수 있게 된다. 소비자는 다소 불편한 포맷이라고 하더라도 더욱 빠른 온라인 포맷을 통해 콘텐츠를 공짜로 얻고 싶어 하는 욕구를 갖고 있기 때문이다.

사실 공짜 점심은 철저한 경제 원리에 의해 가능한 것이다. 자사 제품이 경쟁 제품보다 많이 쓰여야 호환성과 구매의 편리성이 제고되어 더욱 잘 팔리기 때문이다. 따라서 기업은 기본적으로 '규모의 경제(economy of scale)'와 '네트워크 외부성(network eternality)'을 추구한다. 생산 규모가 커질수록 제품의 평균 비용이 하락하고, 제품 사용자가 많아질수록 제품의 이용 가치가 높아지는 점을 들어 강력한 판매촉진 정책을 사용하는 것이다. MS의 윈도우는 초기 판매에 앞서 수많은 소프트웨어 개발자들로 하여금 윈도우에서 작동할 수 있는 소프트웨어를 개발하도록 만들어 윈도우의 이용가치를 높였다. 그 결과 윈도우는 PC 운영체계의 90% 이상을 장악하고 있다.

공짜 경제학이 인터넷을 기반으로 하고 있지만 그렇다고 완전히 새로운 현상은 아니다. 앤 더슨은 1895년 미국의 발명가 킹 질레트가 1회용 면도기를 개발한 뒤 사람들에게 무료로 뿌렸던 예를 든다. 처음에는 아무도 1회용 면도기를 사려 하지 않았지만 공짜로 나눠 준 샘플을 써 본 소비자들이 질레트를 다시 찾게 되었고, 질레트는 수십억의 면도기를 팔아 세계 대표 1회용 면도기 브랜드가 됐다. 앤 더슨은 이 비즈니스 모델이 이제는 훨씬 흔해졌다고 말한다. 휴대전화를 공짜로 주고 대신 사용료로 수익을 구하고, 비디오게임기는 싸게 팔면서 게임 타이틀을 비싸게 파는 등의 예이다.

기존의 공짜 개념은 특정 산업이나 마케팅 관점에 초점을 두었다. 유료 고객을 확보하기 위한 미끼에 지나지 않았다. 공짜를 좋아하는 인간의 근본적인 니즈를 이용한 공짜 마케팅은 우리 주변에서 쉽게 볼 수 있다. 주유소의 휴대용 휴지, 생수 등은 일상화된 지 오래이며, 시장이나 매장에서 주는 '덤'이 바로 공짜 경제학의 한국 버전인 셈이다. PC를 살 때 MS오피스(엑셀, 워드, 파워포인트)나 흔글은 무료로 깔아 준다. 또한 인터넷에는 누구나 다운받을 수 있는 프리웨어들이 널려 있다. 흔글은 이용자가 많으면 많을수록 이용 가치가 높아진다. 소프트웨어를 공짜 또는 거의 공짜에 가까운 가격으로 PC에 끼워 파는 것은 이용가치를 높여 시장지배력을 강화하기 위한 것이다. 물론 소프트웨어 개발 등의 비용은 결국 소비자들이 부담하게 된다.

'최상의 가격은 무료이다'

공짜 개념이 가장 자연스럽게 받아들여지는 산업분야는 전통적인 미디어산업이다. 지상파 방송, 라디오, 여기에 최근에는 지상파 DMB까지 미디어산업은 고객에게 무료콘텐츠를 제공한다. 방송사는 시청률을 근거로 광고 단가를 높이고, 프로그램 이외의 다양한 콘텐츠 수요를 창출한다. 신문 역시 경품을 제공하고 몇 달치를 무료로 제공한다. 출퇴근 시간 지하철에 비치된 무료신문은 아예 '공짜'를 표방한다. 무료신문은 정보를 무료로 제공하고 전적으로 광고수입에 의존하는 모델이다. "최상의 가격은 무료이다."라는 미국 신문편집인협회장의 말처럼 미디어콘텐츠가 무료로 제공되는 상황이다.

이러한 공짜 마케팅이 2.0 시대 들어 보다 정교한 모습으로 진화하고 있다. 구글은 검색엔진과 광고모델을 기반으로 온라인 영역에서 프리코노믹스를 선도해 가고 있다. 애드워즈(Adwords), 애드센스(Adsense)를 통해 사용자의 관심과 명성을 광고 수익으로 연결시키고 있다. 구글이 최근 가장 신경 쓰는 서비스는 바로 무료의 대용량 서비스인 '지메일(gmail)'이다. 경쟁사인 야후도 e-메일과 인스턴트 메신저, 그리고 무료 문자메시지까지 3대 서비스를 한데 묶은 '통합형 커뮤니케이터'를 무료로 제공한다. 더 많은 가입자를 확보해야 광고료 등 수입이 올라가기 때문이다.

위키피디아는 개인의 지식과 노하우 등 무형자산을 공유하는 콘텐츠 암묵지시장을 창조하고 있다. 네트워크화되고 개방된 사회에서 사람들은 보다 적극적인 행동인 '참여'를 하게 되었으며 따라서 협업적 콘텐츠 생산문화가 형성되었다. 이를 기반으로 비즈니스 모델이 구축되고 있는데, UCC전문업체들이다. 이들의 기본적인 수입원은 광고다. 동영상 전후에 광고 삽입과 배너 광고, 동영상 플레이어 스킨에 광고를 삽입하는 형태로 이루어진다. 유튜브는 용량이 큰 동영상 저장소를 무료로 제공하며 미디어산업에 혁명을 불러왔다. 곰TV, 엠군닷컴, 판도라TV 등 성공사례가 줄을 잇고 있다. UCC 기반 비즈니스 모델 중 최근 부상 중인 것은 하우투비디오이다. 하우투비디오는 이용자들이 재미를 느끼는 기발함과 창조적 아이디어, 그리고 정보성을 내포하고 있는 콘텐츠이기 때문에 새로운 비즈니스 기회가 되고 있다.

　한때 유료 웹사이트 운영이 신문업계의 새로운 수익모델로 꼽혔지만 온라인 환경 변화 속에 유료 온라인 콘텐츠로 벌어들이는 수입보다 웹사이트 방문객 증가를 바탕으로 한 광고 수입 증가가 더 크다는 판단에 따라 신문업계가 속속 웹사이트 무료화로 선회하고 있다. 조선일보는 2006년 10월부터 업계 최초로 휴대폰 이용자에게 매일 아침마다 무료로 조선일보의 신문기사를 보내 주고 있다. '모바일 조선' 서비스는 인터넷에 접속하지 않고 휴대폰에서 그날의 주요한 뉴스를 볼 수 있게 한다. 워싱턴포스트, 뉴욕타임스와 월스트리트저널 등 해외 유력일간지를 포함해 국내외 신문의 홈페이지 무료 전환 계획이 속속 발표되고 있다.

미디어산업에서 프리코노믹스는 대세

　프리코노믹스와 관련해 주목할 분야 중 하나가 디지털음악 분야이다. 최근 해외 음악시장의 키워드는 'DRM - free'이다. 저작권 강화를 통한 유료화 정책의 기반이 무너지고 있는 것이다. 저작권을 보호하기 위한 획기적인 시스템인 DRM(Digital Rights Management)은 2001년 음악공유 서비스로 유명한 냅스터가 MP3 저작권 보호를 위하여 시행한 것을 시작으로 확산되었다. 저작권 이용료를 내고 암호화된 콘텐츠를 받은 인증 사용자가 특정기기에서만 사용할 수 있는 DRM은 강력한 저작권 보호수단으로써 전 세계에서 활용되었다. 하지만 2005년 이후 DRM의 실효성에 의문을 제기한 기업들이 늘어 가면서 존폐의 위기에 봉착했는데, DRM이 애초 기대와 달리 이용에 불편을 유발하고, 자유롭게 확산되는 데 장애요소를 갖고 있어 소비자와 기업 모두에게 외면을 받은 것이다. 급기야 2007년 10월 아마존이 DRM프리를 선언하면서 전 세계 디지털음원 시장의 새로운 패러다임을 바꿔 놓았고, 뒤이어 EMI, 유니버설 뮤직, 워너뮤직이 DRM프리에 동참했다. 2008년에 소니BMG가 동참하기로 하면서 세계 4대 메이저 음반사가 모두 사실상 DRM을 포기했다. 애플의 아이튠스도 뒤늦게 DRM프리에 동참했으며, DRM프리는 마이스페이스, 야후 그리고 국내의 벅스뮤직까지 확산되면서 OSP 전반적으로 확산되며 거스를 수 없는 대세로 여겨지고 있다.

이젠 가수들도 무료 음원을 제공한다. 미국 가수 프린스는 새 앨범 '플래닛 어스(planet earth)' 발매를 앞두고 증정판을 무료 배포해 음반업계에 파란을 일으켰다. 프린스는 런던 콘서트를 앞두고 영국 일간 데일리메일 일요판 '메일 온 선데이' 구매자에게 자신의 신보를 무료 증정하는 행사를 진행했다. 이렇게 뿌려진 앨범은 모두 300만 장이며 25만 파운드(약 4억 7천만 원)에 상당한다. 최근 영국에서는 신문이나 잡지들이 공짜 CD나 DVD를 1면에 부착해 끼워 파는 것이 일반화되고 있다.

체험기반 엔터테인먼트 콘텐츠인 엑스퍼테인먼트(expertainment) 시장의 성장도 프리코노믹스에 기반을 둔다. 와이브로(WiBro)의 영문 첫 글자인 'W'를 테마로 하는 문화체험 갤러리인 'W 스타일 숍', SK텔레콤의 'T월드', KTF에서 운영하는 '굿타임 숍' 등은 이동통신사에서 제공하는 대표적인 무료 체험공간이다. 체험공간의 무료 서비스 제공 외에도 휴대폰 등에서 활용할 수 있는 콘텐츠를 구입 전에 체험한 후 계속 사용 여부를 결정하게 되는 소위 '맛보기' 콘텐츠 전략도 게임, 음악 콘텐츠 등을 중심으로 확산되고 있다.

최근 국내 케이블사업자들은 프리코노믹스 전략을 전개하고 있다. 2008년 2월 26일 MSO의 VoIP 가입자 간 통화 완전 무료화 선언이 그 예이다. 새로운 플랫폼으로서의 가능성이 가장 큰 IPTV 분야에서의 경쟁은 치열할 것으로 전망되며, 프리코노믹스적 요소를 가미한 새로운 비즈니스 모델이 확산될 것으로 기대된다.

2.0 시대 기업들은 프리코노믹스적 요소를 가미한 혁신 비즈니스 모델로 진화해 나갈 것이며, 지식기반의 부가가치와 새로운 형태의 성장

가능성을 가져올 것이다. 프리코노믹스적 요소가 빠르게 확산될 경우, 장기적으로 기존 지배사업자의 포지션은 상대적으로 약해질 것이며, 통신/방송/웹 사업자 간 무한경쟁 속에서 새로운 비즈니스 모델의 경쟁 우위가 미래를 판가름할 가능성이 높다.

무료 서비스의 대가는 고객의 관심과 명성

프리코노믹스는 무료 서비스를 제공하면서 고객의 관심(attention)과 명성(reputation)을 끌어들이고, 이를 바탕으로 연관 산업에서 수익을 창출하며 수익지대를 변화시키고 있다. 프리코노믹스의 성공을 위해서는 일단 무료로 제공되는 서비스가 경쟁 우위를 갖고 있어 고객의 관심과 명성을 획득할 수 있어야 한다. 소비자의 관심을 끌기 위해서는 화상전화브랜드 '쇼'처럼 소비자가 호기심을 가질 만한 것을 찾아내야 한다. 일단 소비자가 관심을 갖게 되면, 하나하나의 관심이 커져 가면서 가치를 만들어 내게 되는 것이다. 네트워크 효과이고 스노우볼 효과이다. 이를 위해 다양한 행위자들의 참여를 유도하는 조건을 마련해야 하는데, 다음과 같은 세 가지가 요구된다. 첫째, 기술적 robustness, 즉 플랫폼 연동 및 콘텐츠 호환이다. 둘째, 수용자 편의 확대, 동시에 수용성 확보(critical mass)가 요구된다. 셋째, 적절한 (심리적, 경제적) 보상체계 구축이 필요하다. 폭증하는 콘텐츠 수요를 신규로 제작해서 해결하는 것이 사실상 어렵기 때문에, 다양한 단말과 유통 환경에서 유사 내지 동일 콘텐츠를 공유(share)하려는 이용자 니즈를 활용하면서 다양한 비즈니스 우회 전략을 찾아야 한다.

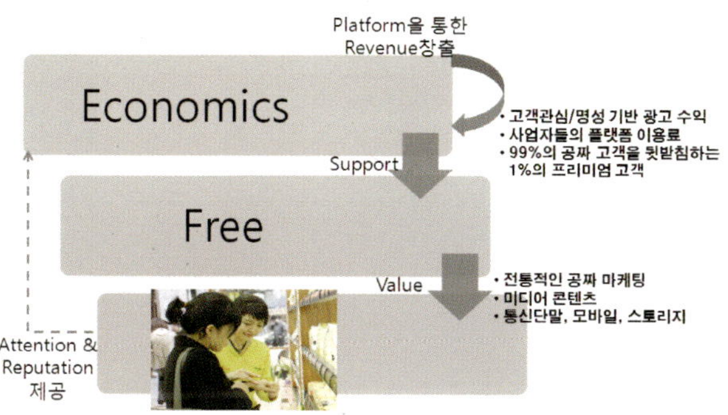

프리코노믹스 메카니즘(출처: 배철가·송명준, 2008).

물론 가장 중요한 것은 수익으로, 창의적인 비즈니스 모델이 필요하다. 프리코노믹스에서 중요한 부분은 프리가 아니라 이코노믹이다. 수익모델 없이 무료로 작동하는 프리코노믹스는 성립하지 않는다. 플랫폼을 통한 수익 창출이 관건이다. 고객의 관심과 명성에 기반을 둔 광고 수익, 다양한 사업자들의 플랫폼 이용료, 99% 공짜 고객을 뒷받침하는 1%의 프리미엄 고객이 타깃이어야 한다. 선택적 수용과 적절한 대응전략이 필요한 것이다.

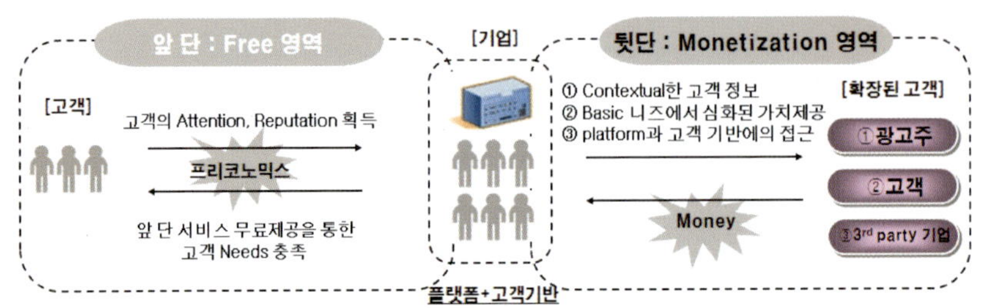

프리코노믹스의 가치 발생 구조(출처: 배철기·송명준, 2008)

미디어 및 미래 산업에서는 고객 자산의 활용이 보다 중요하다. 핵심 자산을 네트워크가 아닌 고객으로 정의하고, 고객 관점에서 프리코노믹스 전략을 비즈니스 모델에 포섭하는 노력이 필요하다.

콘텐츠스킨 미디어스킨

지역 랜드마크나 건축물에 상징영상을 입히는 콘텐츠 스킨(Contents skin)이 각광이다. 해당 지역들을 대표하는 랜드마크와 건축물에 미디어 스킨(Media skin)을 적용하면 다양한 문화콘텐츠들을 지속적으로 노출할 수 있다.

해외에서는 이미 많은 도시들에서 건물외벽을 이용한 인터랙티브 아트(interactive art) 형태로 미디어 스킨을 적용하고 있다. 특히 일군의 예술가들에 의해서 이러한 창조적인 작업이 활발하게 진행되고 있는 추세이다.

미국 뉴욕에서 활동 중인 그래피티 리서치 랩의 작품인 L.A.S.E.R. Tag는 프로젝터를 사용한 대표적인 작품이다. 이들은 뉴욕의 비영리 예술단체인 Eye Beam의 오픈랩의 지원을 받아 활동하는데, 이들의 목표는 그래피티를 통한 사회와의 소통이다. 예전의 그래피티가 스프레이 물감으로 그려졌다면, 그래피티 리서치 랩은 현대 미디어아트에 영향을 받아 실험적인 기술들을 이용하고 있다. 이들의 대표적인 작품인 L.A.S.E.R. Tag는 건물에 레이저 빔을 이용하여 그림을 그리는 것으로 아주 강한 초록색 레이저 빔을 건물에

프로젝터를 이용한 미디어 스킨, 뉴욕의
L.A.S.E.R. Tag

LED를 이용한 미디어 스킨, 독일 베를린의 SPOTS

쏘면, 그 흔적을 따라 프로젝터가 빛을 투영하여 마치 빛으로 낙서를 한 것처럼 만들어 주는 것이다.

LED를 이용한 참여형 미디어스킨, 벨기에 브뤼셀의 Touch

최근 가장 각광받는 조명소재인 LED를 사용한 독일의 SPOTS은 베를린 Potsdamer Platz 지역의 한 사무실 빌딩 외벽에 설치된 1,800개의 형광등으로 만들어 내는 작품이다. 2005년 이래 여러 프로젝트를 통해 수많은 작가들이 작업에 참여했고, 인물, 도형, 텍스트 등을 이용하여 다이내믹한 애니메이션들을 선보이고 있다.

벨기에 디자인 아트

연구소 LAb[au]에서 제작된 Touch는 브뤼셀의 145미터 빌딩 Dexia Tower
의 유리창에 조명을 설치하여 사람들이 직접 패턴을 만들어서 건물 전체
를 변화시킬 수 있도록 제작된 작품이다. 실제로 Dexia Tower 앞에 설치
된 스테이션에서는 사람들이 멀티 터치스크린을 이용해서 자신만의 빌딩
조명 패턴을 만들 수 있다. 참여형 콘텐츠 스킨의 대표적인 사례라고 할
수 있겠다.

Dr. 구글

구글의 검색2.0 서비스 혁신

검색시장에서 확고한 위치를 선점하고 있는 구글은 새롭고 혁신적인 서비스를 내놓고 있으며, 웹2.0의 패러다임을 가장 잘 수용하고 있다는 평가를 받고 있는 미디어기업이다.

특히 지역기반 위치정보 서비스의 다양한 버전을 내놓아 호평을 받고 있는데, 지도 서비스인 구글맵스(Google Maps)와 옵션서비스로 제공되는 실사 웹지도 서비스인 스트리트뷰(street view), 위성 이미지, 지도, 지형 및 3D 건물 정보 등 전 세계 지역 정보를 제공하는 구글어스(Google Earth) 등이 대표적이다.

최근에는 인기검색어가 지역, 도시, 언어에 따라 어떻게 달라지는지를 파악할 수 있는 구글 트렌드(Google Trend)가 서비스되어 인기를 얻고 있다. 예컨대, '아이폰(iphone)'을 검색어로 입력하면 검색어의 스케일(숫자), 가장 많이 검색한 지역(국가), 도시, 언어 등의 데이터가 도표로 제시된다.

'아이폰'을 검색어로 입력한 경우의 구글 트렌드의 데이터 표시 화면

감기예방 서비스 제공

몸이 안 좋으면 사람들은 병원이나 약국을 이용하는 경우가 많지만, 사전에 인터넷을 통해 건강정보를 탐색하는 경우가 많다. 구글은 이런 사람들의 습관과 이를 통한 검색 데이터를 기반으로 미국 내 감기 바이러스 확산 현황을 알리는 '플루 트렌드(Flu Trends)'라는 새로운 사이트를 선보였다. 이 서비스는 구글트렌드와 유사한 작동시스템을 가지고 있다.

이 서비스에서는 사용사가 '감기 승상'과 인플루엔자에 관한 정보를 검색하는 지역에 대한 데이터를 수집할 수 있게 해 준다. 데이터를 기반으로 플루 트렌드의 사이트에 있는 지도에는 감기가 확산되고 있는 지역을 그래프로 표시하고, 각 주마다 '낮음', '약함', '중간', '강함' 등으로 확산 정도를 표기하고 있다. 또한, 감기 인플루엔자의 강도를 작년과 비교한 그래프를 통해서 앞으로 감기가 어떻게 진행될지 미리 예측할 수 있도록 해 준다.

실제로 이 데이터를 구글과 미국질병통제본부(CDC) 공동연구팀이

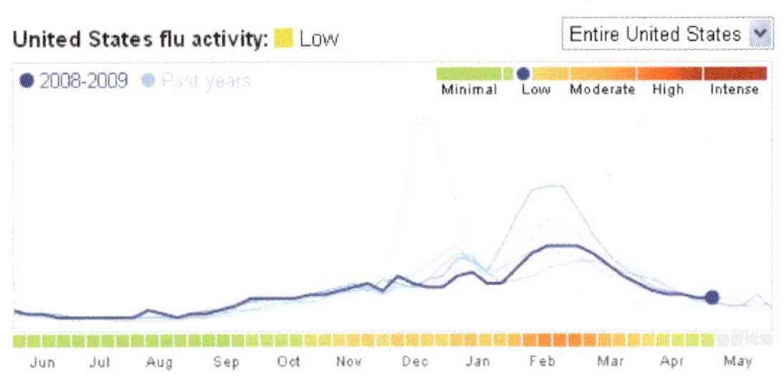

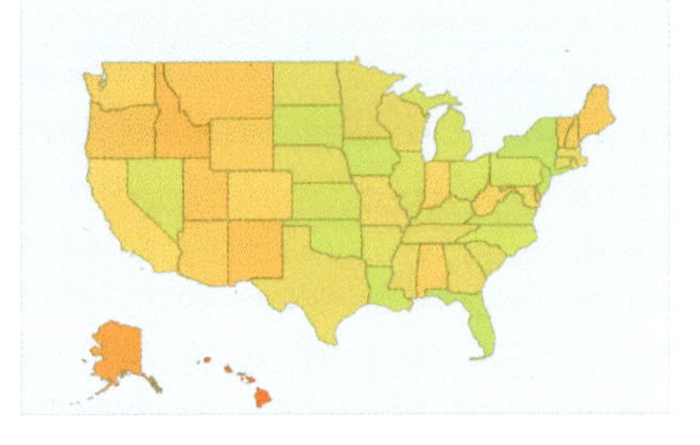

플루 트렌드에서 제공하는 美 감기인플루엔자 활동 데이터

분석한 결과 '인플루엔자'라는 검색어가 입력된 횟수와 검색어가 집중적으로 입력된 뒤 10일이 지나 나타난 환자 수는 매우 비슷한 것으로 밝혀졌다. 이는 인플루엔자 환자들이 병원을 찾기 전에 자신이 정말 인플루엔자에 걸렸는지 확인하기 위해 인터넷 검색을 하는 행동 패턴이 실제 감기 환자의 추정치와 일치한 결과이다.

신종플루(SI)의 확산 추적까지…… Dr. 구글

현재 전 세계적인 공포의 대상이 되고 있는 신종플루(SI)의 확산에 대한 추적에도 구글의 혁신적인 서비스가 한몫을 할 것으로 보인다. 실제로 일부 네티즌들은 구글맵을 활용하여 감염자나 사망자를 시간대 혹은 지역별로 분류해 피해 현황을 확인할 수 있는 지도를 만들어 정보를 공유하고 있다.

전 세계 감염 현황을 보여 주는 'H1N1 Swine Flu'라는 지도가 현재 인터넷상에 공개되어 있으며, 네티즌 24명이 협력하여 만든 SI지도인 '2009 Swine Flu(H1N1) Outbreak Map'은 사람 마크나 지역을 클릭하면 해당 지역의 SI 관련 뉴스를 읽을 수 있다.

구글 측에서도 기존의 플루 트렌드의 성공노하우를 바탕으로 하여 SI판 플루 트렌드를 제공하고 있다. 이 서비스의 이름은 'Experimental Flu Trends for Mexico'이다. 현재까지는 멕시코 정부에서 얻어 낼 수 있는 정보의 한계가 있어 일부 오류가 발생할 수 있지만, 이미 미국에서 플루 트렌드가 성공한 사례를 고려하면, SI 확산 상황을 실시간으로 추정하기 때문에 다른 시스템보다 먼저 인플루엔자 발생 시기를 발견해 낼 수 있을 것으로 기대된다.

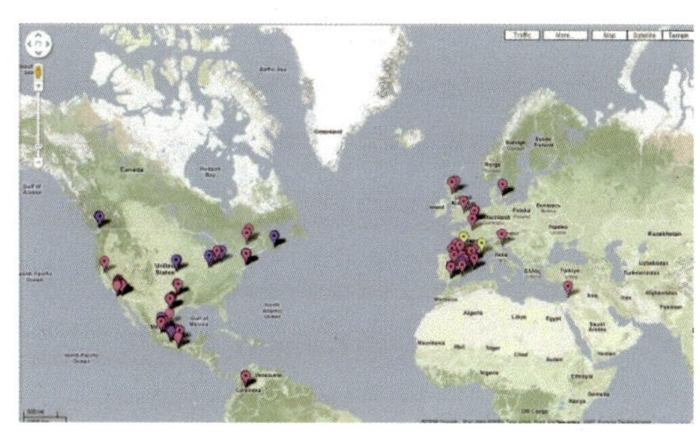

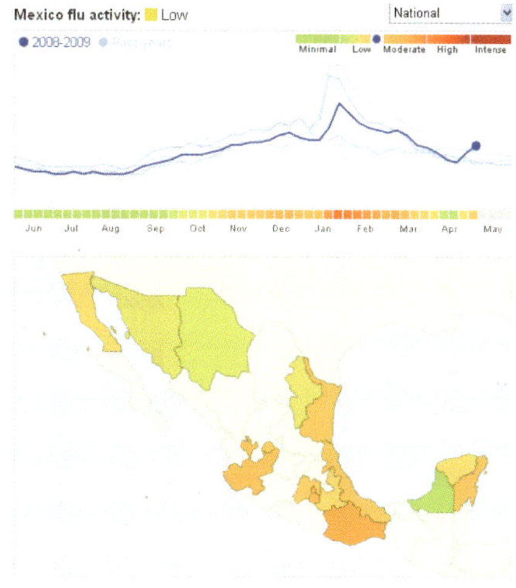

네티즌이 만든 SI Map과 구글에서 제공하는 SI 플루 트렌드 서비스(차례대로)

구글의 혁신 서비스는 건강보건 분야에까지 이르고 있다. 인터넷 검색이 현대인의 일상적인 삶의 한 부분이 된 만큼 향후 구글과 같이 검색 데이터를 기반으로 한 질병과 바이러스 확산예방 서비스가 대중화될 수 있을 것으로 기대된다. 우리의 경우에도 포털에서 유사한 서비스를 새롭게 시작한다면 질병예측 등을 통한 건강보건 분야의 발전에 많은 도움을 줄 것으로 기대된다.

올드미디어의 뉴전략, 해외 신문기업의 고군분투

올드미디어의 대표, 신문산업의 위기 국면

오늘날 신문산업은 신규독자 창출에 실패하는 등 위기 국면을 맞고 있다. 종이신문의 구독자 수는 지속적으로 감소하고 있는 데 반해 인터넷, 모바일 등 신규미디어의 유사 시장 잠식은 가속화되고 있다. 이는 광고수익 저하를 결과하고, 다시 투자 침체와 제작여건 침체로 이어지는 등 악순환의 고리가 지속될 가능성이 높아지고 있다. 디지털 혁명으로 인한 일상생활의 변화와 신매체들이 갖는 편리성의 극대화, 다양한 정보가 실시간으로 전달되는 정보홍수 시대가 도래하면서 신문매체에 대한 위기와 도전이 더욱 거세어지고 있는 상황이며, 이런 다양한 위협 요인들은 과거 어느 때보다 심각한 수준으로 받아들여지고 있다.

TV와 인터넷의 위협에도 신문은 중요한 정보미디어로서 나름의 위상을 유지해 왔다. 신문이 중요한 정보획득 수단으로서 존속할 수 있었던 것은 나름대로 시대가 요구하는 역할을 수행해 왔기 때문이다. TV가 대신할 수 없었던 심층정보에 대한 부분을 심층적이고 전문적인 기사로 채워 주었으며, 인터넷의 부족한 부분을 전문가 감수를 거친 체계적이고 다양한 섹션을 통해 채워 주었음이다.

그러나 이러한 노력들에도 불구하고, 신문은 또다시 새로운 도전에 직면하고 있다. 한번 지나간 뉴스를 다시 볼 수 없는 신문의 한계는 다시보기(VOD) 서비스가 등장하면서 보다 불리한 조건임이 확인되고 있다. 특히 웹2.0 환경은 홍수처럼 쏟아지는 뉴스 중에서 관심 있는 뉴스만 골라 이용하는 새로운 뉴스소비 패턴을 만들어 내고 있다. 게다가 전문화되고 세분화된 블로그와 웹사이트 등이 개설되면서 전문성에서 우위였던 신문의 위상이 크게 위협받고 있는 상황이다. 하루에 쏟아져 나오는 수많은 정보를 종합분석하고 평가하고, 읽기를 통해 이성적 사고를 채워 주던 유일한 매체였던 신문이 그 고유한 장점들을 다른 매체들에 빼앗기면서 미디어시장의 변방으로 밀려나는 상황이 발생하고 있다.

신문산업의 위기가 시장(경제)과 인터넷(문화)의 격변에서 비롯된 것은 자명한 사실이지만, 타 매체들에 비해서 경쟁력 우위를 가질 수 있는 콘텐츠의 질을 보유하고 있음에도 불구하고 과거의 명성과 브랜드에 기대거나 전통적인 아이템과 형식에 치중한 비즈니스 전략을 큰 변화 없이 고수해 왔다는 점에서 그 원인을 찾을 수 있겠다.

해외 신문기업의 2.0 혁신전략

신문산업의 위기는 전 세계적인 상황이다. 유수의 세계적 신문사들도 새로운 미디어 환경 도래에 따른 위기에 동일하게 직면하고 있다. 이들의 혁신적 노력은 신문산업의 미래전략에 대한 시사점을 제공해 준다.

1. 뉴플랫폼 시대의 글로벌 스탠더드로 자리매김한 뉴욕타임스(NYT)

굴지의 신문사인 뉴욕타임스도 디지털 혁명 등 새로운 미디어 경쟁체제에서는 많은 어려움을 겪었다. 하지만 미래의 환경변화를 발 빠르게 예측하고 그에 적합한 다양한 변화를 시도하여 성공적인 변화를 이루어 내고 있다.

그 변화의 첫 번째로 '디지털 뉴스룸 통합'을 들 수 있다. 뉴욕타임스는 인터넷 보급이 시작되던 1990년대 중반 이미 뉴스룸 통합을 위한 여러 시도를 해 왔고, 나름의 노하우를 축적해 왔다. 그 결과 2007년까지 완전한 통합 뉴스룸을 구축하기 위한 구체적인 작업에 착수했다. 통합 뉴스룸이 완성되면 하루 100만 부가 넘는 일간지와 하루 페이지뷰가 5억 4천 건에 이르는 온라인 사이트가 온-오프라인 구분 없이 하나의 편집국 시스템에 의해 기사가 생산된다. 종이신문의 영향력은 약화되는 반면 인터넷신문의 영향력은 해가 다르게 커지고 있다. 즉 융합시대에 종이신문과 인터넷신문의 이분법적으로 분화된 운영은 신문사의 경영난을 더욱 부추길 수밖에 없게 된다. 이러한 위기의 해법으로 '통합 뉴스룸'이 거론되고 있으며, 뉴욕타임스는 그 해법을 어느 정도 찾아가고 있는 상황이다.

둘째, '독자와의 커뮤니케이션 채널' 제공이다. 뉴욕타임스는 뉴플랫폼의 특성과 흐름을 정확하게 파악하고 그 중심인 수용자와의 커뮤니케이션의 확대에 초점을 맞추어 왔다. 뉴플랫폼 환경에서의 수용자는 뉴스를 수동적으로 수용하는 것이 아닌 스스로 뉴스를 구성하고 찾아나서는 능동적인 행태를 취하기 때문이다. 뉴욕타임스는 2006년부터 '편집국과 대화하기'를 통해 기자와 독자 간의 커뮤니케이션을 확대하기 시작했다. 이 커뮤니케이션 채널을 통해 독자가 궁금해하는 것을 기자들이 직접 응답하고 대화하면서 신문과 독자와의 거리를 좁히고 있다. 이는 단순히 독자를 대하는 서비스 및 시스템의 차원을 넘어 뉴플랫폼 환경에서의 신문기업의 브랜드를 수용자들에게 어떻게 제고하는지를 보여 주는 전략적이고 창조적인 방안이라고 할 수 있다.

셋째, '멀티 섹션'이다. 뉴욕타임스는 새로운 환경변화에 따른 위기를 극복하고자 콘텐츠를 핵심 키워드로 삼고 새로운 콘텐츠 개발과 발굴에 역점을 두었다. 뉴욕타임스는 신문산업에 불어닥친 불경기를 이겨 내기 위해 블루오션 콘텐츠에 해당하는 브랜드를 창조해 콘텐츠 활용 효과를 극대화하여 위기를 극복했는데, 예컨대, UCC에 대한 확장을 통해 독창적 콘텐츠 전략을 추진하고 있다. 'NYTimes.com'에서는 결혼축하 섹션(Wedding & Celebration)에 게재된 커플들에게 밸런타인데이를 전후해 사용자 제작 옵션을 제공한 바 있으며, UCC를 이용한 기사 형식이 아닌 시트콤 형식을 도입해 만든 IT 컬럼니스트 데이비드 포그(David Pogue)의 'The i-Phone Challenge'라는 기사는 텍스트 중심에서 입체화된 기사로의 뉴스 콘텐츠 진화를 보여 주는 새로운 노력으로 평가받는다.

〈뉴욕타임스〉 이니셜을 강조한 'T-스타일 전략'

'T-스타일'의 브랜드 작업은 2004년 8월부터 개시되었으며, 주로 특별한 패션, 디자인, 라이프스타일 등을 다루면서 일반 구독자가 부담 없이 탐닉할 수 있는 소프트 콘텐츠를 제공

　　뉴욕타임스는 'Time' 이니셜을 강조한 'T' 스타일을 다각화하는 전략은 물론 새로운 미래 미디어의 새로운 콘텐츠를 선도하고 상징하는 하나의 브랜드로 포지셔닝했다. 이는 독자를 붙잡아 놓기 위한 수단으로 기존의 폐쇄적인 온라인 신문 방식에서 웹2.0 시대에 적합한 개방과 참여, 공유 방식으로의 전략과 패러다임 전환을 의미하는 중요한 사례이다.

2. 타깃별 콘텐츠 다양화전략을 펼치는 영국의 더 타임즈(The Times)

　　영국의 더 타임즈는 모바일로 공연정보를 전송하는 등 대중문화 정보에 목마른 독자들을 포섭하는 다양한 노력을 기울이고 있으며, 특히 대도시에 거주하는 20~30대층 소비자들을 상대로 하는 쇼핑, 외식 콘텐츠로 채워진 주말판을 앞세우면서 전문화하고 있다. 특히 주말판에는 쇼핑, 외식 등에 관련된 쿠폰도 풍성하게 제공하고 있어 또 다른 구독층을 형성하고 있다. 즉 뉴스 외에도 다양한 볼거리와 즐길 거리를 위해 신문을 구매하는 것이다.

영국을 대표하는 또 다른 일간지 가디언 역시 다양한 콘텐츠를 통해 특정 독자층을 집중 겨냥하고 있다. 예컨대 가디언지의 '여행' 섹션 웹사이트에서는 론니 플래닛(Lonely Planet)과 같은 세계적인 여행 전문지 수준의 콘텐츠를 제공한다. 이 사이트에서 제공된 콘텐츠는 작품과 같은 사진, TV를 보는듯한 영상, 화려한 디자인이 어우러져 콘텐츠의 질을 한층 높여 주고 있다. 경제, 여행, 외식, 쇼핑, 연예 등의 풍성하고 다양한 멀티 섹션은 각 섹션별 타깃을 형성하며 신규 독자층을 창출하고 있다.

인터넷신문의 저널리즘 특성

- 프로슈머(Prosumer): 시민 스스로가 인터넷을 통해 적극적으로 '말할 권리'를 행사 / 시민기자는 소수의 전문가 중심적인 언론모델을 탈피한, 비경제적이며 비국가적인 자발적 결사체 / 전통적인 기사작성 방식 탈피(기사길이의 형식 파괴, 기사형식의 유연함, 실시간 현장중계, 멀티미디어 기능, 쌍방향성)
- 게이트키핑(Gatekeeping): 뉴스는 단지 데이터베이스에 존재하고 그것을 선택하고 읽는 것은 온라인 공간 속의 이용자
- 의제설정(Agenda-setting): 상호작용적인 특성에 기반을 두어 역동적인 의제가 설정되고, 또한 동시다발적인 빠른 속도로 이용자들에게 전파 / 밑으로부터의 이슈 제기가능성
- 정보원(Source): 모든 곳이 출입처 / '인터넷신문에는 마감시간이 없다'

3. 고급유료콘텐츠로 차별화한 니혼게이자이(日本經濟新聞)

니혼게이자이 신문은 인터넷이 등장하기 훨씬 전인 1970년대부터 뉴플랫폼 환경을 예견하며 꾸준히 준비를 해 왔다. 1970년대 이미 사내에

데이터뱅크국(정보국)을 만들고 영문뉴스의 데이터베이스를 구축했다. 경영진은 당시 통신을 통해 뉴스를 서비스하는 시대가 도래할 것이라며 '새로운 시대를 준비해야 한다.'는 경영철학을 내세웠다. 1984년에는 닛케이 텔레콤이라는 자회사를 만들어 데이터뱅크국에 축적된 정보를 영문뉴스로 재가공해 PC통신에 유료로 판매하였다. 결국 70년대부터 꾸준히 준비한 노력이 엔엔아이 유료서비스의 기반을 이루어 냈다.

만약 닛케이가 유료서비스를 염두에 두지 않고 이들 자료들을 무료 서비스로 제공했다면 구독률은 급증했을지 모르나 수익모델 창출에는 실패했을 것이다. 결국 오래전부터 유료서비스를 목표로 콘텐츠의 질 향상과 개발에 힘을 기울였기 때문에 오늘날의 성공을 이룬 것이다.

유료로 운영하는 영문 경제 뉴스 사이트인 엔엔아이(nni)는 일본은 물론 미국, 유럽, 한국 등에 분 단위로 올라오는 경제뉴스와 시장자료, 주식정보 등을 서비스하고 있다. 주요 콘텐츠는 닛케이의 일본어 기사를 영문으로 재편집하거나 취재기자들의 정보를 재가공한다. 구독료는 6개월에 6천 엔(54달러)이지만 수익구조의 대부분을 온라인 뉴스 서비스에서 창출하겠다는 계획을 세울 만큼 성공적인 평가를 받고 있다.

4. 젊은 콘텐츠로 차별화하는 캐나다의 무료일간지 도스(Dose)

canwest mediaworks에서 발간하는 젊은 층을 대상으로 한 무료 일간지(페이퍼 버전) 도스는 (종이신문은 현재 발행이 중단되어 있지만) 2005년 4월부터 발행된 일간지로 18~34세 독자를 타깃집단으로 하고 있다.

오프라인 신문을 폐간한 뒤에도 canwest mediaworks가 온라인 서비스 dose.ca가 canada.com 네트워크의 젊은 층 채널이 될 것으로 예측한 결과는 주효했으며, 실제로 젊은 층에 높은 호응을 얻고 있다. 다른 신문과는 차별화된 콘텐츠 제공이 그 주요 동인으로 작용했다. 도스에서 제공하고 있는 지역 검색 도구는 식당, 클럽, 음악회와 이벤트 위치 및 주차시설 등에 관련된 종합정보를 제공한다. 또한 도스 모바일은 무선 포털로 영화

젊은 층을 위한 맞춤형 콘텐츠를 제
공하는 도스(Dose)의 사례

목록과 점성술, 게임, 벨소리와 그래픽 등의 즉각적인 접속을 제공하고 있다. 인터넷 등의 뉴플랫폼이 익숙한 젊은 층의 이탈을 방지하고 신문콘텐츠의 활용을 장려하기 위한 이 같은 맞춤 서비스는 새로운 수익모델로 부상되며, 나아가 다른 집단별 타깃 서비스로도 확장가능하다.

5. 어린이 대상의 일요잡지 구아나킨(Guanaquin)을 발간하는 엘살바도로의 엘 디아리오 데 호이(El Diario de Hoy)

구아나킨(Guanaquin)의 초점은 교육에 맞춰져 있으며 부모와 선생들도 구독 대상으로 하고 있다. 또한 엘살바도르 소년소녀위원회가 매월 모여 제안과 평가를 하는 등 전국적인 규모로 운영되고 있다.

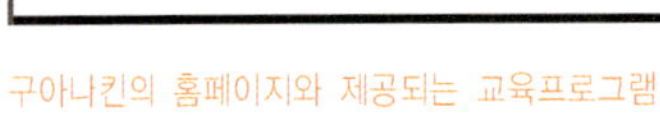

구아나킨의 홈페이지와 제공되는 교육프로그램

구아나킨은 웹 사이트(www.guanaquin.com)와 학교신문 프로그램을 갖고 있으며 특별 이벤트와 학교방문, 토요일에 TV프로그램과 재활용 캠페인을 진행하기도 한다. 홈페이지를 통한 참여와 이메일을 통한 질문 등의 양방향 커뮤니케이션 루트도 비교적 원활한 편이다. 이 밖에도 다양한 커뮤니티를 통한 교육자료 교환 및 판매 등은 또 다른 수익모델로 부상하고 있다.

사이즈의 핸디화

미디어의 모바일화, 소형화 추세에 맞추어 타블로이드판형의 신문들이 등장하고 있음. *(ex)* *영국의 인디펜던트(The Independent)*

6. 유료화, 모바일 과금 전략을 추구하는 WSJ

미디어 황제 루퍼트 머독의 뉴스코프는 신문수입의 급감으로 2009년 1/4분기 영업이익이 47%나 급감하는 상황을 맞았다. 자회사인 20세기 폭스의 선전에도 불구하고, 자사인 월스트리트저널(WSJ) 등의 인쇄매체와 TV 부문의 광고 수입 감소는 뉴스코프를 압박하는 요인으로 작용하고 있다.

예전부터 머독 회장은 "무료 인터넷 신문은 곧 사라질 것이다."라는 주장을 공공연하게 해 왔는데, 최근 유력 경제지이자 자회사인 WSJ의 웹사이트 개별 기사들과 프리미엄 구독자들을 대상으로 소액의 수수료를 물리는 방법을 강구하고 있음을 공식 발표했다.

WSJ의 유료시스템은 미국 신문업계가 광고에 대한 의존도를 줄이기 위해 연구 중인 소액결제 시스템을 처음으로 채택한 것으로 WSJ의 성공 여부에 따라서 다른 신문들도 이에 동참할 것으로 보인다. 미국의 일부 신문사들은 소액결제와 구독 서비스를 개발하는 벤처기업인 '저널리즘 온라인(Journalism Online)'사를 공동으로 운영하고 있다.

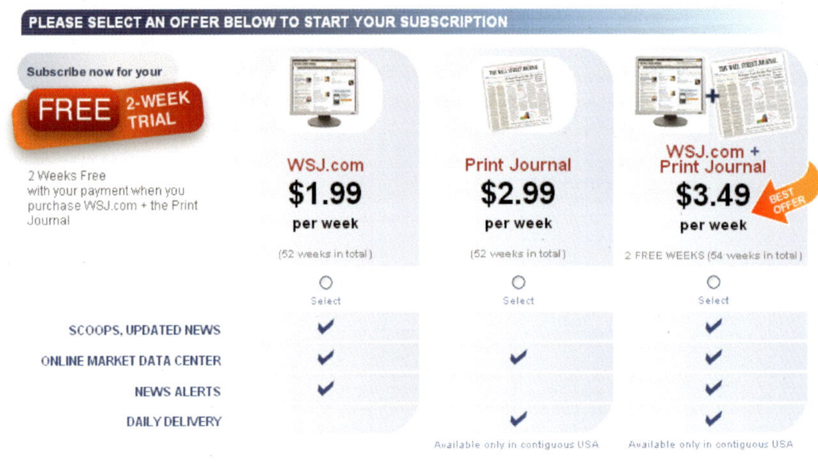

유료패키지로 전환한 WSJ의 과금 서비스 소개(https://order.wsj.com/sub/t2)

'블랙베리'나 '아이폰'과 같은 스마트폰의 보급이 본격화되면서 모바일기기를 통한 신문콘텐츠의 소비도 늘고 있는 상황이다. WSJ에서도 블랙베리폰을 통해 자사의 신문콘텐츠를 제공하고 있으며, NYT도 고품질의 모바일전용 콘텐츠를 온라인 웹사이트(http://mobile.nytimes.com)를 통해 제공하고 있다.

　　이러한 가운데 세계 최대의 통신사인 톰슨 로이터가 블랙베리폰과 아이폰 등의 스마트폰에 제공하는 콘텐츠에 수수료를 물리는 방안을 검토하고 있다는 소식이 공개되어 주목을 끌고 있다. 블랙베리폰과 아이폰 전용 모바일 어플리케이션이 이미 출시되어 있는 상황이다.

　　톰슨 로이터는 1991년부터 금융거래인들에게 휴대폰으로 뉴스 콘텐츠와 금융정보를 제공해 온 선도적인 서비스로 주목받아 왔는데, 뉴스코프와 마찬가지로 경제위기로 인한 위기탈출의 일환으로 모바일고객들을 위한 프리미엄 콘텐츠를 개발해 유료화로 전환하는 방안을 모색하고 있는 것이다.

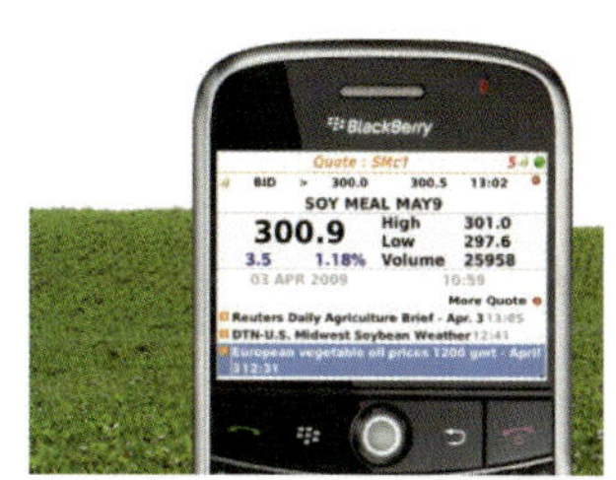

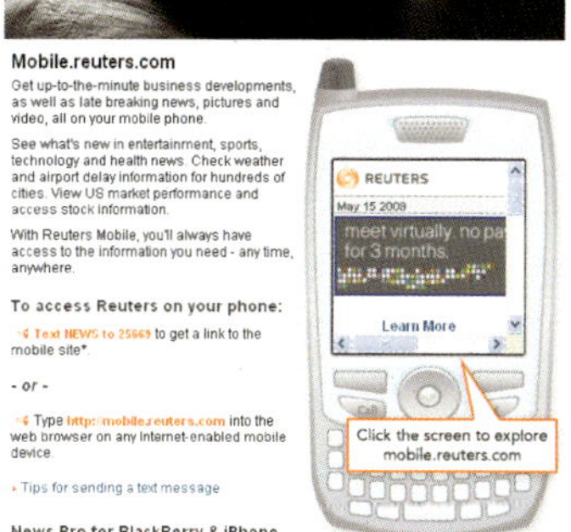

로이터의 모바일 뉴스콘텐츠 서비스

전략적 시사점, 컨버전스와 오픈 이노베이션

　　TV, 라디오, 신문이 주도했던 전통미디어에서 인터넷, 모바일, 디지털TV 등의 뉴미디어로의 전환, 그리고 이어서 IPTV, DMB, WiBro, HSDPA 등의 융합미디어로까지 플랫폼의 진화는 점차 가속화되고 있다. 이와 같은 뉴플랫폼의 급성장으로 인해 전통미디어의 전체적인 위기와 위축은 피할 수 없는 현실로 다가왔고, 그중에서 특히 신문산업의 위기는 더욱 심각하게 나타났다.

　　이러한 신문산업의 위기는 국내에만 한정된 것이 아니라 전 세계적으로 동질적인 위기로 인식되고 있다. 하지만 변화된 환경에 적합한 전략적 시스템과 구조혁신으로 위기를 기회로 창출해 낸 신문사도 많다. 해외 사례에서처럼 블루오션을 개척하고 새로운 수익모델을 창출한 사례들은 많은 시사점을 제공하는데, 컨버전스와 오픈 이노베이션이 그 답이다.

첫 번째 전략적 교훈, 컨버전스와 크로스미디어

첫 번째 교훈은 컨버전스와 크로스미디어 전략을 구사하라는 것이다.

2002년 이후 포털과 인터넷 독립 신문사들의 영향력이 급속하게 증가하였고 결국에는 이들 두 매체들에 의해서 기존의 신문사들에게 위기론이 심각하게 대두되었다. 이에 일부 언론사에서는 오프라인 신문에서 그 개념을 확장한 온라인 신문을 표방하며 온 - 오프라인의 융합을 선언하였다. CBS의 '노컷뉴스'와 국민일보의 '쿠키뉴스'가 대표적인 예이다. 노컷뉴스의 경우 UCC 등의 동영상도 적극 활용 중에 있으며, 쿠키뉴스의 경우는 국민일보를 대신하는 브랜딩화 작업을 진행 중이다. 다음으로 신문사의 방송시장 진출 본격화 전략, 즉 크로스미디어 전략의 등장이다. 조선일보의 르포기획 '아워아시아2'는 기사뿐만 아니라 방송을 위한 다큐멘터리로도 제작되어 또 다른 콘텐츠 컨버전스의 가능성을 제시한 바 있다.

결국 기존의 신문, 인터넷 등에서 더욱 다양한 뉴플랫폼으로 진출을 가속화해야 한다. 인터넷을 통한 기사 제공뿐만 아니라 새롭게 등장하고 있는 뉴플랫폼들 DMB와 IPTV, WiBro, HSDPA 등으로 그 콘텐츠 제공 접점을 확장시킬 필요가 있다. 이를 위해서는 각 플랫폼의 특성을 고려한 콘텐츠 개발 및 활용방안이 모색되어야 한다. 예컨대, DMB에 대한 진출전략은 OSMU의 일환으로 투자를 최소화하는 선에서 보완재의 정도의 개념으로 준비해야 하며, WiBro의 경우에는 장점을 최대화할 수 있는 위치기반서비스(LBS: Location Based Service)를 활용한 콘텐츠 개발전략을 진행하는 것이 중요하다.

신문기업의 크로스미디어 진출이 신문콘텐츠의 확장 및 진화의 단계로 긍정적인 효과를 가져올 것으로 기대된다. 크로스미디어에 진출하기 적합한 콘텐츠는 연예, 스포츠, 생활정보 등이며, 초기 진출은 킬러콘텐츠 위주로 이루어져야 수익 면에서는 리스크가 적을 것으로 예상된다. 또한 신문매체의 장점인 DB를 활용한 서비스 개발 및 제공이 필요하다. 신문사가 오래전부터 보유하고 있는 고급정보와 신뢰성을 바탕으로 구축된 DB는 뉴플랫폼 환경변화와 맞물려 새로운 수익원으로 부상할 가능성이 높다.

결국 신문미디어의 미래상에 대한 준비가 필요한데, 신문의 미래 진화모습은 'Me 페이퍼, Palm 페이퍼, Walking 페이퍼, Watching 페이퍼'라는 화두로 정리된다.

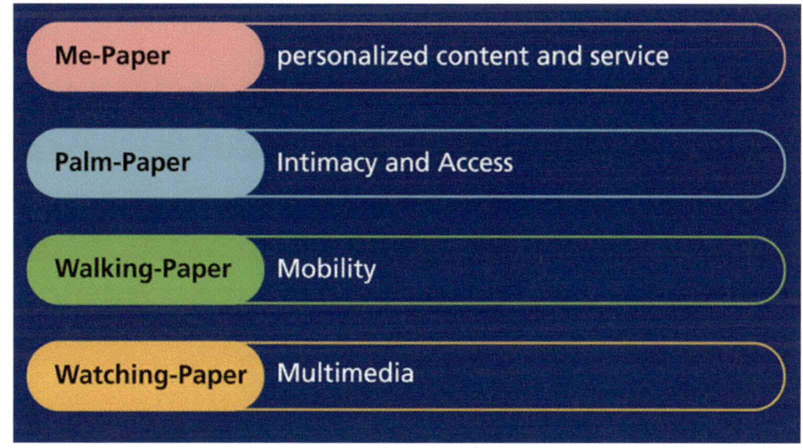

신문미디어의 미래 진화 전망

두 번째 전략적 교훈, 콘텐츠의 진화와 확장

두 번째 교훈은 신문미디어의 장점인 콘텐츠를 진화하고 확장하라는 것이다.

인터넷 등장 이전의 기존 신문은 종이라는 플랫폼의 한계를 벗어날 수 없었다. 그러나 인터넷 기술의 발전으로 인해 온라인신문이 대중화되면서 신문콘텐츠는 종이라는 한정된 공간을 벗어날 수 있게 되었으며, 누구나 쉽게 기사를 공유하고 구독할 수 있게 되었다.

　　현재의 미디어 환경에서는 TV는 더 이상 TV가 아니고 신문은 더 이상 신문이 아니다. 즉 TV와 인터넷, 신문과 모바일, 인터넷과 전화 등 다양한 매체가 영역 구분 없이 융합되어 경계가 사라지고 있는 것이다. 신문 기사는 종이를 벗어나서 다양한 디스플레이를 통해 전달되고 있으며, 디지털화한 뉴스는 이용자들과 커뮤니케이션되면서 자유롭게 응용·확장되고 있다. 이에 따라 뉴플랫폼 환경에서의 뉴스콘텐츠 제작도 새롭게 진화할 수밖에 없게 되었다. 콘텐츠의 차별성과 고급성, 오디오와 비디오 등 멀티미디어 형식, 인터넷 특성을 살린 인터랙티브 뉴스, 콘텐츠 자산 관리 개념 도입 등 시장 내 경쟁력을 확보하는 것이 핵심적인 과제로 부상하고 있다.

　　이러한 환경하에서 콘텐츠 역시 한 가지의 형태로만 존재하는 것이 아니라 다양한 콘텐츠들이 결합하여 또 다른 콘텐츠로 탄생가능하다. 일방향 커뮤니케이션 방식에서 양방향 커뮤니케이션이 가능하게 되면서 수용자의 참여, 공유, 개방은 더욱 활발해졌다. 이러한 환경하에서는 종이신문에서 만들어진 콘텐츠가 또 다른 곳에서 만들어진 콘텐츠와 결합하여 다른 플랫폼에서 새롭게 제공될 수 있다. 매쉬업(mash-up) 유의 콘텐츠 서비스 제공이 가능한 것이다. '매쉬업'은 본래 음악 세계에서 가수나 DJ가 두 가지 곡을 조합해 또 다른 곡을 만들어 내는 것을 의미한다. 요즘에는 서로 다른 성격의 콘텐츠(서비스)가 연계되어 새로운 가치의 콘텐츠(서비스)를 생산하는 것을 일컫는다. 뉴스기사와 사진 외 관련 동영상을 홈페이지 등에서 제공하는 방식이 대표적인 예이다. 더 이상 신문 고유의 뉴스전달 방식을 고집할 필요가 없다는 것이다.

　　결국 2.0 시대 신문콘텐츠의 비즈니스 전략은 진화(evolution)와 확장(expansion)에 있다고 하겠다. 서로 다른 성격의 콘텐츠를 합쳐서 새로운 가치의 콘텐츠를 생산(진화)하거나, 모바일 혹은 방송과 결합(확장)하는 등의 노력이 신문산업의 미래 경쟁력을 확보하는 구체적 방안이 될 것이다.

디지털 시대에 종이의 기능은 혁신적으로 전환되고 있다. 디지털 시대 초기, 문서가 인터넷으로 들어가자 종이의 불필요함이 역설되었다. 그러나 오늘의 상황을 보면 종이의 사용은 오히려 더 늘어나고 있다. 디지털 시대를 사는 우리는 디지털문서를 활용하면서도 종이에 출력해 확인하고 보관하는 오랜 습성을 버리지 못하는 것이다. 인터넷신문이 장르가 됨에도 불구하고, 여전히 종이신문은 유효하고 무가지가 성업 중인 게 현실이다. 종이가 갖는 묘한 매력, 그 나름의 미디어적 가치가 있기 때문이다.

이처럼 인쇄매체가 여전히 기록매체로서 확고부동한 자리를 지키고 있는 것은 기록성과 보존성이 뛰어나기도 하지만, 무엇보다 가독성과 휴대성이 월등하기 때문이다. 얇아서 책으로 만들기 쉽고, 가벼워 휴대하기도 편한 점이 기록매체, 전달매체로서 적합한 것이다. 신문의 발전도 그 연장선에 있다. 그런데 최근 전자종이(e - paper), 만능종이(smart paper), 전자잉크(e - ink)라고도 불리는 디지털 페이퍼가 새로운 기록매체로 등장하면서 종이의 아성을 위협할 태세다.

디지털 페이퍼의 등장, 그러나……

영화 <마이너리티 리포트(Minority Report)>(2000, 스티븐 스필버그 감독, 톰 크루즈, 콜린 파렐 주연)는 2054년을 배경으로 하는데, 흥미로운 미래기술들이 다양하게 펼쳐진다. 그중 관심을 끄는 것은 '전자종이

(e - 페이퍼)' 기술이다. 영화에서 주인공이 당국의 추적을 피해 지하철 속으로 숨어드는 장면이 나온다. 지하철 승객 중 일부가 신문을 보고 있는데 이 신문에는 실시간으로 정보가 업데이트되며 심지어는 동영상까지 나타난다. 지명수배자가 된 주인공은 결국 신문 때문에 정체가 드러나 다시 도주해야 하는 처지에 놓인다. 영화에선 2054년 먼 미래의 일로 그려졌으나, 상용화 시기는 훨씬 앞당겨질 것으로 보인다.

벨기에의 일간지 '데 타이트(De Tijd)'는 소수 독자를 대상으로 휴대용 전자신문(E - Newspaper) 시범 서비스를 시작했다. e - 페이퍼로 보는 이 신문은 구부리거나 접을 수 있는 초슬림 모니터에 '띄워' 본다는 점만 차이가 있을 뿐, 디자인과 레이아웃은 종이 신문 그대로다. 일본 요미우리 신문은 지난해 아이치 전자 박람회에서 커다란 액자처럼 벽에 걸어 놓고 보는 대형 벽걸이 신문을 선보였고, 미국 마이크로소프트의 빌 게이츠 회장도 최근 열린 미국 신문 편집인 협회(American Society of Newspaper Editors) 총회에서 2007년 초 공개를 목표로 뉴욕타임스와 공동으로 종이신문 같은 느낌을 주는 '온스크린 리더(onscreen reader)'를 개발 중이라고 밝혔다.

이처럼 디지털 기술은 인쇄 중심의 출판 패러다임을 혁신적으로 변화시키고 있다. 소비자의 욕구에 맞추어 '읽는' 형식이 아닌 귀로 듣거나 손으로 만지는 등 새로운 형식의 도서가 출현하고 있는 것이다. 이제 개인은 멀티미디어 기기를 활용해 시간과 장소에 구애받지 않고 원하는 방법으로 독서를 한다. 이미 e - 북은 대형 오프라인 서점에서 '미리보기'를 통해 도서 홍보수단으로 활용하고 있다.

미국에서는 동일한 도서를 다섯 가지의 다른 형태로 제공하는 카라반 프로젝트(Caravan Project)가 진행 중이다. 출판사 및 배급사는 비용 절감을 통해 경영 효율성을 높이고 독자는 니즈에 맞는 도서 양식을 선택할 수 있는 기회를 갖는다. 비영리 출판사, 도서배급자 및 중소형 서점경영자들로 구성된 프로젝트 참여자들은 24권의 도서를 선정하고 2007년에 다섯 가지의 양식으로 서비스할 계획인데, 다음과 같다.

> 하드커버: 프린트되어 제본된 형식의 일반적 방법
> 디지털: e-북 디스플레이 기기(시계, PDA, 전용단말기 등)를 위한 온라인 판매
> 오디오: 특수한 S/W로 일반 텍스트를 인공 목소리로 변환해 들을 수 있는 도서 개발
> POD(Print on Demand): 원하는 도서를 직접 출력, 제본해서 판매하는 방식
> 부분출판(Piecemeal): 한 권의 도서에서 원하는 부분만 POD 방식으로 구매

이러한 주문출판 방식은 작가, 출판업체 및 소비자에게 다양한 영향을 줄 것으로 전망된다. 다양한 형태의 도서를 중복 판매함으로써 출판업계의 이윤 증대가 가능하며, 독자는 원가 절감에 따른 가격 하락과 기호에 맞는 도서 유형 선택 등 가장 큰 혜택을 누리게 될 것이다. 그런데 여기서 모든 형태의 저작물의 원천은 '종이에 인쇄'한 도서라는 점이다.

인류사에서 가장 중요한 사건, 인쇄술

1997년 미국의 시사주간지 『라이프』는 지난 1천 년 동안 인류사에서 가장 중요한 사건 중 그 첫 번째로 구텐베르크가 금속활자를 발명해 성경을 찍어 낸 것을 꼽았다. 당시 귀족과 성직자들의 전유물이었던 성경이 그의 인쇄기를 통해 일반인에게 보급되면서 결국 서양 문명이 현재 세계를 지배하게 되는 중요한 계기가 되었기 때문이다.

책은 지식을 모아 보존하고 대중화시키는 데 가장 큰 영향을 끼쳐 왔다. 책이 보급되기 위해서는 문자와 종이, 인쇄술이 필수적이지만 책을 통한 지식의 대중화에 가장 중요한 역할을 한 것은 인쇄술이다. 인쇄술은 인류가 정확한 정보를 전달하기 위하여 부단한 노력 끝에 발명한 것으로 인류문화 발전에 큰 공헌을 했다. 인쇄술이 발명되기 전에 인류는 책을 베끼는 방법으로 정보를 전달했다. 그러나 책을 베끼는 것은 그 과정에서

틀린 글자나 빠지는 글자 등이 많아 본문의 내용을 다르게 하는 단점이 있어 지식과 문화수준이 점차 발달하고 수요가 많아지면서 인쇄술의 필요성이 대두된 것이다.

　구텐베르크는 독실한 가톨릭 신자로서 흔들리는 가톨릭을 바로잡기 위해 가톨릭 신자들에게 성경을 널리 보급할 생각으로 인쇄술을 활용했다. 13세기 당시에는 구약성서 창세기로부터 신약성서 요한계시록에 이르기까지 수십 권에 달하는 성서 한 부를 한 사람이 모두 필사하려면 3년이 넘는 세월 동안 공을 들여야 했다. 그나마 수도사나 수녀들이 필사한 성경은 로마 가톨릭교회 일부 성직자의 전유물이 되었다. 이처럼 성서와 그리스·로마의 고전을 위주로 한 대부분의 책은 수도원을 중심으로 필사하여 보관했다. 이러다 보니 자연히 가톨릭 수도원은 지식의 창고가 되어 지식을 보관, 전수하는 유일한 장소가 되었다. 이곳에 보관된 서적을 통해 왕실과 귀족, 수도승들만이 지식을 공유하였으며 특히 성서를 교회와 수도원이 독점하고 있었으므로 일방적인 신앙을 강요하며 유럽 전체에 거대한 종교권력을 행사하였다.

　움베르트 에코의 소설 『장미의 이름』을 보자. 이 소설은 감독 장자크 아노에 의해 1986년에 영화로 만들어질 만큼 베스트셀러의 반열에 올라 있다. 중세 말의 한 수도원을 배경으로 한다. 주인공 윌리엄 수도사가 수도사들이 연속적으로 살해당하는 음모를 파헤쳐 가는 줄거리다. 수도원 도서관에는 아리스토텔레스가 희극에 관해 논한 시학 제2권의 필사본이 숨겨져 있다. 예수가 평생 단 한 번도 웃지 않았으며, 웃음은 악마의 유혹이고 신성모독이라 믿는 수도원장이 그 책에 독을 발라 놓아 책을 보는 사람은 모두 독살당하게 된다.

　책의 제목은 중세의 시 구절에서 "태초의 장미는 이름으로 존재하나 우리는 빈이름만을 가지고 있다."는 구절에서 따온 것이다. 장미는 과거의 영광은 사라지고 허망함만 남은 것, 과거의 아름다움을 잃고 이제는 이름만 남아 있다는 것을 상징한다. "실체는 모두 사라지고 남아 있지 않다. 과거의 영광스럽고 위대한 것들은 덧없이 사라지고 만다. 하지만 그것들은 오직 이름으로만 남아 있다.”

인쇄술이 발달하지 않아 책을 많이 찍어 낼 수 없었기 때문에 벌어진 일이다. 책은 수도사만이 볼 수 있었기에 그 자체가 예수와 대화하는 권위의 상징이었기에 그 권한을 가진 수도사는 권력이 되어 버린 것이다.

종이인쇄 기반 지식과 정보, 역사발전의 초석

그러나 2백 년이 지난 1455년, 구텐베르크는 자신이 발명한 금속활자를 이용하여 3년 남짓한 기간에 성서 180부를 찍어 냈다. 중세까지 문자를 읽고 쓰며 책을 소지하는 이들은 귀족과 수도승 같은 소수 권력층이었으며, 지식에서 소외된 대중들은 하층민의 삶을 영위할 수밖에 없었다.

구텐베르크의 인쇄술은 유럽사회에 혁명적 변화를 가져왔다. 구텐베르크 성경 발간 이후 40년 만에 유럽 110개 도시에 인쇄소가 설치됐고, 그 뒤 10년 만에 인쇄술로 발간된 서적 수가 800만 권에 도달했다. 유럽은 물론 전 세계에 지식정보혁명을 가져온 인쇄술은 보통사람들도 저렴한 비용으로 서적을 구입하고 아담한 서가를 꾸밀 수 있게 해 줬다. 민족단위의 국가가 형성되는 과정에서도 대중화된 서적의 보급은 큰 역할을 했을 것이다. 법전의 대량보급 역시 국가통치체제 구축에 큰 도움을 주었다.

구텐베르크의 인쇄술은 당시 시작되고 있던 르네상스의 불길을 더욱 거세게 했다. 이때 인쇄된 그리스·로마 시대의 고전들은 종교암흑기 중세 이전의 자유롭던 고전시대를 꿈꾸게 해 주었던 것이다. 이제 ‘책’은 소수의 지배계급을 위한 것이 아니라 지식에서 소외되었던 대중을 위한 것이 되었다. 학문상의 활발한 토론도 활판 인쇄술의 도움으로 싹이 트기 시작했고, 이는 다시금 대중 속으로 파고들었으며 나아가 역사 발전에도 큰 영향을 미쳤다.

인쇄술의 발달 없이는 종교개혁도 불가능했을 것이라는 것이 학계의 정설이다. 1517년, 종교개혁을 시작한 루터의 '95개조 반박문'은 활판인쇄술에 힘입어 불과 2주 만에 전 유럽으로 파급되었다. 루터는 인쇄술을 가리켜 "복음 전파를 위해 신이 내리신 최대의 선물"이라고까지 극찬했다. 당시 인쇄술의 발달은 루터의 사상을 빠르게 지식인들에게 알릴 수 있었고 판화를 통해서 글을 모르는 농민들에게도 이해시킬 수 있었다.

구텐베르크 성서 등 라틴어 성서의 인쇄에 이어 루터가 번역한 독일어 성서를 비롯해서 각국의 언어로 성서가 금속활자로 인쇄, 출판되어 대중에게 보급됨으로써 대중은 지금까지 가톨릭교회가 이야기한 것들이 성경과 동떨어진 것이었다는 사실을 인식하고 종교개혁을 적극 지지하게 되었다.

종교개혁으로 인해 엄청난 양의 출판물들이 생산되었고 종교개혁과 이에 반발한 가톨릭교회의 반종교개혁이 팽팽히 맞서면서 이들 인쇄물은 정신적·정치적 투쟁의 도구, 선전·선동과 교화 수단으로 자리매김하게 되었다.

인쇄술에 의해 지식과 정보가 대량 복제되면서 대중의 힘은 점점 커졌다. 르네상스와 종교개혁을 통해 쏟아져 나온 책과 여러 인쇄물을 접하며 이제 대중들은 지식이라는 권력을 지배층과 공유하게 되었고 이는 다시 시민혁명을 거쳐 근·현대로 나아가는 초석이 되었다.

'인간적인' 인쇄매체는 정보통신 시대에도 중요한 가치 가져

15세기 구텐베르크가 금속활자로 42행 성서를 찍어 낸 이후 인쇄술은 유럽 전체로 빠르게 전파되었다. 구텐베르크의 금속활자에서 비롯된 인쇄술의 발달은 일부 특권층이 점유했던 지식을 대중들이 공유토록 함으로써 종교개혁을 가능케 한 원동력으로 인정받는다. 인쇄출판의 발달은 지식과 정보의 대량 복제를 가능케 함으로써 대중들이 지식이라는 권력을 지배층과 공유하게 되는 촉매제 역할을 하였고 이는 다시 시민혁명을 거처 근·현대로 나아가는 초석이 되었으며 현재 컴퓨터와 정보통신으로 집약되는 네트워크 시대를 연 출발점이라고 할 수 있다.

미국의 미디어학자 맥루한은 구텐베르크의 인쇄술로 구축된 도서문화의 세계를 '구텐베르크 은하계'라고 표현했다. 구텐베르크는 그의 발명을 통해 유럽과 온 세계를 '정보의 홍수'에 빠뜨렸고 인류는 오늘날까지 인쇄물이 제공하는 지식과 정보를 통해 사고하고 토론하고 요구하며 변혁을 꿈꾸어 왔다. 구텐베르크는 지구촌의 역사를 이제까지도 바꾸고 있다. 교과서와 신문, 잡지, 그 외의 인쇄물들은 아직 건재하며 TV, 컴퓨터 등 새로운 미디어와 더불어 날마다 지식과 정보를 쏟아 낸다.

컴퓨터의 발달로 인해 기존의 종이를 기반으로 한 인쇄매체 시장이 급격히 줄어들 것으로 예상했으나 현실은 그렇지 않다. 오히려 인쇄시장은 재도약의 계기를 맞게 되었다. 약 500년 동안이나 종이로 된 책을 읽는 데 익숙해진 대중의 습성에 전자북은 손으로 넘겨보는 책보다는 번거로운 게 사실이다. 그런 이유로 인터넷상에 등록된 각종 소설이나 시, 매뉴얼 등의 콘텐츠를 컴퓨터상에서 보는 것보다는 인쇄를 해서 보는 경우가 더 일반적인 것이다. 종이는 한 번의 생존위기를 거뜬히 넘기고 장수하고 있다.

책은 인류의 지적 소산을 생산·보급하는 매개체이다. 책을 통해 인간의 정신문화가 공유·창조·전승되는 것이다. 인터넷 시대의 폭발적인 '정보 스모그' 속에서 책은 정선된 지식·정보의 최대 공급원으로 작용한다.

책은 창의력과 상상력을 길러 주는 핵심 매체이다. 독서는 영상 등 타 매체보다 상상력, 창의력을 촉발한다. 문화의 수렴(출판)과 확산(독서) 촉진이 문화 선진국으로 가는 지름길이다.

이처럼 책은 단순히 문자의 기록매체나 장식적인 목적에 머물지 않는다. 따라서 전자콘텐츠와 전자북 등이 활성화되어 가고 있는 현실이지만, 여전히 종이기반의 출판과 인쇄가 대중의 사랑을 받고 있는 것이다. 인쇄매체는 역시 '인간적'이다. 하여 아무리 시대가 변한다 해도 그 가치는 계속될 것이다. 쭈욱~.

생태계 개념과 미디어산업의 지속성장 조건

미디어시장이 2.0 환경에 진입하면서 '생태계(ecosystem)'라는 용어가 자주 언급되고 있다. 우리 미디어산업의 현실을 이해하고 미래 방향성을 모색하는 화두로 제시되고 있는데, 생물학계에서 쓰이는 용어가 미디어업계에서 회자되는 이유는 무엇일까.

생태계 개념 및 메커니즘

생태계(ecosystem)란 용어는 영국의 식물생태학자인 탠슬리(A. G. Tansley)에 의해 제시된 개념으로 특정 자연환경과 그 속에서 생존·번식·진화하는 유기체와의 관계를 설명한다. 일반적으로 생태계는 일정한 지역에 살고 있는 생물(유기체, organism)과 이를 둘러싸고 있으면서 유기체와 상호작용을 하는 물리적 환경(무기체) 전체를 의미한다. 유기체는 기후, 토양, 물, 양분 등 주변의 생태적 환경에 적응하면서 진화해 나가게 된다. 또한 생태계는 생산자-소비자-분해자로 이어지는 먹이사슬(food chain)에 의해 평형이 유지된다.

생태계 개념은 생태학에서의 종(species)에 대한 개념을 조직이론적 관점에서 적용하여 구체화할 수 있다. 조직이론적 관점은 조직의 생존을 위한 노력으로써 환경에 대한 적응(adaptation)을 강조한다. 즉 각각의 다양한 형태(form)의 조직들은 자원을 둘러싼 경쟁을 통해 어느 정도 균형 상태에 도달하게 되고, 그것들은 환경에 적합한 형태에 적응하게 된다는 것이다. 그 결과 환경은 가장 최적화된 조직의 결합을 선택하게 되는 것이다. 생태계 관점에서 조직은 조직이 속해 있는 개체군(population) 내에서 가장 환경(시장)에 적합한 형태를 가졌을 때 살아남게 되며, 그렇기 때문에 생태계 관점에서는 환경의 변동에 대해서 일반적으로 조직이 결정된다는 '운명론'적인 입장을 취하게 된다.

그런데 메커니즘 차원에서 주목해야 할 점은 바로 생태계의 자기유지 메커니즘이다. 자기유지 메커니즘은 자기조직화, 적응과 진화로 규정된다. 자기조직화는 구성요소들이 상호작용을 통해 체계를 유지하며 생존과 진화의 방식을 만들어 감을 의미한다. 유기체가 환경에 대해 보다 나은 지속성을 획득하는 것을 '적응'이라 하며, 생태계는 생성 - 성장 - 소멸을 통해 스스로 자기증식하는데, 이 메커니즘을 '진화'라고 한다. 이처럼 생태계는 상호작용하는 기관들에 그들의 물리적 환경을 더한 생물학적 커뮤니티를 의미한다. 따라서 생태계를 유지·존속시키고 성장·발전시키는 동인과 기제, 원리와 법칙을 규명해 낸다면, 창조·활용·소멸의 사이클을 구상할 결정적인 단서를 제공받을 수 있게 된다.

이러한 생태계 개념에 기초해 2006년 스위스 다보스에서 개최된 세계경제포럼에서는 '네트워크화된 디지털생태계(networked digital ecosystem)'라는 주제를 통해 '디지털생태계'라는 개념을 글로벌 화두로 천명했다. 여기서 디지털생태계 개념은 가치창출 개념의 변화를 반영하는데, 상호 네트워크화된 기관들을 위해 상호 협력, 지식 공유, 개방된 적용 기술 개발, 진화된 사업모델 등을 지원하는 디지털환경을 창출할 목적으로 존재하는 자기 조직적 디지털인프라를 지칭한다.

생태계 구조 및 작동원리

생태계 구조 및 작동 원리를 설명하는 보고서들은 세 가지 개념을 제시하고 있는데, 그 첫째는 공진화(co - evolution), 둘째는 자기조직화(self -

organization), 셋째는 복잡 적응계(complex adaptive system)이다.

첫째, 공진화는 두 개 이상의 개체들이 상호작용하면서 함께 진화하는 것을 의미한다. 즉 개체와 개체가 속한 시스템이 상호작용하면서 함께 진화한다는 의미이다. 예컨대, 기업과 기업이 속한 산업이 함께 진화하며 규제와 산업구조가 함께 진화하고 인터넷 기술과 전체 경제시스템이 함께 진화하는 것이다. 둘째, 자기조직화이다. 생태계가 혼돈과 격변을 거치지만 결과적으로 평온한 안정을 되찾아 선순환적 성장과 발전을 지속하게 하는 동인은 생태계에 내재된 자기조직화의 원리이다. 자기조직화는 자율적 메커니즘이라 하겠다. 마지막으로 복잡적응계이다. 복잡계의 기본 구성개체는 행위자(agent)로서 소비자, 기업, 정부를 의미한다. 이들은 서로 다양한 영향을 주고받으면서 변화하는 환경에 적응해 나가고, 또한 환경의 변화를 능동적으로 이끌어 내기도 한다. 예컨대, 기업이 기업규제환경(산업규범)에 적응하기도 하지만, 개별기업들이 선택한 행위들이 모여서 산업규범과 같은 관행으로 굳어지기도 하는 것이다.

이러한 복잡적응계 개념으로 디지털생태계를 조망하면, 디지털환경을 구성하는 각 주체(agent)가 상호작용하는 과정에서 동반 성장함으로써 결과적으로 전체 생태계의 번영을 가져올 수 있게 된다. 결국 디지털생태계는 복잡성(complexity)을 내포한다. 최근 소비자 역할의 변화, 기업 간 관계의 변화, 기술 진화 및 혁신, 시장여건 변화 등으로 인해 디지털생태계 내·외부의 환경변화에 의해 이해관계자들의 전략적인 상호작용의 복잡성이 날로 증대되고 있음은 이를 증명한다.

디지털생태계는 인프라와 이를 지지하는 구성요소로 이루어진다. 여기서 인프라는 이미 우리 사회에 스며들어 있는 '디지털 환경(digital environment)'을 의미하며, 디지털 구성요소(digital component)는 소프트웨어, 애플리케이션, 서비스, 지식, 비즈니스 프로세스와 모델, 트레이닝 모듈, 그리고 규제 프레임워크 등을 의미한다. 디지털생태계 인프라는 디지털구성요소와 지식의 구성, 진화, 통합, 공유, 분배 등을 지원하게 된다.

미디어산업생태계 개념과 구조

　　이러한 생태계 개념을 미디어시장에 적용해 미디어산업생태계를 개념화하면, 거시적으로는 인력, 기술, 시장, 자금, 경영, 문화 등 다양한 미디어산업 활동에 영향을 미치는 구성 주체들 간의 상호작용을 통해 자생하고 진화하는 체계로 정의할 수 있겠다. 미시적으로는 미디어콘텐츠의 생산, 유통, 소비 관련 제반 이해관계자들이 구축하고 있는 가치사슬의 시스템을 의미하게 된다.

　　미디어산업생태계는 여러 단계를 가지는 생태계의 기본 구조를 바탕으로 숲의 개념을 적용하여 각 단계별 범위와 구성요소를 설정하고, 각 구성요소의 역할과 상호작용을 파악함으로써 순환의 원리와 문제점을 파악할 수 있다. 이 경우 미디어산업생태계의 핵심 가치는 공존, 균형, 지속성이다. 구체적으로 미디어산업생태계는 '아마존' 밀림과 유사한 형태를 지닌 것으로 볼 수 있다. 즉 아마존은 여러 종류의 숲으로 이루어지게 되는데, 숲을 이루는 나무는 콘텐츠를 만드는 사업자, 비(雨)는 법제도적 지원, 태양은 자본, 공기는 미디어와 같으며, 동물은 소비자에 해당된다.

미디어산업생태계 개념도

미디어산업생태계 개념도에 제시된 생태요소들은 다음과 같은 의미를 가진다.

우선 나무는 사업자(예, KBS, 올리브나인), 즉 콘텐츠 혹은 콘텐츠를 생산하는 사업자를 지칭한다. 사업자는 동물(소비자)이 콘텐츠를 소비할 수 있게 콘텐츠를 생산하는 일을 맡고, 나무가 자라기 위해서는 국가적인 지원인 비(雨)와 자본력(태양), 인적, 지적 인프라(토양), 공기(미디어)가 기초적으로 요구된다. 다음으로 공기는 미디어/플랫폼(예, DMB, IPTV)을 의미한다. 즉 공기는 생산자와 소비자를 연결하는 중간 유통 경로인 미디어 및 플랫폼이다. 만일 공기가 없으면 생산자와 소비자 둘 다 존재할 수 없듯이 미디어콘텐츠생태계를 이어 주는 유통플랫폼의 필수적인 역할을 바로 미디어/플랫폼이 수행하게 되는 것이다.

한편, 비(雨)는 정부 혹은 정책적인 지원을 총체적으로 지칭한다. 즉 생산자가 자생하는 데 꼭 필요한 요소로서 콘텐츠를 제작하는 사업자에게 법/제도적 지원을 마련하고 제공하는 것을 의미하는 것이다. 태양은 콘텐츠를 생산하고 유통, 서비스하는 데 소요되는 자본을 지칭한다. 토양은 인프라로, 기술, 인력 등을 포함한다. 나무가 존재하려면 나무를 지탱하는 토양이 꼭 필요하듯이, 사업자에게는 기술, 인력 등 지적, 인적 인프라가 뒷받침되어야 한다. 마지막으로 동물은 나무(콘텐츠)를 소비하는 소비자를 의미한다. 소비자는 콘텐츠를 소비하고 그 매개체로 공기(미디어/플랫폼)를 이용하게 된다.

국내 미디어산업생태계의 현실 및 산업정책 과제

국내 미디어산업생태계를 개괄적으로 진단해 보면, 첫째, 미디어콘텐츠의 다양성이 부족하고 문화적 관심이 소홀한 편이다. 둘째, 지상파방송사, 이동통신사, 포털 등 미디어콘텐츠 유통 및 서비스사업자의 파워가 막강하다. 셋째, 미디어콘텐츠 제작집단이 영세한 반면, 지상파 및 이통사의 독점적 지배구조가 여전하다. 넷째, 미디어산업 관련 정책 중복 혹은 분산으로 정책 지체 현상이 심화되고 있다. 다섯째, 중소제작기업에 대한 정부지원 부족 및 민간투자 회피 경향이 심각하다. 여섯째, 유능한 신규인력 유입요인이 부재하고, 창의 인력이 부족해 인력수급이 불균형적이다. 일곱째, 디지털 및 융합 관련 핵심기술 확보가 미흡하다. 마지막으로 수용자의 다양한 콘텐츠 향유 환경이 미흡하고 불건전한 상황이다. 결국 국내 미디어산업은 전반적으로 선순환구조가 확립되지 못한 상황으로, 미디어산업생태계가 불건전한 상태로 작동하고 있어 미래 지속가능한 성장을 담보하기 어려운 상황이라 하겠다.

이러한 현실은 미디어시장의 성공요소 및 정부역할에 대한 재검토를 요구하고 있다. 미디어비즈니스 성공을 위한 새로운 요소와 조건을 요구하고 이를 확보하기 위한 정부역할 역시 변화해야 함을 역설한다.

이에 향후 미디어산업생태계의 지향점은 미디어콘텐츠 사이클을 구성하는 요소들의 상호 활성화를 통한 미디어산업의 선순환구조를 구축하는 것으로 요약된다. 하나의 가치사슬 안에서 유기체적 상호작용을 통해 지속적 성장이 가능하도록 해야 한다. 무엇보다 제작, 유통, 서비스 등 제 분야의 상호 의존적 관계를 인식하고 상생을 지속적으로 모색해 가는 것이 필요하다. 제작시장은 유통·서비스시장의 활성화를 통해 성장할 수 있고, 유통·서비스시장 역시 제작시장의 풍부함과 다양함에 기반을 둘 때 지속적인 성장이 가능하다. 유통·서비스시장은 소비자 욕구를 충족시키는 양질의 다양한 콘텐츠가 지속적이고 안정적으로 수급되는 것이 전제조건이며, 제작시장 역시 유통·서비스의 시장규모가 확대되어 신규 콘텐츠 창작에 필요한 제작비용이 원활하게 확보되는 것을 필요로 한다. 따라서 독과점적 시장지배나 특정부문의 다른 부문에 대한 우월적 지위 남용 등으로 시장실패가 발생할 경우, 생태계에 대한 위협의 신호로 민감하게 받아들이고, 정부의 정책적 개입을 통해 균형적 선순환구조를 재구축할 필요가 있다.

　　미디어산업정책 추진에 있어서 정책을 일회적 또는 고립적 활동이 아니라 조직 주체와 제도들의 상호작용을 고려해 수립·집행하고자 하는 전략적 패러다임의 이동이 요구된다. 정부의 역할은 다양한 이해관계자 사이의 공생적 네트워크를 촉진하고, 생태계환경을 관리(governance)하는 것이다. 정부는 콘텐츠의 경제적 가치를 촉진하는 지원자이며 동시에 시장 실패를 보완하는 조정자 역할을 수행해야 하는 것이다. 따라서 미디어산업생태계 정책의 목표는 개방형 산업혁신 생태계가 효율적으로 작동될 수 있도록 투자의 효율화, 혁신역량 강화, 비즈니스 인프라가 선순환구조를 이룰 수 있도록 설정되어야 할 것이다.

　　단순히 성장지향적 미디어산업생태계 개념을 구축하는 것에 그쳐서는 안 되며, 미디어콘텐츠 생산과 소비, 유통의 문제점과 왜곡을 바로잡기 위한 창의적 해결방안들이 고려된 건전 생태계 구축을 최종적인 목표로 삼아야 한다. 성장만을 지향하는 미디어콘텐츠 생산, 유통, 소비 과정에서 파생되는 다양한 문제점들은 생태계 전체의 균열과 파괴를 초래할 수 있기 때문이다. 결국 미디어생태계에서 등장하고 있는 다양한 문제점들을 치유하고 급변하는 미래 상황에 슬기롭게 대응할 수 있는 건전미디어생태계 구축이 필요하며, 이를 위해서 건전생태계를 위한 비전 및 로드맵 그리고 실천과제 도출을 위한 산업정책적 연구가 시급하다고 하겠다.

3부 디지로그 미디어라이프

'님님님', 퍼스널 파워집단의 부상

2.0 시대 미디어수용자, 그 정체는?

고객, 소비자, 사용자, 이용자 등 다양한 대상으로 불리는 '수용자'의 성격을 한마디로 설명하기는 쉽지 않다. 이러저러한 개념들이 있는데, 수용자 진화관점에서 보면 '퍼스널 파워'의 강화일 것이다.

"인간은 Sex와 Status(위신)를 위해서는 돈을 아끼지 않는다."는 명제처럼, 자신을 위한 인간의 성향은 오래된 것이다. 디지털 사회로의 진입에 따라 이러한 성향은 철저하게 자신을 추구하는 개인화(Personalization), 자신을 위한 선물구입(Self Gifting), 한정된 명품 추구(Uber Premium), 가정에서 개인화된 여가활동 향유(Insperience = indoor + experience), 유행을 따르지 않는 개별정체성(I'Dividualism) 등의 명제로 진화하고 있다.

이러한 성향이 2.0 패러다임과 함께 또다시 진화하는데, 쿨헌터(Cool hunter)와 메이븐(Maven)의 개념이 그것이다. 쿨헌터는 '멋진 것'을 찾아다니는 사람, 메이븐은 특정한 상품이나 분야에 정통한 전문가를 의미한다. 이들은 '쿨'한 것을 추구하는 트레저 헌터(Treasure Hunter)이다. 최고의 상품을 위해 보물찾기를 한다. 가격 대비 최고의 가치를 주는 상품을 구입하기 위해 끊임없이 정보를 탐색한다. 수많은 상품들이 존재하는 온라인 시장에서 다양한 쇼핑 경로와 자신만의 쇼핑 노하우를 통해 어딘가에 숨어 있는 최적의 상품, 즉 보물을 찾기 위해 노력하는 것이다. 따라서 2.0 소비자는 기업이 일방적으로 전달하는 광고 메시지에만 전적으로 의존하지 않는다. 직접 상품 정보를 습득하고 품질을 꼼꼼히 확인하려고 한다.

가격 비교 사이트에서 가격을 철저히 비교하고, 리뷰 사이트에서 구매자
들이 쓴 다양한 사용 후기를 읽어 본 후 구매 여부를 신중하게 결정한다.
이들은 명품 아닌 진품(authenticity)을 추구하고, 개성을 중요하게 생각하
는 개인주의 경향을 띤다. 소비를 통해 자신의 정체성을 찾는 것이다.

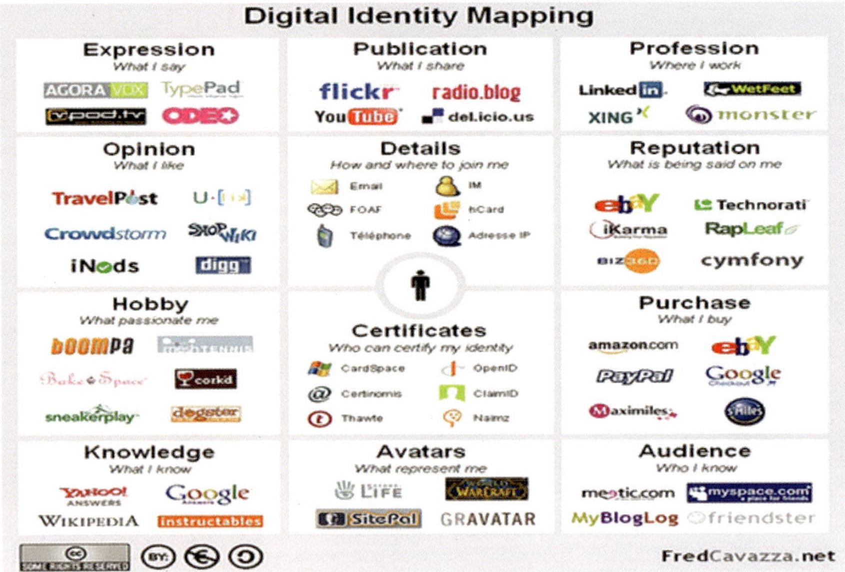

퍼스널 파워집단이 이끄는 2.0 미디어 패러다임

　퍼스널 파워를 갖는 쿨 헌터들은 새로운 미디어문화 패러다임을 구
축하고 있는데, 소비자가 직접 참여하는 미디어콘텐츠 환경에서 '1% &
10%'의 법칙이 그것이다. 온라인 서비스 전체 방문자 중 약 1퍼센트만이
콘텐츠를 만들어 내거나 생산활동에 참여하고, 전체 방문자의 10퍼센트가
생산된 콘텐츠와 상호작용한다는 것이 이 법칙의 핵심 개념이다.
　온라인 백과사전 위키피디아(wikipedia) 등 방문자가 새롭게 내용을

추가하거나 수정할 수 있는 기회가 동등하게 주어지는 2.0 사이트에서, 실제 이를 행동에 옮긴 이들은 방문자의 대략 1%에 지나지 않는다는 조사결과들에서 유래한다. 이들 1퍼센트가 막대한 시간과 에너지를 투자해 콘텐츠를 생산해 내는 것이다.

1퍼센트에 해당되는 파워집단은 UCC콘텐츠 제작에서 힘을 행사한다. 이들은 기업의 부조리를 고발하거나 새로운 콘텐츠 아이템을 개발하고, 마니아 문화 등을 전파하고 창조하는 역할을 수행한다. 자기표현의 자유도를 강조하는 UCC의 특성 때문에 아이디어와 표현력이 뛰어난 소수창작집단의 파워가 더욱 강화되고 있다. 전문가적 식견을 가진 프로추어(Proteur, 전문가급 아마추어)가 그 대표적인 사례이다.

1퍼센트에 해당되는 소수의 문화적 취향이 많은 이들에게 큰 반향을 낳고 있다. 다양한 이들이 참여하고 접근할 수 있는 UCC이지만 결국 콘텐츠 생산과 유통은 소수의 창작집단이 좌우한다. UCC무림의 고수들로 성장한 동영상 포털사이트 '엠군 닷컴'의 파워유저들은 이미 이러한 파워를 행사하고 있다. 엠군 닷컴에서는 프로추어들이 활동할 수 있는 프리미엄관을 따로 운영하고 있다. 프리미엄관에서 활동 중인 소수의 프로추어들은 플레이당 5만 원씩의 제작비를 지원받는 스타급 제작자들이다. 천새빛(가야금 소년), 문영호(영춘 선생의 폭탄영어), 박성민(캔버스의 테크니션 데생맨 박성빈), 김진희(요기전도사! 요가걸 김진희) 등이 그들인데, 이러한 우수 창작집단을 보유하는 것이 동영상 UCC의 중요한 미래발전 요인으로 부상하고 있다. 어느새 '1(소수의 창작 및 생산활동 참여) : 99(다수의 만족과 향유)' 법칙이 20 : 80법칙을 넘어서 웹2.0 시대의 중요한 마케팅, 비즈니스 키워드로 작동하고 있는 것이다. 소수 개인의 힘이 집단으로 뭉쳐 강력한 영향력을 발휘하게 되는 것이다. 바야흐로 '놈놈놈'이 '님님님'이 되는 순간이다. 개인으로 존재할 때는 그저 그런 '(특이한) 놈' 수준이지만, 서로 연결되어 집단이 되면 '(멋진) 님'이 되어 무시할 수 없는 파워집단이 되는 것이다.

컨슈뮤턴트의 파워 획득: '놈'에서 '님'으로

그동안 음지문화로 취급받던 비주류 소수 문화자, 즉 컨슈뮤턴트(Consumutant: 돌연변이 소비자, 별난 소비자)인 마니아집단 오타쿠(otaku), 사이버공간에서 유희(놀이)를 즐기는 존재인 디지털 루덴스(digital ludens) 등이 부상하고 자신을 표현하기 좋아하는 퍼블리즌(publizen)이 새로운 파워집단으로 부상을 꾀하고 있다.

개인미디어가 만개하고 개인소비와 개인화된 콘텐츠가 활성화되면서 다양한 개성을 표출하고 특정한 주제나 콘텐츠를 중심으로 한 마니아층이 형성되고 있다. 이러한 현상은 사회적 가치나 효율성과 합리성을 중시하는 디지털 쉬크(chic)에서 틀이나 규범에서 자유롭고 재미와 흥미의 개인적 가치를 추구하는 디지털 루덴스로 바뀌고 있음을 의미한다.

디지털 소비가 확산되면서 새로운 인간형인 '디지털 괴짜'가 늘어나고 비록 소수이지만 이들이 사회문화적으로 파워를 갖는 추세이다. 예컨대, 2007년 센세이션을 일으킨 3G폰 '쇼(Show)' 광고는 이들 디지털 루덴스를 타깃으로 한 재미와 개인적 가치를 겨냥해 큰 성공을 거두었다. 미드 열풍 역시 이 같은 현상을 대변한다. 케이블에 이어 지상파방송사까지 'CSI 마이애미', '그레이 아니토미 시즌', '프리즌 브레이크'를 편성에 반영했다. 마니아보다 더 광적인 사람을 일컫는 오타쿠의 경우에도 사회적 비주류 계층에서 하나의 소비계층으로 인식되고 있는 상황이다. 이들을 위한 전문 쇼핑몰이 생겨나는 등 소비계층으로서도 당당히 대접을 받고 있다. 다양한 소수 문화자들의 부상은 문화 다양성을 촉진시키며, 롱테일 법칙을 확산시키는 또 다른 요인으로 작용할 것으로 기대된다.

UCC는 그간 콘텐츠 소비의 주체였던 소비자들이 생산의 주체로 변화하고 능동적인 프로슈머로 진화하는 계기를 제공했다. 그 중심에는 인터넷을 활용해 본인을 최대한 널리 알리고자 하는 퍼블리즌이 있다. 이들 퍼블리즌은 개인의 직업, 성별, 나이 등의 사생활 노출과 상관없이 자신을 널리 알리고자 하는 욕구가 높다. UCC의 확대로 이들 퍼블리즌은 더욱 다양하고 활발하게 나타나고 있으며, 정상적인 범위 밖에 있다는 편견에서 벗어나 하나의 독립적인 문화를 생성하는 집단으로 자리매김하고 있다. 퍼블리즌은 인터넷을 활용해 자유롭게 창의적인 문화를 창조하며, 권위를 거부하고 새로운 사회문화를 견인하는 엘리트를 지향한다. 보통은 정상적이고 일반적인 주류집단이 사회의 중심을 형성하고 있지만, 그 주변에 속해 있는 퍼블리즌이나 오타쿠와 같은 집단이 현실 사회의 변화를 추동할 수 있다. 이러한 맥락에서 이들 비주류의 독립적인 집단 형성과 주류화 과정은 큰 의미를 갖는다. 새로운 시대에 새로운 문화를 창조하고 견인하는 퍼블리즌과 같은 계층의 진화는 더욱 활발하게 진행될 것으로 예견되며, 제2, 제3의 퍼블리즌과 같은 집단이 계속 등장할 것으로 보인다. 이러한 과정 속에서 새로운 디지털 신인류가 탄생할 것이며, 새로운 디지털 문화가 태동될 것이다. 따라서 이들의 움직임에 주목할 필요가 있다.

2.0 소비자의 진화: 프로슈머에서 크리슈머로

　　1퍼센트의 퍼스널 파워집단은 혁신가들이다. 2.0 미디어시장에는 극소수의 이노베이터와 10%가량의 얼리어답터, 80%가량의 대량 소비집단, 10%가량의 후기 소비집단이 존재한다. 2.0 미디어시장에서 마켓셰어를 확보하기 위해서는 얼리어답터가 원하는 바를 찾아서 그에 맞는 타깃마케팅을 펼쳐야 한다. 예컨대, 뛰어난 성능을 가진 MP3 플레이어는 소비자에게 만족도가 높지만, 소수의 얼리어답터들은 차별화된 디자인과 대용량을 원해(want) 왔다. 애플의 아이팟은 바로 이런 얼리어답터들이 만족할 만한 상품을 만들었고 애플의 아이팟에 만족한 얼리어답터들이 대량 소비집단에 아이팟의 우수성을 전파했다.

　　이제 소비자는 프로슈머를 넘어 크리슈머(Cresumer＝Creative＋Consumer), 즉 창조계급(Creative Class)으로 성장하고 있다. 크리슈머는 카네기

멜론 대학의 리처드 플로리다(Richard Florida) 교수가 명명했는데, 세계 어디에 있든 네트워크를 통해 창의력을 발휘해 새로운 부가가치를 창출하는 집단을 지칭한다. 이들 창조계급은 네트워크(이상세계)의 지식과 정보를 창조성의 도구로 활용한다.

창조계급은 다양한 생각의 공존과 파격적으로 틀을 깨는 창조적 발상을 활용하여 창조적 문화를 만들어 낼 수 있다. 머지않아 새로운 가치관과 특별한 기량, 창의성을 가진 창조계급이 엔터테인먼트를 비롯한 미디어콘텐츠산업의 전 영역을 선도할 것이다.

미디어기업 입장에서 크리슈머는 단순히 고객 모니터링 또는 단발성 이벤트에 수동적으로 참여하는 것을 넘어 미디어기업의 콘텐츠 개발, 디자인, 유통·서비스 등에 적극적으로 개입한다. 크리슈머의 경영 참여는 소비자와 기업 간 직접적인 커뮤니케이션을 통한 쌍방향 마케팅 전략의 일환이 되기도 한다. 또한 크리슈머의 부상은 기업이 경영에 필요한 정보와 아이디어를 소비자로부터 직접 구하는 추세가 늘고 있음을 시사한다. 온라인 커뮤니티에서 크리슈머의 아이디어를 얻고 이를 경영 활동에 반영하는 '크라우드소싱(crowd sourcing)'이 단적인 예이다.

중국 베이징에 있는 나비의 날갯짓이 다음 달 미국 뉴욕에서 폭풍을 발생시킬 수도 있다는 나비효과 이론, 어떤 일이 시작될 때 있었던 아주 작은 양의 차이가 종국에는 매우 큰 차이를 만들어 낼 수 있다는 이론이다. 작은 변화가 결과적으로 엄청난 변화를 잉태할 수 있다는 점은 2.0 시대에 더욱 강한 설득력을 갖는다. 우리 주변의 작은 변화 하나하나에 주목해야 하는 이유가 여기에 있다.

비즈니스 대응전략: 숨겨진 욕구 탐색이 관건, 그 방법은 관찰과 직관

이러한 상황에서 미디어기업은 어떻게 대응해야 할 것인가.

2.0 시대 퍼스널 파워집단은 '놈'이 아니라 '님'이라는 점을 염두에 두어야 한다. '님'의 행동에 숨은 의중을 읽어 내야 한다. 수용자의 숨겨진 욕구를 찾아내야 한다는 것이다. 철저히 고객의 입장에서 생각하여 숨겨진 욕구를 찾아내야 한다. 이것이야말로 2.0 비즈니스 환경에서 숨어 있는 시장기회를 찾아내는 핵심요소이다.

숨겨진 고객 욕구를 찾아내기 위해서는 보다 심층적인 소비자 조사가 요구된다. 단순히 고객의 의향을 물어보는 것은 숨겨진 욕구를 찾아내기에 역부족이다. 고객 스스로도 자신이 무엇을 원하는지 알지 못하는 경우가 있기 때문이다. 원하는 해답을 소비자들이 늘 갖고 있는 건 아니라는 것이다. 이런 어려움을 벗어나게 해 주는 방법이 고객이 제품을 어떻게 사용하며, 어떤 점에서 불편을 겪고 있는지를 알아내는 것이다. 따라서 시장조사할 때 사용하는 서베이나 포커스그룹 인터뷰로는 부족하다. 소비자 행동패턴을 면밀히 관찰해 독특한 속성을 찾아내야만 한다.

소비자들이 사용해 보고 '왜 이런 생각을 못 했을까'라는 탄식을 자아내게 해야 한다. 소비자들이 미처 생각하지 못한 아이디어가 가미돼야만 좋은 서비스라는 의미다. 기능적인 부분보다는 감성에 어필하려는 노력, 이것이 바로 실천전략이다. 전략을 수립할 때 가격, 비용보다 구매자가 느끼는 효용성부터 먼저 고려해야 한다는 것이다.

결론은 통계수치에 현혹되지 말라는 거다. 과학적·경험적인 관찰과 통합적 직관에 기반을 둔 비즈니스 식견으로 큰 그림을 그려야 한다. 사실 지금까지 새로운 시장은 시장조사기관들이 미처 예측하지 못했던 전혀 새로운 분야에서 생겨났다. 시장을 제대로 이해하려면 소비자와 사회가 어떻게 바뀌고 있는지를 알아야 한다. 이렇게 능동적으로 미래를 준비하는 기업만이 미래의 생존경쟁에서 살아남을 수 있다. 능동적으로 미래를 준비하는 기업은 남들이 제시한 미래를 공유하는 것이 아니라 자신이 직접 미래를 그리고 소비자를 동참시킨다. 여기서 바로 선도자와 추종자의 길이 갈라지게 되는 것이다. 이것이 바로 혁신의 방법이요 미래 생존의 조건이다.

경기 침체에 따른 콘텐츠 소비행태의 변화

한국콘텐츠진흥원의 '2009 문화산업전망'에 따르면, 2008년 이후 문화소비는 경기침체에 따른 실용적 소비심리를 반영하는 것으로 정리된다.

문화 마니아층 확산(Geek Culture)과 능동적 콘텐츠 수요 증대

상업성과 창의성 경계가 붕괴되고 취미생활, 문화소비의 고급화, 전문화 등으로 대표된다. 생활스포츠 열기로 스포슈머(Sposumer: 스포츠를 일상적으로 즐기는 소비자) 시장이 성장하고 있다. 고가의 오디오, DSLR 카메라, 스포츠 장비 등 프로추어(Proteur: 프로페셔널과 아마추어의 합성어로 전문가 수준의 지식과 실력을 갖춘 아마추어)를 위한 전문가용 하이엔드(High‒end) 제품이 인기다.

문화적 자산을 통해 혈통적·문화적 우월성을 드러내는 '보이지 않는 잉크'(Invisible Ink: 테이블 매너나 세련된 언어, 고전음악·발레·오페라 등 고전에 대한 이해, 시·서·화 등 눈에 보이지 않지만 쉽게 익히거나 보유하기 어려운 문화적 유산과 취향) 효과가 확산되고 있다.

미디어2.0 환경 기반 적극적·능동적 콘텐츠 소비성향이 증가하고 있다. 지리적·물리적 거리와 상관없이 소비자 간에 콘텐츠를 만들고 공유하고 재편집하는 순환 엔터테인먼트(Circular Entertainment) 현상이 증가하고 있다. 구획된 공간 개념이 사라져 일상생활의 효율성과 수월성이 혁신적으로 향상된 유비쿼터스 시대인 것이다. 지상파TV의 오후 9시부터

11시까지의 '황금시간대'가 IPTV 경우 오후 2시부터 저녁시간대로 이동한다.

경기침체로 인한 3E(실속 / Economical, 가치 / Essential, 환경 / Environment) 소비 확산

원티즘(Wantism: 갖고 싶은가)에서 니디즘(Needism: 필요한가)으로 전환되고 있다. 단순한 디자인, 실용적 기능 제품, 신중한 소비 성향으로 중저가 제품을 선호하는 합리적·실속형(Economical) 소비문화가 정착되고 있다. 합리적 소비형태가 강화되면서 자신에게 꼭 필요한 제품을 구입하는 가치형(Essential) 소비경향이 확대되고 있으며, 기업과 제품의 안전, 친환경성 등 공공적 가치를 중심으로 하는 환경적(Environment)·윤리적(Ethical) 소비인식이 증대하고 있다.

집에 머물며 재미와 위안을 찾고 육체적·정신적 재충전을 위해 자발적으로 집에 머무는 '신(新)코쿤족'이 등장하고 있다. 인터넷, 비디오게임 등을 이용한 홈 엔터테인먼트(Home Entertainment) 소비가 증가하고 있다. 예컨대, 미국 경기침체가 시작된 2008년 10월 게임 시장은 두 자릿수 성장률을 기록했다.

유아들의 놀이 프로그램에서 성인 평생학습 교육내용까지 다양한 콘텐츠가 축적된 IPTV를 중심으로 자기개발을 위한 이러닝(e - learning) 소비가 증가하고 있다.

정서적·심리적 불안의 치유와 관련된 문화상품, 상담서비스 등의 힐링 라이프스타일(Healing Lifestyle)에 대한 수요가 증가하고 있다.

미디어 & 엔터테인먼트형 몰링(Malling) 소비문화 확산

상품뿐 아니라 동영상, 플래시 등 확장된 인터페이스를 갖춘 엔터테인먼트 쇼핑몰이 증가하고 있다. 인터넷과 인터넷 쇼핑몰 이용자가 증가하면서 쇼핑뿐 아니라, 쇼핑관련 아이템 정보, 운세보기, 게임 등이 가능한 엔터테인먼트 쇼핑몰이 증가하고 있다. 문화, 여가생활을 한 공간에서 모두 즐길 수 있는 복합문화공간(UEC, Urban Entertainment Center)이 확대되고 있는데, 원스톱 라이프스타일에 엔터테인먼트 기능이 추가되어 쇼핑과 여가를 동시에 즐기는 새로운 소비 트렌드 몰링(Malling)이 확산되고 있다.

먹는 것(eat)과 놀이(entertainment)가 조화된 이터테인먼트(EATertainment) 역시 확대되고 있다. 미국의 몰 오브 아메리카(Mall of America), 일본의 커낼시티(Canal City), 홍콩의 하버시티(Harbour City) 등의 엔터테인먼트 복합쇼핑몰이 성업 중이다. 국내에서도 코엑스몰, 현대아이파크몰, 센트럴시티, 라페스타 등이 있으며, 3~4년 안에 10여 개가 추가 오픈 예정이다.

다양한 플랫폼을 넘나드는 미디어 소비행태를 보이고 있다. 인터넷 소비행태에서 인터넷과 다른 미디어 간의 '동시사용(stacking)' 경향이 증가하고 있다. 인터넷 사용자 70%는 TV를 시청하는 중에 웹서핑 또는 정보검색을 하는 것으로 조사된다.

브로드밴드의 사용과 동시에 대부분의 사용자들은 모바일기기만으로도 커뮤니케이션이 가능해졌으며, 굳이 유선전화를 사용하지 않아도 인터넷전화 혹은 휴대전화로 충분한 커뮤니케이션이 가능하게 되었다.

온라인게임 이용에 적극적인 여성이용자

美 시장조사기관 컴스코어는 2008년 9월 온라인 게임 이용자에 대한 조사분석 결과를 내놓았다. 여기서 온라인 게임은 가상현실 게임까지 포함한다. 그 결과, 12~17세와 55~64세 두 연령대 여성들의 이용이 가장 두드러지게 증가한 것으로 집계됐다. 2008년 8월 온라인게임의 전체

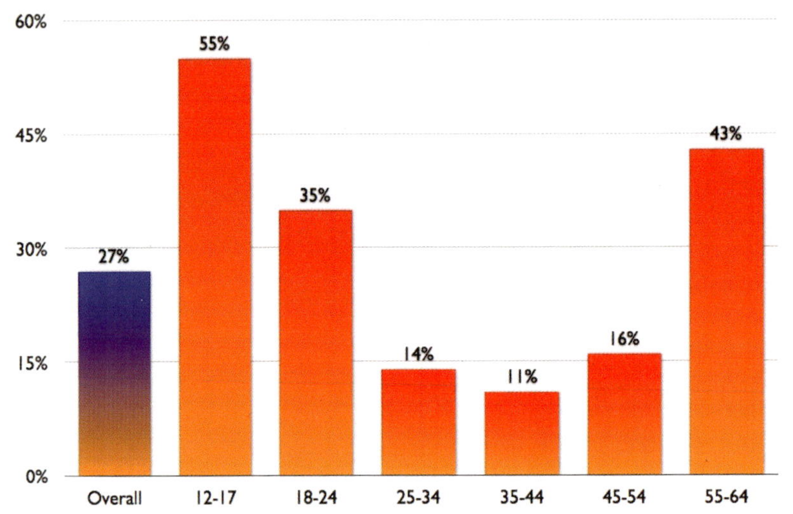

2007~2008 여성의 연령별 온라인게임 참여 증가율[15]

15) http://www.kzero.co.uk/blog/?p = 2498

여성이용자가 4,300만 명으로 전년도 대비 평균 27% 상승한 결과와 비교했을 때, 12~17세, 18~24세, 55~64세 연령대 여성그룹의 이용량은 매우 급증한 수치이다. 그 결과를 연령대별로 분석해 보면, 2008년 온라인게임의 여성이용자 수는 12~17세가 4,710만 명으로 55%, 18~24세가 5,090만 명으로 35%, 55~64세가 4,418만 명으로 43%로 증가하였다. 이러한 특정 인구통계학적 집단의 성장은 포털 등 각종 웹사이트에서 게임콘텐츠 서비스를 제공하면서 게임콘텐츠가 급증한 결과로 볼 수 있다.

컴스코어의 게임 관련 전문분석가인 에드워드 헌터(Edward Hunter)에 의하면, 기존에는 광고에이전시들이 10대 청소년 중 남학생들을 대상으로 온라인 게임 속 광고를 기획했으나, 현재 온라인 게임 속에서 타깃으로 삼은 여성들에게까지 광고가 효과적으로 도달하는 것을 발견했다고 언급했다.

한편, 10대~20대 초반 연령층 여성의 게임이용을 높이는 데 일조한 온라인게임 장르는 주로 패션 관련 온라인게임의 사이트이다. 스타돌닷컴(Stardoll.com), 드레스업게임닷컴(DressUpGames.com) 그리고 아이드레스업닷컴(I-Dressup.com) 등의 온라인 게임과 네오펫츠(Neopets), 가이아온라인닷컴(Gaiaonline.com)과 같은 가상현실게임이 이에 해당된다. 반면, 고연령대의 여성게임 이용자들은 여성전용 포털 속 온라인게임과 캐주얼게임 사이트에서 주로 게임에 참여하는 것으로 나타났다.

사회참여적인 게이머들의 등장

미국 리서치 전문업체인 아이피에스오에스(Ipsos)와 게임리뷰전문 사이트인 아이지엔(IGN) 엔터테인먼트는 2008년 6월 설문조사를 수행했다. 조사는 미국 전역의 12~54세 남녀 3,000명을 대상으로 게임콘솔, 손 안에 잡힐 수 있는 정도 크기의 디바이스, 시스템 또는 게임을 할 수 있는

PC / MAC 등의 비디오게임 이용실태를 조사했다.

조사결과 비디오게임을 즐기는 미국인들은 비디오게임을 하지 않는 사람들보다 대중문화와 새로운 기술도입에 영향을 받으며, 일반적으로 생각한 것보다 더욱 사회적이라는 것이 이번 연구를 통해 밝혀졌다.

일반적으로 게이머에 대한 이미지는 내향적이고 고립됐을 것이라는 높은 스테레오타입을 가지고 있는데, 이러한 스테레오타입을 깨는 연구결과가 나온 것이다. 게이머들이 비디오게임을 하지 않는 사람들보다 외향적이고 더욱 활동적이며 소비자로서 매우 중요한 가치를 지니고 있는 것으로 분석된다. 더욱이 미국 가정의 71%가 비디오게임을 하고 있으며, 비디오게임 이용자들은 게임을 하지 않는 사람들보다 스포츠를 더욱 좋아하며, 콘서트에 참석하는 등 외부활동을 즐기는 것으로 나타났다.

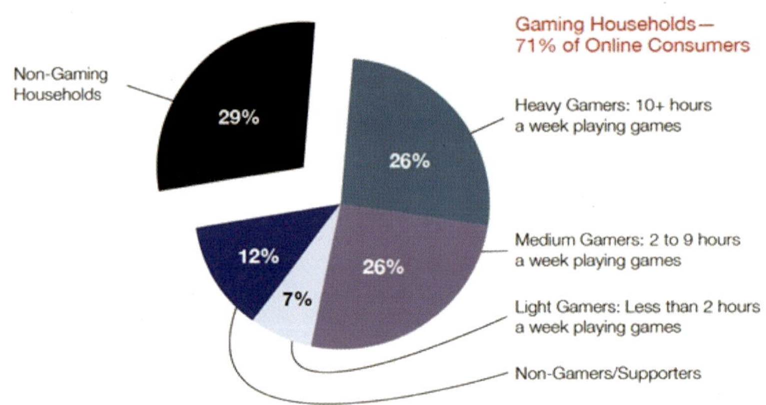

미국 가정의 비디오게임 이용실태[16]

비디오게임 이용자들은 다양한 집단으로 구성돼 있다. 구체적으로 살펴보면, 게임 이용자 가운데 55%가 결혼을 했으며, 48%가 자녀가 있으며, 지난 2년 동안 비디오게임을 시작한 사람들의 연령평균은 32세였다.

---

16) http://www.marketingcharts.com/wp/wp – content/uploads/2008/10/ign – ipsos – gamers – breakout – online – population – october – 2008.jpg 이하 동일.

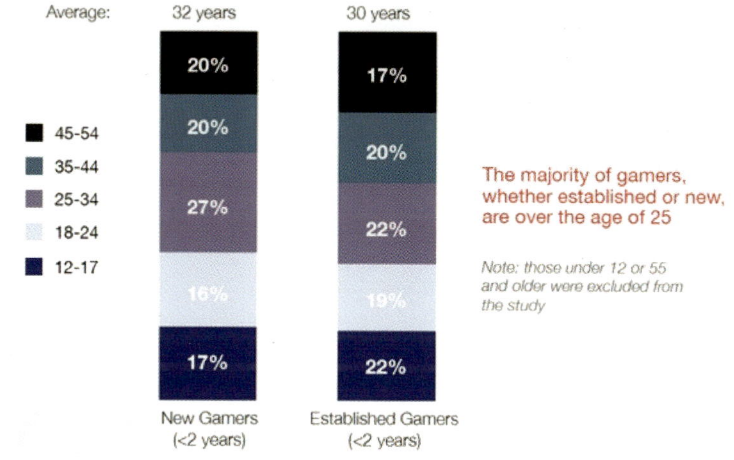

비디오게임 이용자 이용연수에 따른 연령층

비디오게임 이용자들은 매우 다양한 인구통계학적 특성을 보이는데, 남녀, 어린이, 부모세대와 조부모세대, 연령층이 높고 낮은 집단 등으로 다양한 구성원이 존재한다. 이번 연구결과는 게임이 미국에서 주류 미디어로 자리 잡기 시작한 것을 보여 주고 있다.

게임 이용자들이 더 이상 고립된 집단이 아니라 사회에 참여, 활동하기 시작했다는 조사결과도 나왔다. 비디오게임 이용자들의 75% 이상이 다른 사람과 함께 온라인에서 비디오게임을 즐기는 것으로 분석됐다. 47%의 이용자들은 가족과 힘께 게임을 하며 가족구성원과의 상호작용을 하는 방법으로 비디오게임을 이용하는 것으로 나타났다. 또한, 게임 이용자는 게임을 하지 않는 사람보다 더욱 사회적이고 활동적인 것으로 이번 조사결과 드러났다. 이렇게 분석한 이유는 게임 이용자들이 게임을 하지 않는 사람들보다 극장에 가고 스포츠를 즐기거나 친구들과 밖에서 어울리는 외향적인 활동을 즐기는 것으로 나타났기 때문이다.

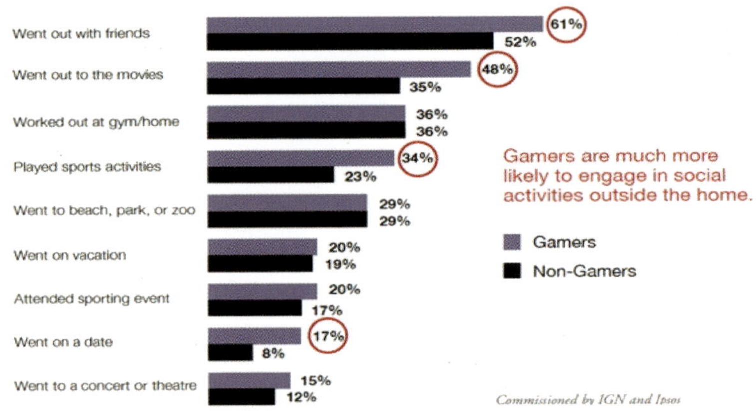

게임 이용자 집단과 게임을 하지 않는 집단의 사회적 활동 비교

일주일에 10시간 이상씩 게임을 많이 하는 헤비유저들과 2～9시간 게임을 하는 미디엄 유저들과 1～2시간 게임을 하는 라이트 유저, 비디오게임을 전혀 하지 않는 사람들을 비교해 본 결과 헤비유저들이 다른 사회적 활동과 함께 비디오게임 역시 사회적 활동으로 선택해 이들이 게임을 즐기고 있는 것으로 분석된다.

Only the heaviest gamers would choose video games as their ONE chose activity.

	Heavy Gamers (10+hrs/wk)	Medium Gamers (2-9 hrs/wk)	Light Gamers (<2hrs/wk)	Non-Gamers (0hrs/wk)
Go out with friends	14%	16%	17%	11%
Read books	8%	13%	16%	18%
Surf the internet	10%	10%	9%	9%
Play video/computer games	19%	4%	1%	1%
Watch cable or network TV	7%	8%	9%	12%
Go on a date	8%	7%	5%	5%
Go to the beach, park or zoo	5%	8%	10%	6%
Work out at gym/home	4%	6%	9%	9%
Play sports	4%	6%	7%	4%
Watch movies at home	3%	4%	4%	7%
Listen to music	5%	4%	4%	2%
Shop	3%	4%	2%	5%
Go to the movie theater	3%	3%	2%	4%

게임 이용 수준별 주로 하는 사회적 활동 선택 비교

새로운 이용자의 등장으로 인한 소비전망

남성 이용자가 지배적이었던 스포츠와 게임에서 여성의 참여가 높아지는 것은 매우 흥미로운 결과이다. 오프라인이 아닌 온라인에서 두드러지게 나타나는 이러한 현상은 디지털이 잠재적인 여성이용자들을 새로운 문화로 이끌어 낸 것으로 분석할 수 있다.

여성일지라도 디지털 문화의 하나인 온라인 게임에 12~17세 연령대의 젊은 층의 이용량 급증은 예측가능한 당연한 결과이다. 하지만 55~64세 고연령대 여성의 약진은 매우 흥미로운 조사결과로, 게임의 사회화 기능 측면에서 가족이 함께하는 온라인게임의 비율증가와 관련지을 수 있다. 따라서 시대가 변하는 만큼 새로운 이용자가 새로운 문화를 형성한다는 것을 서비스를 제공하는 기업들이 인식해야 한다.

또한, 일반적으로 게임 이용자의 이미지는 중독, 고립, 은둔형과 같은 부정적인 이미지로 그려져 왔다. 하지만 이번 조사결과는 이러한 고정관념을 무너뜨리는 새로운 결과를 제시했다는 점에서 의미 있다. 게임 이용자들이 게임을 하지 않는 사람들보다 활발한 사회참여와 조직 내 구성원으로서 역할을 잘 수행하고 있다는 것이 이번 연구에서 주목할 만한 점이다.

블로그 문화와 블로거의 특징 및 이용행태 분석

블로그 문화는 전 세계에서 가장 일반화된 인터넷 문화로 떠올랐다. 매년 전 세계에 온라인상에서 변화하는 블로그 문화를 조사해 왔던 미국 전문 블로그 검색엔진 사이트인 테크노라티가 이번에도 '2008 블로고스피어(Blogosphere)' 통계를 발표했다. 이번 테크노라티의 통계자료는 블로고스피어에서 나타나는 글로벌 트렌드를 설명하는 것이다. 미국은 블로그 문화가 매우 활성화돼 블로그가 일상생활의 일부가 됐으며, 이러한 추세는 전 세계로 확산되며 다양화되고 있다. 2002년 이후 테크노라티에서 블로그를 집계한 결과, 블로그 수치는 1억 3천3백만여 개에 이르는 것으로 집계되었다.

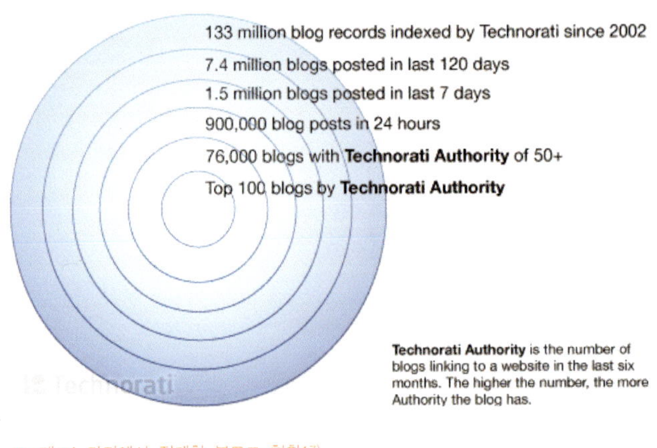

※ 테크노라티에서 집계한 블로그 현황[17]

---

17) http://www.technorati.com/blogging/state − of − the − blogosphere/

　　이번 보고서에 따르면, 블로깅은 전 세계적으로 나타나는 글로벌 현상이며 이번에 테크노라티에서 실시한 설문조사는 전 세계 6대륙 66개 국에 있는 1,290명의 블로거들을 상대로 진행됐다. 대부분 블로거들이 자신의 진짜 정체성을 블로그에 드러내는 것을 중요하게 여기지 않았다. 이는 자신의 가장 가까운 가족이나 친구들에게 자신의 블로그가 노출되는 것을 원하지 않으며 특히 직장상사에게 이러한 부분이 노출되는 것을 꺼려하기 때문으로 분석된다.

　　테크노라티의 이번 설문조사에 응답한 블로거들은 3분의 2가 남성이며, 18세에서 34세의 연령대에 있는 블로거들이 50%를 차지하는 것으로 나타났다. 블로거들은 평균 집단보다 경제적으로 여유가 있으며 70% 이상이 대졸 이상의 학력을 가지고 있어 교육수준도 높은 것으로 확인됐다.

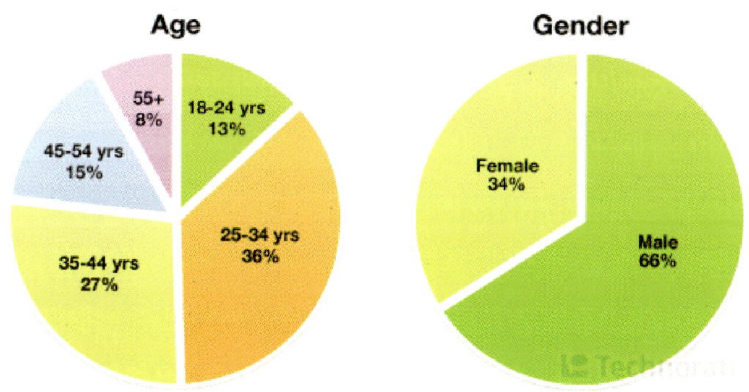

전 세계 블로거 집단의 인구통계학적 분석[18]

　　이들은 6대륙에 분포해 있으며, 20가지의 다른 언어를 사용하고 있다. 설문응답자 가운데 가장 많은 비중을 차지한 집단은 북미지역의 블로거들로 48%였으며, 다음이 유럽지역의 블로거들이 27%, 아시아지역의 블로거는 13%를 차지하였다.

　　가장 많은 비중을 차지한 미국 블로거들을 대표집단으로 살펴보면

18) http://www.technorati.com/blogging/state－of－the－blogosphere/who－are－the－bloggers/

다음과 같다. 미국의 블로거들은 평균 미국인들의 미디어 소비 특성과는 상당히 다른 차이를 보였다. 이들 집단의 특성은 다음과 같다. 첫째, 블로거들은 3년 이상 자신의 블로그를 운영했으며, 둘째, 블로거들은 18~49세 미국 성인보다 두 배 이상 인터넷을 하며, 이들의 평균 TV시청량은 미국성인 평균의 3분의 1 정도이고, 셋째, 블로그 웹 콘텐츠는 전통미디어보다 블로거들에게 더욱 영향을 많이 받았다. 넷째, 블로거들은 온라인에 있는 동안 RSS, 트위터와 같은 웹2.0 활동에 참여하는 데 평균 다섯 가지 활동을 하고 있고, 다섯째, 블로거 10명 중 8명 이상이 상품 또는 브랜드 리뷰 글을 자신의 블로그에 포스트하며, 여섯째, 남녀 블로거 모두 상품이나 서비스에 관한 블로그를 만드는 것을 선호한다. 마지막으로 블로거들 중 37%가 블로그 포스트를 기반으로 전통미디어를 이용했다.

블로거의 블로그 운영동기와 만족 측정

블로거들은 왜 포스팅을 하며 자신의 블로그를 운영하고 있는지에 관한 조사가 이루어졌다. 조사결과에 따르면 블로거들은 다음과 같은 주제를 택해 블로그를 운영하고 있다. 가장 많이 인기 있는 주제는 사적 주제 / 라이프스타일에 관한 주제와 테크놀로지이며, 블로그에서 상품 브랜드에 관한 리뷰가 가장 능동적으로 이루어지고 있는 것으로 나타났다. 블로거들의 90% 이상이 자신이 관심 있는 상품브랜드, 음악, 영화, 책에 관한 리뷰를 포스팅한다고 응답했다.

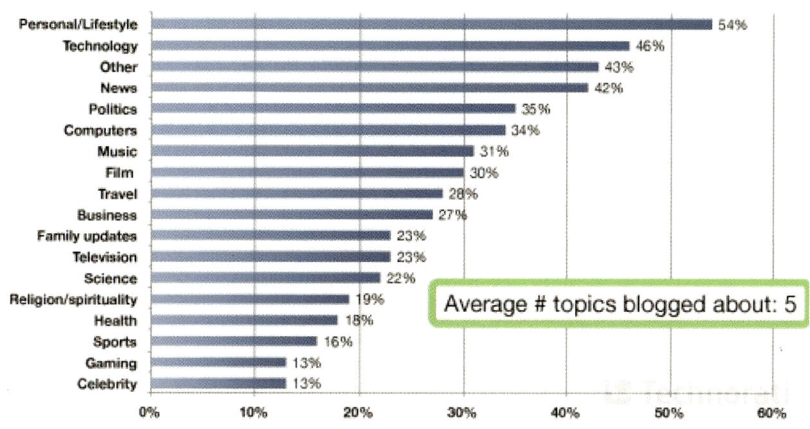

블로거들이 선호하는 블로그의 주제19)

　　한편 블로거들이 블로그를 운영하는 동기는 다음과 같다. 73%의 블로거들이 관심영역에 대해 이야기하기 위해 블로그를 하며, 다음으로 다른 사람들과 자신의 경험을 공유하기 위해 블로그를 한다고 응답했다.

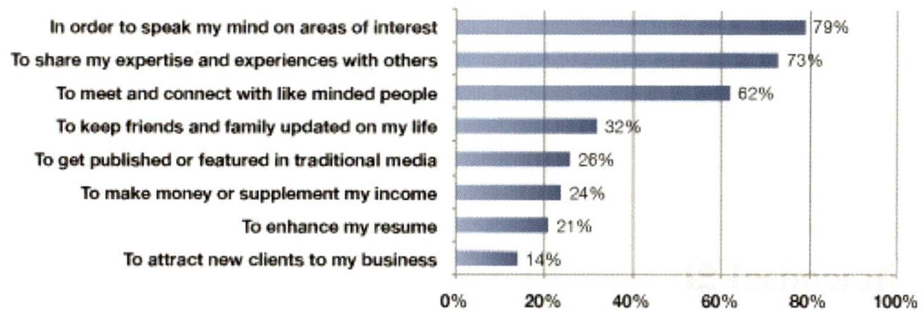

블로그를 하는 동기

　　블로거들은 자신의 블로그 운영이 성공적으로 이루어진다고 생각하는가에 관한 조사도 이루어졌다. 이에 대해 블로거들이 자신의 블로그가 성공적인지 측정하는 기준에 대해 다음과 같다고 응답했다. 75% 이상이 자신 스스로의 만족 여부였으며, 다음은 블로그에 달린 코멘트와 같은 댓

---

19) http://www.technorati.com/blogging/state－of－the－blogosphere/the－what－and－why－of－blogging/

글 수, 그다음이 블로그 방문자 수를 성공의 측정기준으로 삼고 있었다.

인터넷, 미디어로서 굳건해진 입지

2008년 11월 20일, 영국의 방송통신 규제기관인 오프콤(Ofcom)은 2008년의 미디어 소비행태를 결산하는 보고서인 '세계 커뮤니케이션 시장 2008(International Communication Market 2008)'을 내놓았다. 본 보고서에서는 방송과 통신의 융합시대 도래에 따른 미디어 소비 동향 및 사용자 행태 변화에 대한 부분을 비중 있게 다루고 있다.

오프콤의 이번 2008년 미디어 소비행태를 결산한 연간 보고서에 의하면 전 세계적으로 미디어로서의 인터넷의 영향력은 점차로 높아져 가고 있는 것으로 나타났다. 특히 인터넷과 IPTV, 인터넷과 스마트폰과 같이 사용자들은 인터넷이라는 기본적인 미디어와 진보된 다른 미디어를 동시에 채택하고 있다는 점을 큰 특징으로 분석하고 있다.

본 보고서에서는 인터넷 자체의 변화양상을 먼저 언급하고 있는데, 이제 인터넷도 브로드밴드(broad band, 광대역 통신망)라는 새로운 개념의 등장과 함께 그 모습을 달리하고 있다고 분석하였다. 인터넷의 등장부터 약 2005년도까지 내로우밴드(narrow band, 협대역 통신망)를 기반으로 했던 인터넷은 2006년 후반부터 광대역 통신망을 기반으로 발전해 정보에의 접근이 수월해졌으며, 이는 인터넷을 미디어화하는 데 큰 역할을 하였다.

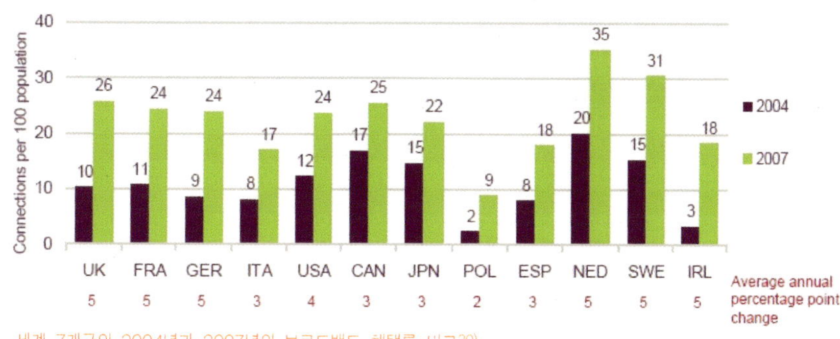

세계 7개국의 2004년과 2007년의 브로드밴드 채택률 비교[20]

    2006년 하반기 대부분의 국가에서는 브로드밴드로의 전환이 점차 증가하기 시작하였으며, 이제 가정에서 인터넷을 이용하여 텔레비전 방송이나 선명한 화질의 영상, 오디오 등의 고화질, 고음질의 콘텐츠를 이용하는 것이 일상화되었다.

    대부분 영국의 인터넷 사용자들은 브로드밴드를 사용하고 있거나 향후 브로드밴드 사용에 대한 강한 의지를 갖고 있으며 동시에 DVR이나 디지털라디오 등의 광대역을 기반으로 하는 온라인 미디어 사용을 고려하고 있는 것으로 나타났다. 이와 비슷한 맥락으로, 유럽과 영국을 비롯한 조사대상 7개의 국가들 모두 인터넷 이외에 따로 개인적인 커뮤니케이션을 위하여 이용하는 모바일기기 혹은 미디어가 있음을 밝혔다.

---

20) http://www.ofcom.org.uk/research/cm/icmr08/converge.pdf, p.123.

	UK	FRA	GER	ITA	USA	CAN	JPN
Fixed telephone line	95%	95%	96%	92%	79%	89%	90%
Mobile phone	93%	91%	94%	95%	83%	77%	91%
Broadband connection	93%	74%	81%	84%	78%	72%	67%
Mobile broadband connection	22%	25%	17%	22%	16%	16%	10%
PVR	30%	17%	11%	21%	20%	20%	13%
Digital radio set	34%	15%	21%	32%	12%	14%	7%

인터넷을 제외한 개인적인 커뮤니케이션 이용을 목적으로 하는 미디어 사용 현황[21]

이탈리아의 경우에는, 인터넷을 비롯하여 순수 모바일이나 온라인에 기반을 둔 커뮤니케이션 수단만을 사용하는 경우가 2005년도 이후 약 12% 정도로 증가하였다. 이는 모바일 커뮤니케이션 수단이 등장한 이래 유럽에서 폴란드를 제외한 가장 높은 수치이다.

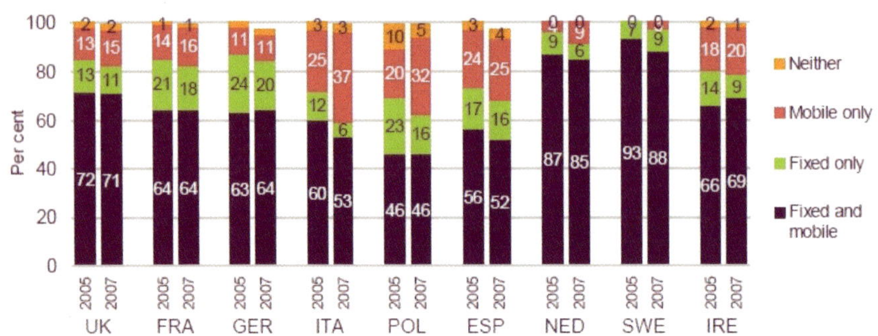

7개국의 가정 내 전화이용 타입에 대한 조사[22]

위와 같은 결과는 점차 유선전화의 사용량은 줄어들고 있으며 오직 휴대전화나 인터넷전화만으로 대부분의 통신을 하는 경우가 점차 높아지고 있음을 의미하였다. 이렇듯 인터넷은 이제 단순한 정보처리의 수단이

---

21) http://www.ofcom.org.uk/research/cm/icmr08/converge.pdf, p.118.

22) http://www.ofcom.org.uk/research/cm/icmr08/converge.pdf, p.119.

아닌, 정보의 습득은 물론 전반적인 미디어의 역할을 수행하고 있는 것으로 나타나고 있다. 또한 모바일기기와의 연계 및 동시사용으로 그 사용빈도 측면에서 기존의 유선전화, TV 등을 대체하는 양상을 보이고 있다.

브로드밴드 사용으로 새로운 커뮤니케이션 환경 등장

인터넷과 브로드밴드가 만나면서, 접속속도와 데이터처리 속도가 매우 빨라졌으며 이에 더불어 사용자의 인터넷 및 모바일기기의 소비행태도 많이 달라졌다. 특히, 인터넷은 이미 미디어의 총체로서 그 모습을 달리하였다.

브로드밴드의 등장으로 인터넷 소비행태에서 가장 눈에 띄는 점은 바로 인터넷과 다른 미디어 간의 '동시사용(stacking)'으로 볼 수 있다. 10명 중 7명의 인터넷 사용자는 TV를 시청하는 중에 웹서핑을 즐기거나 정보검색을 한다고 밝혔다. TV시청의 경우 대부분은 집중력을 요하지 않는 행동이므로 TV를 이용하는 동시에 인터넷을 이용하여 TV시청에 요구되는 집중도와 비슷한 일을 한다고 응답하였다.

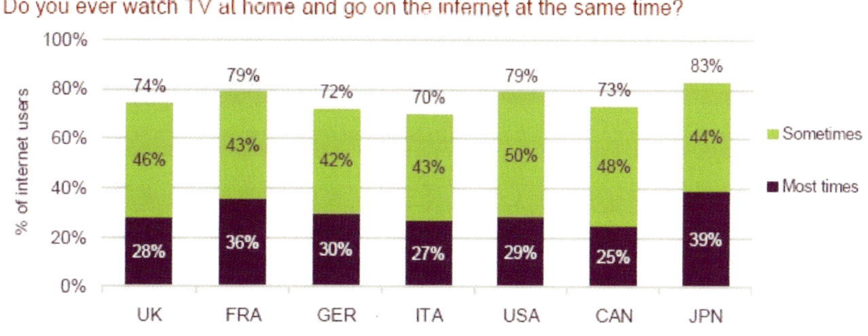

7개국의 TV시청 중 인터넷을 이용하는 경우의 빈도23)

---

23) http://www.ofcom.org.uk/research/cm/icmr08/converge.pdf, p.126.

이와 비슷한 맥락으로 인터넷을 이용하면서 휴대전화를 하는 것과, 인터넷을 이용하면서 유선전화를 이용하는 경우의 행태를 비교하였다. 인터넷을 이용하면서 휴대전화를 이용하는 편(전체 평균 약 75%)이 인터넷을 이용하면서 유선전화를 이용하는 것(전체평균 약 68%)보다 근소한 차이로 좀 더 크게 나타났으며, 이는 총체적으로 인터넷을 이용하면서 전화를 동시에 이용한다는 미디어의 동시이용 측면에 의의가 있다. 또한, 인터넷 이용 중의 모바일 인터넷 이용, 인터넷 이용 중의 모바일 게임 이용 등의 조사에서 두 경우 모두 전체 평균 60% 이상이라는 사용자 과반수의 응답 비율이 나타났으며, 응답 수치는 미디어 중복사용이나 동시사용에 대한 행태를 뒷받침하였다.

이처럼 브로드밴드의 사용과 동시에 대부분의 사용자들은 모바일기기만으로도 커뮤니케이션이 가능해졌으며, 굳이 유선전화를 사용하지 않아도 인터넷전화 혹은 휴대전화로 충분한 커뮤니케이션 환경을 만들어 냈다. 마찬가지로 TV를 보지 못하더라도 인터넷에 접속하여 원하는 시간에 원하는 콘텐츠를 접함으로써 인터넷을 기반으로 한 미디어 소비행태를 보이고 있다. 인터넷은 이제 기본적인 커뮤니케이션 수단이 되었으며, 인터넷을 켜 놓고 TV를 보는 행위나 일어나자마자 인터넷을 켜는 행위들은 미디어의 중복사용이나 동시사용의 소비행태를 보이고 있다. 향후 인터넷의 성장과 발달에 대해서는 어느 정도로 일상생활에 더 깊숙이 침투할 것인가에 대한 논의가 더 적절할 것으로 보인다.

촛불집회와 미디어2.0 그리고 미디어비즈니스

촛불 든 미디어게릴라, 미디어2.0 시대를 밝히다

한 손에는 촛불, 또 다른 한 손에는 캠코더 혹은 디카를 들고 광장을 누빈다. 무선인터넷이 가능한 노트북으로, 휴대전화 영상으로 현장을 생중계한다. 스스로를 취재한, 편집되지 않은 '생' 영상이 온라인에서 그대로 중계되고 네티즌은 실시간으로 그 상황을 목격하면서 댓글을 단다. 길거리 저널리즘, 모바일 저널리즘이다. 휴대 저널리즘, 1인 저널리즘이다.

촛불이라는 메시지가 사람이라는 미디어를 통해 온라인과 오프라인을 자유자재로 넘나든다. 2008년 여름, 대한민국의 풍경이다. '미친 소' 사태가 촉발한 혁명적 미디어 현상이다. 새로운 신드롬이요, 새로운 패러다임이다.

새로운 현상의 시작은 단연 포털사이트 '다음'의 '아고라'에서다. 그 옛날 그리스의 시민토론장이었던 아고라가 21세기 대한민국에서 되살아나고 있음이다. 토론방 '아고라'에서는 하루 수천 건 이상의 토론이 벌어진다. 아고라에서 광우병에 관한 정보가 공유되고 시위에 관한 의견이 조직된다. 어떤 뉴스속보보다 빠르고 어떤 커뮤니티보다 끈끈하다. 촛불시위 현장이 생중계되고 집회소식이 공유되고 네티즌의 다양한 논리와 의지가 피력된다. 집회 현장의 사진과 영상이 시시각각 올라온다. 그중에는 경찰의 폭력을 생생하게 포착한 사진과 광우병과 현 정권에 대한 비판 패러디 이미지도 올라와 네티즌의 공분을 자아낸다. 아고라의 글들은 기자가 아닌 직접 시위하는 네티즌이 생생한 경험담을 쏟아 내기에 그 속보성과 현장성이 뉴스기사보다 더 빠르고 생생하다.

휴대용 PC와 캠코더, 무선인터넷 등 기본 조건만 갖추면 누구나 현장에서 생중계를 할 수 있는 여건이 조성되었다. 개인 채널로 실시간 방송이 가능한 '아프리카'에는 촛불중계를 시청하려는 네티즌이 몰려든다. 한동안 침체기에 있던 인터넷신문들도 다시 힘을 얻고 있다. '오마이뉴스'는 촛불집회 인터넷 생중계에 대해 자발적 시청료를 모금해 8일 만에 1억 원을 돌파하는 기록을 세웠다.

인터넷은 이른바 시민참여 저널리즘을 가능케 해 과거와 같은 단순한 뉴스 수용자에만 머무르지 않고 창조적인 생산자로서의 지위를 갖게 해 준다. 시민의 참여는 제보나 고발에 의해 의제가 형성된다는 점에서 참여채널이 확대되고 네트워크에서 정보공유, 표현의 자유는 강화된다. 이는 전통적으로 소수에 집중됐던 언론 권력이 다수의 시민에게 분산되는 과정이다. 이번 촛불집회 과정을 통해 이제 시민은 뉴스를 일방적으로 소비하는 것을 넘어 직접 뉴스가 되고 뉴스를 생산하기도 하면서 새로운 패러다임을 만들어 내고 있다. 기자와 취재원의 역할 구분이 무너졌다. 시민기자는 스스로를 취재한다.

이제 무엇이나 미디어고, 어디서나 미디어이며, 누구나 미디어인 시대가 도래하고 있다. 참여·공유·개방의 2.0 이념을 몸소 체험하고 있음이다.

미디어2.0의 파워는 집단지성으로 유지된다

촛불집회는 그야말로 미디어적 사건이다. 촛불집회 내내 거리에선 디지털 휴대기기로 무장한 시민들이 독립적 미디어의 역할을 하며 기성 언론에 뒤지지 않는 취재의 힘을 보여 준다. 1인 미디어들은 제도권 언론이 외면해 왔거나 접근하기 힘든 현장의 사각지대를 생생하게 전하며 기성 언론을 압도하기에 이르렀다. 이들이 이끄는 인터넷문화가 여론의 흐름을 정반대로 바꿔 놓는 현상이 발생하고 있다. 개방된 플랫폼을 통해 이용자 스스로 참여와 소통을 활성화하고 새로운 콘텐츠까지 생산해 내는 2.0 미디어 지형인 것이다. 2.0 미디어 지형은 아날로그 언론권력의 쇠락을 이끌고 있다. 디지털 카메라와 휴대전화, 컴퓨터를 일상적으로 지니고 다니는 디지털 시민이 보수언론의 거짓을 찾아내 바로잡고 있다. 그 역겨운 왜곡을 견디지 못한 시민들이 '조중동 퇴출'을 외치고 있는 것이다.

전통적으로 언론은 사실을 확인하고 기사를 작성하고 공급하는 과정을 반복하는 프로세스를 갖는다. 그 과정에서 취재와 사실 확인을 위한 단계는 필수적이다. 하지만 온라인에서는 사실 확인과 기사 작성이 거의 동시에 이루어진다. 그리고 일부이지만 포털사이트의 등장은 시민기자들이 포털에서 떠도는 내용을 기사화하거나 사실 확인 없이 보도하고자 하는 유혹에 빠지게도 한다. 이는 결과적으로 민주주의적 가치에 관한 문제를 야기한다. 네트워크사회는 민주주의의 새로운 기회이기도 하지만 다른 가치를 침해할 위험도 잉태한다. 네트워크의 복제성과 상호작용성, 정보공유 등의 특성은 개인정보 유출로 인한 예기치 않은 문제를 야기할 수 있다. 그럼에도 걱정할 일은 아니다. 모래알처럼 엮인 네티즌의 힘이 모아져 정화작용을 하기 때문이다.

2.0 세대는 월드컵을 겪으면서 광장의 문화를 경험했고 인터넷에 익숙해 자신의 의견을 표현하고 포털 뉴스 등을 자신의 미니홈피나 블로그로 퍼 가거나 링크를 걸고 다른 사람과 공유하는 것이 자연스러운 세대다. 기성세대와 뉴스를 소비하는 방식이 다르다는 것이다. 정보의 채널이 잘게 쪼개져 분산돼 있는 것처럼 보이지만 네트워크 법칙에 따라 링크를 타고 넘으면서 유용한 콘텐츠가 선별되고 제곱의 비율로 확산된다. 완전 공개경쟁시장이기 때문에 오히려 주류 언론 못지않은 강력한 영향력을 갖게 된다.

인터넷 안에서 뉴스는 그 형식에 얽매이지 않는다. 또한 사실의 정확성, 의견의 진실성은 글 자체, 댓글 하나를 통해 규명되지 않는다. 무수하게 많은 사람이 반박하고 주장하면서 사태의 진실성에 다가간다. 주류 언론의 보도는 전문적 식견을 갖춘 기자에 의해 보장되는 것이지만, 인터넷의 진실은 집단지성과 집단적 참여에 의해 확보되는 것이다. 우리는 좀 더 비판적인 정보이용자가 되면 될 뿐이다. 인터넷 공간은 그 속성상 때때로 조작되거나 왜곡된 정보에 의해 휘둘릴 여지가 없지 않다. 허나 그러한 경우에라도 시민들은 스스로 증거를 찾아내고 토론을 거쳐 사실 여부를 규명한다. 시민의 소통을 통해 진실은 그 모습을 드러낸다. 집단지성의 힘이 발휘되는 것이다. 다음의 아고라는 시민의 위대함을 보여 주고 있다.

미디어권력 변화, 미디어비즈니스 구조 변동을 이끌다

광우병 사태는 지상파 방송이나 신문을 통해 전해지던 이슈에 대해 더 이상 시민들이 일방적, 수동적 자세로 받아들이지 않음을 보여 주었다. '아고라'는 이슈의 중심에 섰다. 막강한 힘을 가졌던 지상파방송사가 오히려 아고라를 따라가기 바빴다. 촛불시위 현장에서 방송 3사는 KBS, MBC, SBS가 아니라 진보넷, 오마이TV, 민중의 소리라고 해도 과언이 아니다.

보수언론은 적어도 쇠고기 문제와 관련해서는 의제설정력을 상실했다. 그간 여론 형성의 중심축이었던 언론, 그중에서도 이른바 '조중동'으로 불리는 보수언론에 대한 불신이 강하게 표출되고 있다.

정부가 바뀌었다고 해서 광우병 문제 보도 태도가 달라진 것이 보수언론에 대한 국민의 불신을 키우는 결정적 요인이다. 국민적 관심사를 보도하는 보수언론의 관점이 분명한 이유 없이 반대에서 찬성으로 바뀐 것이다. 보수언론의 이러한 이중적 보도 태도는 사안의 진실성과 매체의 신뢰성과 직결되면서 국민의 불신감을 증폭시켰다. 급기야 'vCJD'(조선, 중앙, 동아의 앞 이니셜을 따 크로이펠츠 야콥병, 즉 인간광우병만큼 우리

몸에 해롭다는 의미)로 불리는 굴욕을 당하고, 평생구독거부 선언과 같은 시민운동의 대상으로 전락했다. 시민의 광고주 압박으로 인해 이들 신문에 대한 광고 포기 의사를 밝히는 업체들이 속속 나오고 있는 반면, 경향신문과 한겨레에는 시민 모금에 의한 의견광고가 봇물을 이루고 있다. 이는 인터넷 동호회 등 개인적 관심사로 모인 네티즌에 의한 자발적 운동이다. 경제권력, 정치권력의 권세를 시민권력이 대체하고 있음이다.

언론은 통제나 관리의 대상이 아니며 이제는 권력자가 원한다고 해도 그렇게 될 수 없다. 그러기에는 시민들이 갖고 있는 정보채널과 미디어가 너무 많고, 다양하고, 빠르다. 아고라를 통해 등장한 시민 저널리스트들은 재치, 발랄함을 무기로 전통적 저널리즘의 규범을 해체시키며 전면으로 부상하고 있다. 그동안 지배언론의 커뮤니케이션이 민중의 삶과 거리가 있었던 반면, 아고라에 등장하는 언어는 개인들의 삶과 긴밀하게 연결되어 있다.

기성 언론을 통해 일방적으로 정보를 수용하던 개인들은 촛불집회를 거치며 스스로 언론이 되는 동시에, 자신이 확보한 정보를 근거로 기성 언론보도를 평가하는 상황에 이르렀다. 보이지 않는 사실, 진실이 따로 있음을 알게 되었다. 보수언론이 알려 주지 않는 팩트가 있음을 직접 경험하게 된 것이다. 이제 기성 언론은 정보의 정확성과 공정성을 놓고 타언론사가 아닌 개인과 경쟁해서 이겨야 생존할 수 있는 시대를 맞이했다.

촛불집회는 인터넷 판도를 거세게 흔들고 있다. 미디어다음과 네이버뉴스의 페이지뷰는 완전히 역전됐다. 촛불집회 이후 네이버 탈퇴와 시작페이지 바꾸기 운동이 일어나 네이버의 방문자 수가 지속적으로 감소하는 추세이며, 뉴스 섹션의 경우 다음에 비해 큰 차이로 뒤지는 것으로 나타났다. 이는 포털이 딘순 정보 제공자 수준이 아닌 미디어로서 공정성과 책임을 가져야 한다는 요구가 커지고 있음을 반영한다.

네이버는 그간 '언론이 아닌, 정보 유통자'라며, 뉴스 처리에서 중립성을 강조해 왔다. 지난해 대선 이후 예민한 주제들에 대해서는 댓글을 금지하고, 토론방도 일원화했다. 이용자들은 정보 제공과 자유로운 참여를 막는다며 반발했지만, 네이버는 편향성 시비 제거와 이용자 보호를 내세워 이를 고수했다. 민감한 이슈를 외면해 온 네이버는 촛불집회 국면에서도 기존 방침을 이어 갔다. 공론장 기능을 해야 하는 포털이 지나치게 폐쇄적 공간이 된 것이다. 물론 포털은 뉴스 생산자가 아니다. 포털 사이트가 과연 미디어인가 하는 것은 오랜 논쟁이긴 하지만 적어도 1면 뉴스의 배치를 통한 여론 형성의 영향력 측면에서는 미디어의 역할을 하고 있다는 점은 부인할 수 없다. 인터넷 이용자의 60% 이상이 네이버를 시작페이지로 설정하고 있고, 하루 1,600만 명이 방문하는 사이트라는 점에서 사회적 책임이 부여될 수밖에 없는 것이다.

2.0 미디어비즈니스 성공전략

촛불은 아직 타고 있다. 횃불로 승화할 수도 있고, 심지를 다 태워 사그라질 수도 있다. 미디어 패러다임에 끼친 영향이 일시적인 것으로 그칠 수도 있다. 그러나 시간의 문제일 뿐, 2.0 패러다임으로 진화할 것이라는 데에는 이견이 없다. 하여 지금 그리고 미래 미디어비즈니스 차원에서 그 대응책 모색이 요구된다. 현 단계에서 구체적인 답을 구하기는 어려우나, 그 철학 및 방향성은 논의할 수 있겠다.

1. 미디어2.0 가치창출의 원천은 누설 · 결집 · 유연성

미디어2.0은 특정 정보를 일방적으로 전달하는 것이 아니라 정보를 공유하고, 자발적으로 참여하여 더 나은 정보를 생산하는 개방된 플랫폼이어야 한다. 한국 네티즌의 역동성이야말로 2.0 시대의 가장 경쟁력 있는 자원이라고 할 수 있다.

이른바 개방과 공유, 참여와 소통이라는 새로운 미디어 시대를 의미하는 2.0 패러다임은 미디어기업의 혁신을 요구하고 있다. 이 혁신은 조직의 변화뿐만이 아니라 고유하게 쌓아 온 인식과 전통의 해체를 의미한다. 2.0 시대에 미디어 기업이 적응하고 생존하기 위해서는 가치창출의 핵심 요소인 관심을 효과적으로 이끌어 낼 수 있어야만 한다. 따라서 미디어기업은 개방·참여·공유라는 미디어2.0 시대의 특징을 정확하고 풍부하게 구현해야 한다. 하여 미디어2.0의 가치를 창출하는 세 가지 원천에 주목할 필요가 있는데, 다음과 같다.

첫째, 누설(revelation)이다. 콘텐츠가 가치 있음을 밝혀 '관심'을 촉발해야 한다는 것이다(publishing2.0). 우선 수용자의 호기심을 유발해야만 선택(참여)을 이끌어 낼 수 있다. 둘째, 결집(aggregation)이다. 많은 양의 소수 콘텐츠를 모으고 집중해야 한다는 것이다(distribution2.0). 수용자의 다양한 관심에 부응해야만 함께하게 되는 것(공유)이다. 셋째, 유연적응성(robustness)이다. 상호 연동, 표준화, 확장 등을 통해 가치를 창출해야 한다는 것이다(infrastructure2.0). 수용자의 접근이 쉽도록 열린 플랫폼이어야 한다(개방).

미디어2.0 환경에서는 플랫폼이 중요하다. 아고라는 이를 체험으로 알게 해 준다. 그야말로 'Content is King, Media is Kingdom'인 것이다. 미디어1.0 시대에는 '콘텐츠'가 최고였다. 하지만 미디어2.0 시대에는 '플랫폼(미디어)'이 핵심적 역할을 수행하고 있다. 콘텐츠는 플랫폼, 미디어를 자유로이 옮겨 다닐 뿐이다. 여기서 플랫폼(미디어)은 광장이 된다. 이용자가 자신이 생산한 정보 및 콘텐츠를 다른 이용자와 공유하고 미디어 기업과 언론사의 정보 및 콘텐츠 생산에도 관여하는 광장이 되는 것이다. 사회 구성원은 미디어를 통해서 (일방향의) 일 대 다 커뮤니케이션을 하는 것이 아니라 미디어에 모여서 일 대 일, 일 대 다, 다 대 다 등 여러 형태로 양방향 커뮤니케이션을 하게 된다.

2.0 패러다임에서 미디어는 '열린 미디어'이다. 개방과 공유의 시스템을 잘 간파한 사이트들이 살아남듯이 이러한 미디어 시스템을 잘 간파

한 매체들이 살아남을 것이다. 광장을 잘 만들고 매체 접근성을 높인 포털은 승승장구하고 그렇지 못한 포털들은 몰락하게 된다.

언론도 마찬가지다. 과거의 뉴스룸은 이용자들과 가까운 관계모델을 갖지 않아도 될 만큼 독점적인 권위를 형성하고 있었다. 그러나 현재의 뉴스룸은 지식대중으로 성장한 이용자들의 1인 미디어와 다양한 플랫폼의 출현으로 고전하고 있다. 이미 미디어2.0 주도권은 수많은 지식대중에 의해 형성된 신질서와 이를 제대로 수렴한 아고라 등의 온라인 공론장으로 넘어간 상황이다. 이용자와 신뢰성을 기반으로 한 밀접한 관계를 갖지 못한다면 시장에서 도태되는 상황에 이를 수도 있다. 결국 수용자가 이용할 수 있는 공간을 마련해 주는 것이 해법이 될 것이다. 하여 커뮤니케이션 공간과 커뮤니티 운영에 대한 투자를 아끼면 안 될 것이다.

2. 감성적 체험으로 관심을 끌어 시간점유율 높이기

미디어 기업의 생존조건은 소비자의 관심(attention)을 얼마나 끌어내느냐 하는 데 있다. 골드하버(Goldhaber)는 이 시대를 관심경제(attention economy) 시대라고 규정하는데, 현재는 물론 미래경제에서 갈수록 심화되는 경쟁 중 하나가 바로 소비자의 관심을 놓고 벌이는 경쟁이다. 관심은 한정된 재화이기 때문에 모든 사람과 모든 기업이 동일한 양의 관심을 획득할 수 없다. 따라서 관심경제에서는 스타와 팬이란 역할구조가 형성되며, 관심을 사고파는 경제행위가 부상하게 된다. 이제 기업의 가치도 생산량이나 매출액보다 얼마나 많은 팬을 확보하고 있는가 하는 점이 더 중요한 요소가 되어 가고 있다. 기업으로는 '구글'이, 그리고 제품으로는 'iPod'가 그 대표적인 사례에 해당된다.

대부분 미디어 시장은 두 가지 차원의 시장으로 구성되는데, 광고주와 소비자의 소비를 조화해 내야 하는 목표를 갖는다. 그 조화과정이 바로 관심이다. 다른 시장과 달리 미디어 시장은 '관심'이 밸류체인의 가장 중요한 부분으로 작동하는데, 이는 광고주에 의해 요구되고 소비자에 의해 공급되기 때문이다. 동시에 콘텐츠는 수용자에 의해 요구되고 광고주에 의해 공급(자금지원)되기 때문이다.

나이키(Nike)의 경쟁자는 '닌텐도 DS'이다. 스포츠업계와 게임업체 중 누가 고객의 시간을 더 많이 차지하는가를 놓고 경쟁하기 때문이다. 이 때문에 나이키는 이제 닌텐도와 시장점유율(market share)을 중심으로 싸움을 해야 하는 것이 아니라 시간점유율(time share)에 대한 싸움을 하게 되었다. 그동안 주로 같은 업종 안에서 치열하게 펼쳐졌던 시장점유율 경쟁이, 업종 간의 장벽이 붕괴되고 업종들이 서로 섞이는 환경에서 점차 고객의 시간점유율 경쟁으로 바뀌고 있다는 것에 주목할 필요가 있다. 같은 맥락에서 방송사의 경쟁자는 이동통신업체이다. 이에 미디어기업은 동종 업계 내에서 라이벌과 싸우기보다는 고객과 사귀기 위해 더 많은 시간과 비용을 할애해야 하는 국면을 맞이했다. 콘텐츠나 서비스 개발만큼이나 소비시장 자체를 키우고 개발하는 것 또한 중요한 업무가 되었다.

미디어기업은 소비자에게 감성적이고 창의적인 체험을 제공해야 한다. 소비자의 습관과 행동을 변화시킬 만한 편리한 서비스와 공감할 수 있는 스토리 등 감성적 체험을 제공해야 한다. 다음 아고라는 접근의 편리성과 디지털 감수성에 기반을 둔 체험의 공유를 제공한다. 소비자의 프로슈머화 경향에 대응해 감성을 자극하고 공감을 불러일으킬 수 있는 참여형데를 새로운 콘셉트로 활용해야 한다. 새로운 콘텐츠 혹은 서비스 아이디어 발굴 및 개발 과정에서 수용자와 외부 전문가의 적극적인 참여를 유도하는 크라우드소싱(crowdsourcing)이 대안이다. 일반인이 제작한 UCC를 신규 콘텐츠·서비스 원천으로 활용할 수도 있으며, 인터넷의 폭넓은 커뮤니티를 통해 최적의 솔루션을 발굴할 수도 있다.

3. 미디어2.0기업의 핵심역량은?

미디어2.0 환경에서 미디어 기업들은 다음과 같은 핵심역량(core competences)을 요구받고 있다. 첫째, 속도의 경제학(economies of speed)이다. 얼마나 빠르게 생산하고 시장과 소비자의 변화에 얼마나 빠른 속도로 대응하느냐가 중요한 가치를 갖게 된다. 미디어2.0 환경에서는 경쟁자보다 발 빠르게 시장과 소비자가 원하는 것을 파악하고 대응하며 변화하는 것이 필요하다. 둘째, 범위와 규모의 경제학(production economies of scale and scope)이다. 미디어2.0 환경에서는 얼마나 많은 이용자(규모의 경제)와 얼마나 다양한 이용자(범위의 경제)가 참여하고 공유할 수 있는가가 중요한 가치가 된다. 셋째, 상호 연결된 프로슈머(connected prosumers)이다. 생산과 소비라는 두 가지 행위 모두에 참여하는 이용자인 프로슈머가 얼마나 밀접하고 조화롭게 상호 연결되어 있는가 하는 점도 미디어2.0 환경의 가치를 좌우하게 된다. 프로슈머의 연결망이 밀접하고 촘촘할수록 창출되는 가치 역시 눈덩이처럼 불어나게 되는 스노우볼 효과(snowball effect)가 발생한다. 넷째, 퍼스널 미디어(personal media)가 중요하다. 미디어2.0 시대에 퍼스널 미디어는 가치창출을 위한 새로운 수단이 될 수 있으며, 정보 및 콘텐츠의 가격변화(switching costs)에도 영향을 미치게 된다. 다섯째, 마이크로 퀄리티(micro quality)이다. 미디어2.0 환경에서 상품은 매스 마켓이 아닌 니치 마켓에서의 품질이 보다 중요한 가치를 얻어 가고 있다. 미디어2.0 환경은 다양한 참여자가 존재하는 환경이며 동시에 이들의 다양한 욕구가 반영되는 시장이기 때문에 여러 형태의 니치 시장이 존재할 수 있다. 따라서 니치 마켓에서의 품질이 보다 중요한 가치를 얻어 가게 된다.

미디어2.0 환경에서는 상대적으로 많은 정보 및 콘텐츠가 시장에 나오게 된다. 미디어산업의 가장 중요한 법칙은 '관심은 드물다(attention is scarce)'는 것이다. 미디어가 성장할수록 수용자의 관심은 절대적으로 부족한 것으로 간주되어 왔다. 그러나 관심은 상대적인 개념이다. 사실 오랫동안 관심은 풍부하게 남아 있었다. 긴 꼬리(long-tail)의 무한한 생명력이 이를 증명한다. 그 꼬리 중 하나를 찾아내는 것이 치열한 비즈니스 세계에서 승자가 되는 길이다.

미디어정치2.0: 오바마의 미디어2.0 전략

'미국의 변화'를 기치로 내세워 당선된 미국 대통령 버락 오바마는 미디어정치사에 있어서도 변화를 이끌었다. 결론부터 말하자면, 미디어2.0을 적극 활용해 민주주의2.0을 구현했다고 하겠다. 미디어 테크놀로지의 발달은 다양한 사회문화적 변화를 잉태하는데, 특히 정치커뮤니케이션 영역에서 새로운 변화를 일으킨다는 점을 오바마는 직접 보여 주었다. 버락 오바마 대통령이 인터넷을 적절히 활용해 선거캠페인 효과를 극대화한 전략은 48년 전(1960년) 케네디 대통령이 당시로선 뉴미디어인 TV토론을 통해 젊고 능력 있는 이미지를 확실히 각인시키며 35대 선거에서 승리한 것과 오버랩된다. 이들은 미디어를 긍정적으로 활용해 민주주의를 한층 업그레이드한 것이라 하겠다. 케네디가 미디어정치1.0 세대라면, 오바마는 미디어정치2.0 세대라 하겠다.

미디어정치1.0 세대 케네디와 미디어정치2.0 세대 오바마

LA타임즈 기자인 하워드 로젠버그는 링컨이 케네디와 같은 매스미디어 시대에 출마했더라면 당선되기 힘들었겠지만, 만일 뉴미디어 시대에 출마했다면 당선가능성이 충분했을 것이라는 흥미로운 글을 썼다. 이는 시대에 따라 정치인이 어떤 미디어를 활용하는가가 정치영역에서 승패를 좌우할 정도로 큰 영향력을 가진다는 의미인 동시에 미디어의 강효과를 시사한다.

　　케네디는 현재의 오바마 대통령 당선자처럼 대선에서 최초로 시작된 TV토론에서 상대후보인 닉슨과의 신·구(新舊) 대결에서 압승하면서 선거 판도를 바꾸었다. 오바마 선거진영에서는 2004년 대선에서 기금 마련 정도로 활용했던 인터넷을 웹2.0 트렌드로 반영해 적재적소에 활용하였다. 신문, 라디오, TV 등 일방향적 매체에서 나아가 유튜브, 페이스북 등 양방향 미디어를 선거 시작부터 활용하였다. 오바마 선거진영은 인터넷에서 오바마의 서포터를 모으면서 지속적으로 후원할 기회를 제공하며, 유세일정과 업데이트되는 뉴스를 시시각각 유권자에게 전달함으로써 광고하고, 유권자와 끊임없이 커뮤니케이션에 집중했다. 이로써 상대진영 및 외부의 공격을 방어하고, 유권자와 소통해 결국 승리를 손에 쥐었다.

　　케네디와 오바마는 모두 새로운 미디어를 활용해 긍정적 이미지를 형성하는 데 성공했다. 케네디는 TV토론을 성공으로 이끌면서 국민의 정치관심도를 높이고 후보의 자질과 능력을 유권자가 직접 판단할 수 있는 계기를 만들었다. 변화와 개혁에 대한 사회적 요구가 높았던 2008년 미국 대선에서 오바마는 시대적 요구에 부응하는 뉴스 프레임을 선점함으로써 주도적 이미지를 창출했다. 특히 인터넷과 매스미디어를 활용해 캠페인 메시지를 지속 유포했다. 민주당 경선에서부터 대통령 선거 마지막까지 힐러리, 매케인 상대방 후보와의 경쟁구도 속에서 오바마는 성별, 인종, 신구(新舊) 등 다양한 대립구도를 형성하며 유권자와 미디어의 관심을 선점하면서 대결을 주도해 대선을 승리로 이끌었던 것이다. 퓨리서치센터(Pew Research Center)의 여론조사에 의하면, 인터넷에서 2008 선거 캠페인을 접한 사람이 2004년 대선에서 10%였던 것에 비해 33% 증가했다. 미국인 만 18∼29세 젊은 층의 50%가 2008년 대선뉴스를 보기 위해 인터넷에 관심을 갖게 됐다고 밝혔으며, 단 17%만이 종이신문에 관심을 갖게 되었다고 응답했다.

오바마의 미디어정치2.0 전략 전술 해부

대선 기간 오바마 캠프의 미디어2.0 승리전략을 정리하면 다음과 같다.

첫째, 공식 홈페이지의 적극적이고 과학적인 활용이다. 오바마의 공식 홈페이지는 직관적이고 단순한 설계, 일관성 있는 디자인을 통해 분명한 메시지를 전달하도록 만들어졌다. 오바마 캠페인의 비전을 시각적으로 메시지화할 수 있는 오바마 브랜드를 상징하는 로고를 만들었다. 오바마 캠페인의 로고는 미국, 희망, 새로움 등의 일관성 있는 메시지를 담고 있어 매우 효과적으로 오바마 진영을 어필할 수 있었다. 또한 오바마는 참여와 행동을 지지자들에게 호소하는 개방형 메시지를 전하는 데 집중했다. 오바마의 홈페이지는 모든 정보가 모이고, 사람들의 참여와 소통이 가능한 플랫폼 역할을 할 뿐만 아니라 그 안에서 자유롭게 블로그를 만들 수 있어 네티즌 지지자들의 참여와 공유를 이끌어 냈다. 또한 사진과 동영상을 스크랩할 수 있게 해서 다른 소셜 사이트 유권자가 올 수 있도록 공개하였다.

대통령에 당선된 직후 정권인수팀은 '체인지닷거번먼트(change.gov)'를 오픈했다. 웹사이트는 오바마 차기 행정부의 최신 뉴스, 행사, 공식발표 등을 제공하는 뉴스정보원이 되어 웹사이트방문자가 오바마 차기 행정부기 출범을 준비하는 과정을 따라갈 수 있도록 할 것을 약속했다. 체인지닷거번먼트은 블로그, 뉴스룸뿐만 아니라 방문자들이 이야기를 공유할 수 있는 게시판도 있어 대선에 관한 느낌, 오바마 차기 행정부에 대한 비전 제시 등 국민의 의견을 수렴하는 공간으로 활용했다. 체인지닷거번먼트는 오바마 당선자가 선거캠페인 당시 보여 주었던 온라인 캠페인 전략의 확장버전이다.

둘째, 인터넷 UCC 동영상의 적극적 활용이다. 동영상은 젊은 유권자층에게 정치적 메시지 친밀도, 이해도, 주목도를 높이고 전통 미디어를 능가하는 의제파급능력과 확산 속도를 보인다는 점에서 오바마와 매케인 모두 이에 주력했으나 동영상 제작이나 메시지 구성에서 오바마 선거캠프의 캠페인이 더욱 효율적이었다는 평가가 대세다. 오바마는 젊은 유권자층을 대상으로 한 설득메시지를 담은 동영상을 제공했으며, 대표적인 UCC 동영상인 '오바마걸'과 같이 네티즌들이 동영상 제작에 함께 참여할 수 있도록 다양한 소스들을 제공하였다. 특히, 오바마 캠프는 유튜브를 전략적으로 활용해 강력한 효과를 보았다. 유튜브를 통해 볼 수 있었던 오바마의 광고는 TV광고보다 훨씬 효과적으로 작용했으며, 유튜브 이용자들은 원하는 광고를 직접 선택해 이를 다른 이용자들에게 전달해 확산될 수 있도록 해 오바마 진영의 광고노출을 높여 메시지의 확산이 더욱 빠르게 일어났다.

셋째, 블로그와 소셜 미디어를 활용하여 대선에 관심이 적었던 젊은 유권자들을 투표에 끌어들이는 데 성공하였다. 오바마 캠프에서는 열성적인 블로그 문화를 만들어 냈다. 페이스북과 마이스페이스와 같은 소셜네트워킹 사이트는 지지자들에게 유대감과 소속감을 부여해 지속적인 참여활동을 유도했으며, 온라인상에서 연합하게 해 커뮤니티의 단결력을 높였다. 소셜미디어에 약 350만 명에 이르는 오바마 서포터들이 존재했으며, 유튜브에서 오바마 비디오를 구독하는 사람이 13만 4천 명, 페이스북에는 3백만 명의 오바마 서포터즈가 있었다. 페이스북에는 오바마를 지지하는 커뮤니티가 만들어져 대중에게 오바마를 끊임없이 노출하게 되면서 유권자의 오바마에 대한 친숙도와 캠페인 메시지에 대한 이해를 높였다.

정치커뮤니케이션의 수단으로 블로그는 캠페인 메시지를 신속, 정확하게 배포할 수 있으며, 캠페인 전략과 메시지에 대한 지지층의 평가와 개선전략을 지속적으로 받을 수 있다. 또한 지지층과의 끊임없는 커뮤니케이션을 통해 연대감을 효율적으로 형성하며, 비지지층에게는 지속적인 메시지 전달로 설득효과를 높이는 데 효율적이다. 지지층을 동원하고 조직화하는 데도 효율적으로 활용할 수 있다. 지지층의 자발적 참여를 유도하는 데 매우 효율적이며 참여, 공유, 개방으로 수평적 커뮤니케이션이 형성될 때 이 모든 기능을 발휘할 수 있다.

넷째, 새로운 미디어로 등장한 모바일미디어를 최대한 활용하였다. 2008년 대선 캠페인에 모바일미디어를 본격적으로 도입하게 된 것이다. 특히 오바마 캠프는 젊은 층 유권자를 겨냥했기 때문에 모바일의 활용은 젊은 층 지지자를 모으고 동원하는 데 효과적인 역할을 해 적절한 뉴미디어 활용으로 평가받고 있다. 문자메시지를 이용해 대표적인 메시지인 "Yes We Can"과 같은 짧고도 강력한 문구를 전달하면서 유권자의 심리적 유대감을 확보해 설득시키는 효과를 얻었다. 모바일 캠페인 전략은 지지자의 자발적 참여와 지지자 집단 안에서 공유를 통해 지속적이고 자율적으로 활동하는 힘을 커뮤니티에 부여하였다. 특히 아이폰에서 다운로드 가능한 애플리케이션을 만들어 홍보하는 등 새로운 방법을 모색하였다.

이러한 다양한 전략으로 온라인 공간 내에서 인터넷 이용자들의 지지와 유대감, 단결력은 매우 강하게 형성되었으며, 이러한 흐름이 오프라인으로도 이어져 오바마의 승리로 나타난 것으로 볼 수 있다. 또한, 변화와 혁신을 꿈꾸는 유권자들의 마음을 새로운 방식, 디바이스, 모습으로 분명히 보여 주었기 때문에 경쟁 후보와의 차별화에 성공한 것이라 하겠다.

오바마 선거캠프는 유권자의 변화 흐름을 정확히 집어냈다. 미국 선거문화에서는 젊은 유권자 집단을 타깃으로 한 선거 전략은 실패한다는 속설이 있었시만, 오바미 캠프는 젊은 유권자들을 모으기 위해 노력했고, 인터넷과 모바일은 전략을 이행하여 완수하는 훌륭한 도구가 되며 새로운 이정표를 만들었다.

러시아, 중국 그리고 한국의 미디어정치2.0

이제 인터넷은 정치 활동의 가장 중요한 미디어 증 하나로 부상했다. TV 정치시대가 끝나고 이제 인터넷 정치시대가 온 것이다. 오바마는 이를 그의 승리로 증명했다. 오바마 캠프는 인터넷 영역에 강력한 서포터즈 네트워크를 만들었고, TV와 인터넷, UCC동영상, 소셜미디어를 결합했으며, 온라인 지지자 커뮤니티에게 보낸 오프라인의 참여까지 유도하는 문자 메시지를 통해 커뮤니티 행동으로 이끌어 내었다.

반면 국내에서는 2002년 대선 당시 인터넷과 네티즌이 적극적이었던 것과는 달리 2007년 대선에서는 인터넷에 대한 많은 규제로 인해 적극적이며 긍정적인 선거문화가 이루어지지 못했다. 그 가운데 하나가 선거관리위원회의 UCC 규제였다. 2007년 대선에는 블로그, UCC 동영상 등이 매우 활발할 것으로 예측되면서 대선판도를 가름할 주요 요인이 될 것으로 기대되었다. 그러나 중앙선거관리위원회는 공직선거법 93조를 근거로 내놓은 '선거 UCC 운용 기준'에 따라 선거일 180일 이전부터 특정 후보를 지지 또는 반대하는 게시물은 블로그 및 미니홈피, 카페 등 인터넷 공간에 올릴 수 없다는 지침을 발표했다. 이는 결정적으로 2008년 미국 대선에서 나타난 활발한 UCC문화를 국내에서는 불가능하게 한 것이었다.

물론 2007년 대선에서 이명박 대통령 후보는 가상현실 서비스인 세컨드라이프에 이명박 가상 선거본부인 '이명박 버추얼 캠프'를 공식 오픈하고 온라인 가상체험을 통해 이용자들이 쉽게 대통령 선거 및 후보의 정책을 체험하는 서비스를 제공하였다. 하지만 세컨드라이프가 대중화되지 못한 국내 현실에서 커다란 반응을 이끌어 내지 못하였다.

오바마 대통령의 정권인수위는 최초로 유튜브에 오바마 당선자의 연설을 배포하면서 백악관 정치를 더 투명하게 하겠다는 의지를 보여 주었다. 청취율이 낮았던 대통령 주간 연설이 유튜브에 동영상을 배포한 지 하루 만에 40만 조회 수를 기록하며 인기를 얻었다. 전문가들은 오바마 당선자가 국민과의 원활한 커뮤니케이션을 위해 앞으로도 멀티미디어를 적극 활용할 것이라고 전망했다.

오바마 당선자 이외에도 드미트리 메드베데프 러시아 대통령과 후진타오(胡錦濤) 중국 국가주석, 아소다로 일본 총리 등 세계 주요국의 지도자들도 IT기술을 활용한 대국민 소통에 열심이다. 메드베데프 러시아 대통령은 블로그를 적극 활용하고 있다. 2008년 10월 크렘린 공식 웹사이트에 자신의 블로그를 마련한 메드베데프는 국민이 자유롭게 개인 의견을 남길 수 있도록 했다. 정부비판이 자유롭지 않은 러시아에서 정부 정책에 대한 개인 의견을 자유롭게 제시하며 공유한다는 것은 매우 이례적인 일이다. 또한, 후진타오 국가주석은 2008년 6월 인민일보의 웹사이트에서 이용자와 실시간 화상채팅으로 대화를 나누어 폭발적인 반응을 이끌면서 중국에 인터넷 정치 열풍을 몰고 왔다.

이처럼 온라인 커뮤니케이션 수단인 개인 홈페이지와 블로그는 현대 정치인에게 중요한 커뮤니케이션 도우미 역할을 하고 있다. 인터넷은 상호작용이라는 특징으로 시민의 자발적 참여와 공유를 극대화하고 참여를 통해 이용자들에게 자신감과 즐거움을 제공한다. 때로는 온라인 지지자를 오프라인의 행동가로 만들기도 한다.

반면 이명박 대통령은 라디오 주례연설을 통해 국민과 소통을 시도하고 있다. 라디오는 매체 속성상 일방향적이다. 말하는 사람이 하고 싶은 얘기만 하는 것이다. 그래서인지 시사주간지 『시사인』의 여론조사 결과(71·72합본호)에 따르면, 이명박 대통령의 라디오 연설에 대해 '라디오 연설을 하는 줄은 알았지만 들어 본 적이 없다'는 응답이 43.7%나 되며, '라디오 연설을 하는 줄 몰랐다'는 응답도 26.5%나 된다. 이는 미디어2.0 시대 우리 정치커뮤니케이션의 현실을 적나라하게 웅변한다.

미디어정치2.0, 미디어비즈니스 기회 제공

2009년 1월 14일 미의회는 '유튜브 정치' 시대를 열었다고 발표했다. 미의회는 535명의 상하원 의원들이 유튜브 이용자들에게 의정활동과 관련된 자체 동영상을 제공하는 공식 유튜브 채널을 개설, 운영한다고 공표했다. 유튜브 채널이 의회와 국민 간 거리를 좁히는 양방향 커뮤니케이션 플랫폼으로 인정되어 의원들이 각종 연설이나 행사, 청문회 등 동영상을 올리고 관리하며, 이용자들도 의원의 근황을 확인할 수 있으며 다양한 의견을 개진하는 등 참여하는 상호작용적인 역할을 하게 될 것이다.

인터넷 정치시대로 접어든 현시점에서 뉴미디어는 자발적 참여와 공유를 통해 정치인과 일반시민 간 정치커뮤니케이션 2.0 공간을 완성해 가는 도구이다. 인터넷 웹2.0의 자유로운 표현 공간 속에서 상호작용적인 발전을 이루어 나가기 위해서는 인터넷이라는 새로운 공간의 특성을 이해하여 양방향적인 소통을 통해 투명하고 긍정적인 문화를 점차적으로 형성해 가는 것이 바람직할 것이다.

미디어2.0 환경에 기반을 둔 미디어정치2.0은 미디어업계에도 비즈니스 기회를 제공한다. 정치커뮤니케이션2.0 공간을 개발하고 구현하는 것은 미디어업계의 비즈니스 대상이기 때문이다. 이는 미디어비즈니스를 통해 민주주의 발전에 기여한다는 차원에서 미디어기업의 사회적 책무를 수행하는 것으로도 평가할 수 있다.

모든 분야가 다 그렇지만, 정치분야도 네거티브 입장에서만 볼 것이 아니라 포지티브 입장에서 보면 미디어비즈니스 기회를 제공한다. 홈페이지 구축, 커뮤니케이션 채널 활성화 등 정치커뮤니케이션 패러다임의 흐름을 면밀히 관찰할 필요가 있는 것이다. 유권자의 욕구 및 행태를 파악해 비즈니스 기회를 찾을 수 있겠다.

참여, 공유, 개방으로 상생의 지속성장을 모색하는 2.0 패러다임은 뉴미디어영역과 정치영역 간에도 유효한 명제인 것이다.

사이버 커뮤니케이션과 우리의 기업문화

인류 진화는 커뮤니케이션의 결과이다. 집단생활, 도구 이용 등의 행위는 커뮤니케이션을 전제로 하기 때문이다. 하여 엥겔스(F. Engels)는 인간의 모든 노동과정이 커뮤니케이션 과정이라고 선언했었다. 인류의 커뮤니케이션은 눈짓, 몸짓에서 시작해 언어를 거쳐 테크놀로지가 만들어 낸 도구를 활용하는 수준으로 발전해 왔다. 최근에는 온라인 영역에서 커뮤니케이션이 가능한 상황이 되었는데, 사이버 커뮤니케이션으로 명명된다. 사이버 커뮤니케이션은 인터넷과 같은 디지털 정보망에 의해 구축되는 전자적 공간에서 이루어지는 커뮤니케이션을 말한다. 사이버 커뮤니케이션은 시간과 공간의 제약을 혁파했으며, 동영상 등 멀티미디어적 요소들을 활용해 보다 풍부한 커뮤니케이션을 가능하게 해 준다.

오늘날 우리의 일상(일, 소비, 관계 등)은 사이버 커뮤니케이션을 통해 재구성된다. 이메일을 확인하는 것으로 하루를 시작하고, 포털사이트의 뉴스를 통해 중요한 이슈가 무엇인시를 파악히며, 인터넷 검색으로 최적의 상품이나 서비스를 찾아내 소비한다. 싸이월드와 같은 소셜네트워킹 서비스(SNS)에 접속하여 지인의 안부를 확인하고, 온라인 커뮤니티를 통해 취미생활을 하고 정보도 나눈다.

웹2.0이 촉발하는 2.0 패러다임으로 인해 사이버 커뮤니케이션은 사회문화적 차원에서 의미를 더해 가고 있는데, 커뮤니케이션 파워의 중심축이 시민과 소비자에게로 이동하고 있다는 점이다. 시민과 소비자는 정보나 서비스의 생산과 유통과정에 자발적으로 참여하고 있다. 또한 멀티미디어 형태의 다양한 정보들을 폭넓게 공유하면서 집단지성을 구축하여 생산자와 소비자 사이의 정보 비대칭성을 극복해 가고 있다. 이제 시민과 소비자들은 자신이 생산과 유통과정에 참여하지 않았거나 관련 정보를 확보하지 못해 충분히 이해되고 납득되지 않는 정책 및 서비스에 대해서는 거부하는 경향까지 나타내고 있다. 포털사이트 다음의 아고라가 촉발한 촛불집회 사례는 사이버 커뮤니케이션이 사회적 의제 설정 및 문화행동, 시민행동의 원동력이 됨을 보여 주고 있다. 이처럼 사이버 커뮤니케이션은 새로운 형태의 사회적 관계를 형성하게 한다.

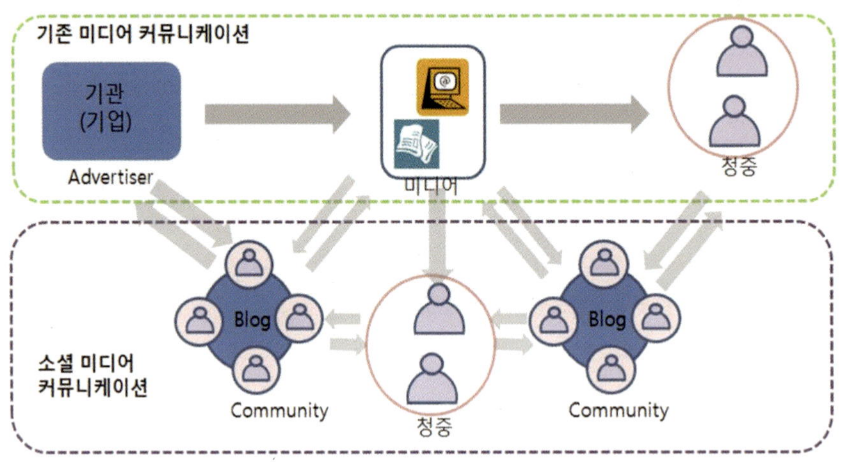

소셜미디어 커뮤니케이션 환경으로의 진화

기업에 있어서도 커뮤니케이션은 기업활동을 영위해 가는 데 필요한 핵심적인 요소이다. 기업캠페인 및 광고, 고객과의 의사소통이 바로 커뮤니케이션이다. 기업은 생산을 효율적으로 수행하고 조직 구성원 간 감성적인 관계만족을 유지하는 가운데 조직 내부에 새로운 혁신을 효과적으로 도입하고 확산시키는 기제로서 커뮤니케이션 네트워크를 선택하고 구축한다. 사이버 커뮤니케이션은 보다 효율적인 네트워크로 작동한다.

1990년대 말 이후 기업들은 이메일, 전자결재, 사이버교육, 전자재고관리, 실시간 메신저 등 각종 도구들을 도입하면서 조직 내부 커뮤니케이션의 효율화를 시도해 왔다. 최근에는 2.0 환경을 사내 커뮤니케이션 네트워크에 도입하여 기업문화의 경쟁력을 확보한다는 의미의 '엔터프라이즈2.0' 개념이 대두하면서 블로그, SNS, UCC, IPTV, RSS(Really Simple Syndication), 위키, 포드캐스트 등이 도입되고 있다. IBM은 내부 블로그인 이노베이션잼(InnovationJam)을 통해 혁신적 아이디어를 지속적으로 창출하고 있는데, 나노기술을 활용한 수질 필터링 개선이 대표적 사례이다. IBM의 블로그는 사내 커뮤니케이션을 넘어서, 임직원과 외부 고객과의 커뮤니케이션 수단으로까지 활용되고 있다. 야후(Yahoo)의 경우에도 조직원의 자발적 정보공유를 위해 블로그를 적극 활용하고 있으며, MS 또한 17만여 개의 블로그와 위키 사이트, 9만여 개의 미니사이트를 운영하고 있는데, 이를 통해 직원들이 자유롭게 자신의 의견을 피력하고 있다. 상당수 국내 기업 역시 협업과 지식공유에 블로그를 활용하고 있다.

이와 같이 최근 기업은 조직 내 사이버 커뮤니케이션을 엔터프라이즈 2.0 개념에 맞게 재구조화하고 있다. 2.0 시대에 사이버 네트워크는 기업커뮤니케이션의 최적 수단이기 때문이다. 사이버 커뮤니케이션 활동은 조직 커뮤니케이션을 효율화할 뿐만 아니라, 고객과의 소통 및 잠재적인 홍보효과까지 낳는다. 따라서 사이버 커뮤니케이션 네트워크 구축은 필수적이다. 문제는 이 같은 시도가 본질적 목적인 '혁신 창출을 통한 생산성 향상'에 기여할 수 있느냐는 것이다. 참여, 공유, 개방, 집단지성의 구축 등을 표방하는 엔터프라이즈2.0 개념이 뚜렷한 상하관계와 폐쇄성을 특징으로 하는 국내 기업문화와 쉽사리 조화하기 어려울 것이라는 비판이 꾸준히 제기된다. 기술 및 시스템만으로는 폐쇄, 독점 등 1.0 수준에 머물러 있는 국내 기업문화를 바꾸기 어려울 것이라는 지적이다.

이에 최우선적 과제는 우리 기업의 조직문화 혁신이다. 조직문화를 웹2.0과 엔터프라이즈2.0 개념에 맞도록 개선해야 할 것이다. 엔터프라이즈2.0 개념 구현을 위한 기술적 노력과 동시에 오프라인상에서의 조직문화 혁신을 추동할 수 있는 동력을 발굴해야 한다. 사이버 네트워크가 구성원 간 의견의 합의를 이루어 가는 장이 되어야 한다는 점을 잊지 않는 공감대 형성이 요구된다. 또한 사이버 커뮤니케이션이 활성화되기 위해서는 구성원의 의견이 파편화(fragmentation)되지 않도록 해야 한다. 인터넷에서의 토론과 관련해 양극화나 쏠림현상이 중요한 문제로 대두되고 있다. 네티즌이 다양한 의견을 제시하고 공유하며 합의를 찾아가기보다는 자신의 의견만을 주장하는 경우가 없지 않다. 때론 극단적인 인식공격의 형태로 나타나기도 한다. 따라서 사이버 커뮤니케이션을 조직문화로 흡수하기 위해서는 스스로 자기검열 및 자기조절을 할 수 있도록 최소한의 가이드라인을 마련해 두는 게 좋다. IBM이나 델은 네티즌 존중, 소속 명시 등 사이버 커뮤니케이션 가이드라인을 구체화하고 있다.

디지털은 어떻게 쓰느냐에 따라 '디지털'이 되기도 하고, '돼지털'이 되기도 한다. 디지털이면 인간에게 유용한 생활도구인데, 돼지털이 되면 아무 소용없는 것으로 전락하거나 애물단지일 뿐이다. 사이버 커뮤니케이션 역시 '사이비' 커뮤니케이션이 되지 않도록 노력해야 할 것이다. 커뮤니케이션의 질(質)이 중요하다는 것이다. 커뮤니케이션의 효과는 커뮤니케이션 과정에 참여한 구성원 간의 사회적 관계의 질에 좌우된다. 구성원이 커뮤니케이션을 열린 것으로 간주하는지, 정보의 흐름이 투명하게 이루어지는지, 커뮤니케이션에 참여하여 함께 만들어 갈 수 있는 과정이 모두에게 공평한지 등에 따라 결정된다. 구성원 간 관계의 질을 높일 수 있는 가장 중요한 방법은 바로 '신뢰관계'를 구축하는 것이다. 가정, 기업, 국가 어디에서건 커뮤니케이션이 실패하지 않기 위해서는 상호 믿음이 필요한 것이다.

"나는 접속한다. 고로 존재한다."

제레미 러프킨(Jeremy Rifkin)은 21세기 문명을 '접속의 시대(the Age of Access)'라는 화두로 정리한다. 이미 '노동의 종말'을 선언한 바 있는 그는 디지털시대 '소유의 종말'을 선언하기에 이른다. 여기서 접속은 일시적으로 사용하는 권리를 이름한다. 사람들은 항구적으로 소유하기보다는 일시적으로 접속하려고 한다.

오늘의 디지털 사회를 지배하는 이념은 단연코 '접속'이다. 접속은 문화생산이 지배하는 시대, 마지막 자본주의시대를 관통하는 원리로 문화적 자원과 체험을 일시적으로 사용하는 권리이다. 접속은 단순한 인터넷 접속을 넘어서서 현대 사회관계의 핵심원리로 포착된다. 접속한다는 것은 예컨대 콘도미니엄 이용권처럼 소유하기보다는 네트워크관계망 속에 들어가 일정기간 동안 서비스를 이용할 권리를 얻는 것을 말한다. 주문생산이 일반화되고 끊임없는 혁신과 업그레이드가 이루어지며 제품의 수명이 점점 단축되는 세상에서는 모든 것이 하루아침에 퇴물이 된다. 따라서 소유하고 축적하는 태도는 점점 더 설득력을 잃어 간다.

접속의 시대에는 상품을 팔고 무료 애프터서비스를 제공하는 데에 주안점을 두던 산업시대와는 정반대의 거래가 이뤄진다. 상품이 오히려 무료로 제공되고 후속서비스가 수익을 낸다. 휴대전화, 컴퓨터, 정수기가 그러한 예이다. 소유가 비합리적인 행위가 된 것은 끊임없는 기술혁신의 결과다. 잦은 업그레이드로 제품의 수명이 단축되자 소비자들은 제품을 소유하는 대신 일정 기간 빌려 쓰고 새것으로 바꿔 쓰기를 원한다.

기업의 입장도 마찬가지다. 기술혁신과 급변하는 기업환경 속에 장비, 부동산, 기계 더 나아가 많은 직원을 소유하는 것도 부담스럽게 됐다. 많은 조직을 아웃소싱해서 외부의 브레인을 이용하고, 장비도 리스해서 필요한 기간 동안 사용한 후 반납한다. 자기 사무공간이 따로 없는 IBM 직원들은 호텔이 돼 버린 회사로 '접속'해서 사무실 또는 회의실 사용시간을 예약한다. 이제 기업들은 햄버거도 신발도 만들지 않으면서 자신의 브랜드에 접속하는 체인점포로부터 더 많은 수익을 올리고 있는 맥도널드와 나이키를 지향한다.

'삶의 소비' 시대: 모든 상상력의 서비스화

산업생산시대가 문화생산시대로 전환하고 있다. 다양하고 광범위한 문화적 체험을 파는 사업이 부각되고 있다. 세계여행과 관광, 테마도시와 공원, 종합오락센터, 건강, 패션, 요리, 스포츠와 게임, 도박, 음악, 영화, 가상세계, 그리고 온갖 유형의 온라인 오락은 문화적 경험에 대한 접속권을 거래하는 하이퍼자본주의의 새로운 주역으로 부상하고 있는 것이다. 또한 노동의식이 유희의식으로 변모함에 따라, 놀이의 상품화가 이루어진다. 예술, 축제, 사회운동 및 공동체 활동, 시민적 참여를 개인적 오락으로 유료화하는 것이다. 놀이의 내용과 접속권을 놓고 문화영역과 상업영역은 앞으로 치열한 대결을 벌일 것이다.

이러한 상황을 '체험경제'로 칭할 수 있겠다. 세상만사가 서비스화된다. 상상할 수 있는 모든 것을 서비스화함으로써 생활을 더욱 편리하게 만든다. 때가 되면 알아서 에어컨을 교환해 준다. 더 많은 제품을 팔려고 하기보다는 설치한 시설을 업그레이드하고 관리하는 것이 훨씬 빠르게 성장할 수 있다는 계산논리가 작용하는 것이다. 가족관계의 울타리를 벗어난 사실상의 모든 인간활동이 돈으로 거래된다. 타인의 시간, 타인의 배려와 애정, 타인의 공간과 관심을 돈으로 사는 경우가 점점 늘어나고 있다. 그리고 우리가 누리는 시간은 정확히 측정된다. 우리의 삶은 점점 상품화되고 공리와 영리의 경계선은 점점 허물어진다.

이제 기업은 고객을 감동시키는 서비스, 고객을 감동시키는 체험을 제공하면서 고객의 시간을 어떻게 해서든 많이 확보하려고 한다. 산업자본주의 시대에는 시장점유율을 높이는 것이 지상과제였지만 이제는 고객의 시간점유율을 높이기 위해 노력한다. 따라서 사이버시대에서 기업에게 중요한 것은 고객과 지속적인 관계를 맺는 것이다. 빠르게 변하는 사회에서는 기업들이 어떻게 해서든 고객의 관심과 시간을 많이 확보해야 한다. 그것이 생존의 관건이 되기 때문이다.

이에 '평생가치'의 개념이 대두된다. 물건을 거래하는 것은 일시적이며 대개는 일회적인 활동이다. 이제 기업은 마이크로소프트의 경우에서처럼 물건을 팔지 않고 그냥 준다. 일단 고객과 관계를 맺은 다음에는 서비스나 다른 영역의 접속에 대한 권리를 팔면서 고객의 시간을 장악해 나가는 것이다.

궁극적으로 "우리의 삶 자체가 상품으로 바뀌고, 우리는 우리 삶의 소비자가 되어 버린다." 접속의 시대에는 공간과 물자의 상품화를 넘어서 인간의 모든 경험과 시간, 삶 전체가 돈을 내고 체험하는 공연, 오락, 환상으로 판매된다. 이제 공동체는 우리가 스스로 만들어 가는 것이 아니라 돈을 주고 사는 것이 되었다. 이는 시장의 가치관이 일반인의 일상생활 안으로 깊숙이 침투했다는 것을 시사한다.

여전히 소유의 시대는 끝나지 않았을지니

오늘 우리의 세계는 원하는 모든 것들을 '소유'보다는 '접속권'의 형태로 포장하여 이에 대한 접근의 권리를 구입하는 사람들만 즐거움을 허용하는 '초자본주의'의 세계이다. 이 세계의 주체는 문화 상품을 생산하고, 분배하고, 평가하며, 입장권을 판매하는 거대한 네트워크이다. 무수한 사람들, 조직들이 네트워크의 사용권을 얻거나, 자격증을 따기 위해 광적으로 경쟁한다. 경쟁에서 승리한 사람들은 초자본주의가 제공하는 문화의 환상을 즐기지만, 탈락한 사람들은 여전히 매표소 주변에서 피곤한 생존 경쟁에 시달린다. 경쟁에서 살아남은 사람들조차 환각을 유지하기 위해 더 강력하고 짜릿한 문화상품을 준비해야 한다. 그렇지 않으면 그들의 네트워크는 하루아침에 모래알이 되기 때문이다.

현실세계를 둘러보면 여전히 접속과 무관할 뿐만 아니라 생계를 위한 소유조차도 힘겨운 80%의 인구가 있다. 소유하고 접속할 능력을 가진 20%가 나머지 80%와 맺고 있는 관계의 핵심은 역시 '소유'인 것이다.

우리 인류는 '사이버스페이스 안에서 살아가는 사람과 밖에서 살아가는 사람'으로 뚜렷이 나뉘어 교류가 불가능해지고, 네트워크를 장악한 소수의 거대한 다국적 기업들이 접속을 관리함으로써 인간 존재의 운명까지 좌우할지 모른다는 우려를 떠안을 수밖에 없는 입장이다. 소유가 사라지고 접속만이 남을 경우 개인의 자부심과 책임감이 약화되는 한편 타인에 대한 의존만 강화될 것이다.

새로운 경제에서 재산(지적 재산)을 장악한 공급자는 재산을 빌려주거나 사용료를 물린다. 또는 입장료, 가입비, 회비를 받고 단기간 사용할 수 있는 권리를 준다. 지적 자본이 새로운 시대를 이끌어 가는 원동력이 된다. 이제 부(富)는 물적 자본에서 나오는 것이 아니라, 인간의 상상력과 창조력에서 나온다. 공급자는 지적 자본을 단단히 거머쥔 채 제한적으로 임대하거나 사용권을 빌려 줄 뿐이다. 따라서 여전히 소유의 개념은 유효하다. 단지 공간이 바뀌었을 뿐이며, 더욱 복잡 미묘한 양상을 띨 뿐이다. 사이버공간은 지배의 새로운 공간이며, 착취의 새로운 공간으로 기능할 가능성이 다분하다.

디지털시대를 살아가는 방법

이 사회는 점점 더 시민적 가치보다는 기업적 가치관의 지배를 받고 있다. 우리 존재의 거의 모든 측면이 유료활동으로 바뀌면 궁극적으로 인간 그 자체도 상품이 되어 버리고 상업적 영역이 개인과 집단의 운명을 좌우하는 결정권을 쥐게 되기 때문이다.

이러한 상황에서 우리네 사용자들의 권리, 자유는 어떻게 될 것인가? 교육기회를 충분히 제공하여 모든 사람이 컴맹에서 벗어나고 사이버스페이스를 제약 없이 누비고 다닐 수 있게 한다고 해서, 입장료를 낼 수 있을 만큼의 적절한 수입과 생활수준을 보장하여 21세기 전자네트워크의 혜택이 누구에게나 돌아가게 만든다고 해서 풀릴 문제가 아니다.

접속의 시대는 '우리는 타인과 맺는 가장 기본적인 인간관계를 과연 어떤 방향으로 재설정하고 싶어 하는가'라는 근본적 물음으로 우리를 내몰 것이다. 접속이라는 것은 참여의 수준만이 아니라 참여의 유형을 결정하는 문제이기도 하기 때문이다. 그것은 단순히 누가 접속권을 얻느냐의 문제가 아니라 어떤 유형의 체험과 세계가 과연 접속할 만한 가치가 있고 추구할 만한 가치가 있는가를 따지는 물음이다. 21세기 우리가 만들어 나갈 사회의 성격은 이 답변에 좌우될 것이다.

언제나 실천은 옹색하고 초라한 법이다. 문제해결은 우리의 영원한 숙제로 남을지도 모른다. 그러나 꿈은 이루어지기 마련이고, 희망은 꿈꾸는 자의 몫이다.

미래 미디어라이프 전망

Future Exploration Network의 2008년 보고서는 오늘날 모든 비즈니스와 사회적 활동을 미디어의 한 형태로 정의했으며, 사회적 상호작용의 비율이 미디어 채널 전반에서 증가하고 있다고 분석하고 있다.

미디어와 콘텐츠에 대한 접근이 더욱 확대되어 정보와 엔터테인먼트에 대한 소비자의 욕구는 사실상 끝이 없다. 모든 연령대 사람들이 빈번히 텔레비전, 인터넷, 신문, 메신저 그리고 그 외의 다른 미디어를 동시에 겹쳐서 멀티미디어로 소비하는 것은 평범한 일상이다. 앞으로 평균 미디어 총 소비는 깨어 있는 시간을 초과할 것이고, 대부분 미디어는 부분적인 주목을 받으면서 광고 영향력은 감소할 것이다.

동시에 더 많은 미디어를 소비하기 때문에 현존하는 미디어 채널은 분화되고 새로운 채널도 신속히 추가되고 있다. 예컨대, 전보다 더욱 많은 텔레비전 채널을 시청하지만, 새로운 채널의 증가는 채널마다 더욱 시청 시간이 지속적으로 줄어드는 것을 의미하는 것이다. 인터넷과 모바일이 새로운 채널과 콘텐츠를 급증하게 만들면서, 수용자 집단은 더욱 작게 나누어지고 있다.

미디어는 항상 라이프사이클을 가지고 있다. 그러나 그것의 특징은 극적으로 변화하지 않는다. 새롭게 대두되는 미디어의 라이프사이클은 우리가 미디어를 소비하는 계속적인 콘텐츠의 흐름에 창조적 행위를 통해 개인이 참여하는 방법에 의해 추동된다.

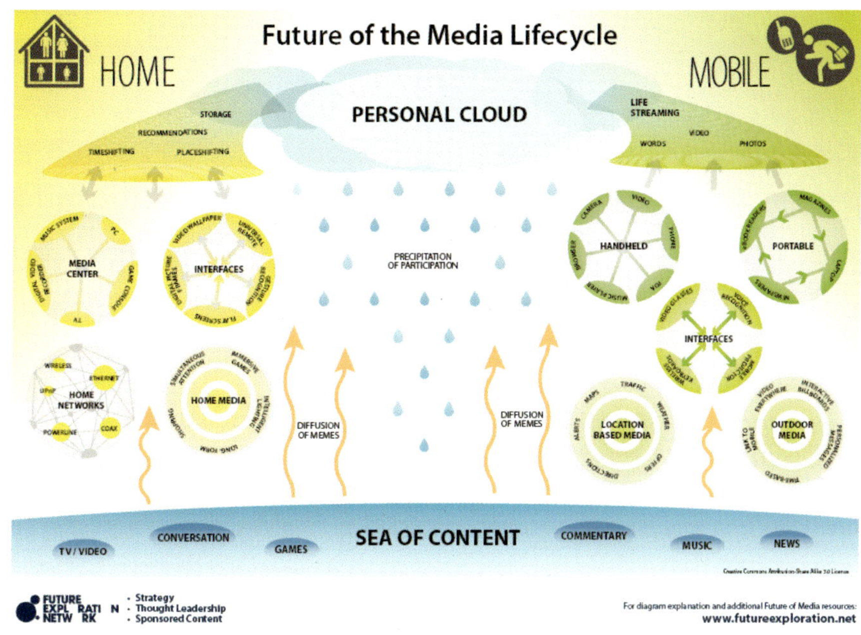

미디어 라이프의 미래 전경(출처: Future Exploration Network, 2008. 7.)

광대한 규모로 계속해서 증가하는 '콘텐츠의 바다(Sea of content)'는 비디오와 음악 그리고 뉴스와 논평, 이용자들 사이의 '대화(conversations)' 까지도 포함한다. 미디어 라이프사이클에서 가장 중요한 발전은 '퍼스널 클라우드(Personal cloud)'의 대두이다. 퍼스널 클라우드는 개인들의 모든 저장된 콘텐츠를 관리하는 장소를 의미한다. 퍼스널 클라우드를 통해 관리되는 콘텐츠에는 개인들이 검색 및 다운로드하였거나, 그들 스스로 창작한 모든 콘텐츠 이외에 의견(opinions), 평가(ratings), 추천(recommendations) 등이 포함된다. 퍼스널 클라우드는 그것을 '소유한 사람(owner)'에 의해 어느 곳에서나 접속이 가능하며, 그 일부분은 허락된 다른 사람들에 의해서 이용될 수도 있다. '콘텐츠의 바다'에서는 '퍼스널 클라우드'를 향해 '밈의 확산(diffusion of memes)'이 이루어진다.

사회관습 및 문화의 단위를 의미하는 '밈(meme)'은 미디어 라이프사이클을 통해 확산된다. 미디어는 많은 수용자를 가지고 있으며, 정보전

달거리도 넓다. 대부분은 아니다. 밈의 성공은 사람들이 수용하고 행동하는 방법에 의해 결정된다. 우리는 미디어 이용을 통해 콘텐츠 바다의 무한한 풀(pool)로부터 밈을 선택하고 있다.

미래에 대부분의 사람들은 단어, 사진, 비디오 등의 형태로 자기 일상의 특정 부분이나 거의 전체를 캡처(capture)받을 것이다. 이를 라이프 스트리밍(Life streaming)으로 규정할 수 있다. 사람들은 자신의 퍼스널 클라우드를 통해 캡처받은 데이터에 접근하고 그중 일부를 선택하여 이용하게 될 것이다. 또한 우리의 퍼스널 클라우드는 음악, 비디오, 그리고 그 밖의 콘텐츠를 저장하고 그것들을 언제 어디서나 원하는 시간과 장소에서 접속하여 이용할 수 있도록 하기 위해 폭넓게 사용될 것이다. 이에 더하여 우리의 퍼스널 클라우드는 우리의 미디어 이용습관을 파악하고 그에 알맞은 메뉴들을 이용자에게 권장할 것이다.

미래에는 퍼스널 클라우드를 통해 '참여의 촉진(precipitation of participation)'이 이루어질 것이다. 퍼스널 클라우드를 이용해 우리가 이미 소유하고 있는 콘텐츠 및 견해들(opinions)을 이용해 콘텐츠의 바다에 참여할 수 있다. 우리의 미디어 참여를 위한 두 개의 주요한 공간은 집과 모바일이다. 새로운 단말기들과 인터페이스 및 미디어들은 우리의 미디어 참여를 추동하고 있다. 미디어 참여를 위한 우리의 주요한 장소 중 하나는 집 안이다. 지난 몇 년 동안의 가장 중요한 트렌드 중 하나는 가족 구성원들 사이의 미디어 소비 패턴의 디버전스(divergence)이다. 미래의 가정은 미디어를 중심으로 디자인될 것이다.

미래의 가정은 '미디어 센터(Media Center)'로 기능할 것이다. 가정은 TV, PC, 게임 콘솔, 음악 등을 융합적으로 이용할 수 있는 허브로서 기능하게 될 것이다. 이 같은 융합의 승자가 누가 될지는 확실하지 않지만 융합으로의 이행은 확실하다. 가정에서의 우리의 미디어 경험은 음성과 몸짓의 인식 등을 포함하는 새로운 인터페이스를 통해 이루어질 것이다. 그리고 모든 방과 벽, 테이블, 계단 등에 설치된 스크린은 비디오, 인터넷 그리고 디지털 영상기기들과 연결될 것이다. 그리고 집 안 내부의 벽은 비디오 벽지(video wallpaper)로 대체될 것으로 예상된다. 가정 내부 미디어의 핵심적 특징 중 하나는 멀티미디어로서 기능한다는 점이다. 3D TV, 서라운드 스크린, 그리고 게임용 고글과 글러브 및 기타 장비들과 연동되며 풍부한 인터페이스를 제공한다. 또한 가정 내부의 미디어는 조명기구와도 연결될 것이다. 이 밖에 가정에서는 이 같은 미디어를 이용하여 활발한 상호작용이 보장되는 홈 쇼핑을 즐길 수 있게 될 것이다. 홈 미디어 융합은 연결성과 통합을 요구한다. 현재의 플랫폼들은 이더넷(Ethernet), 초고속광대역망, 와이파이 등 무선 네트워크 등 다양한 네트워크의 융합을 추진하고 있다. 각 기술표준이 다양한 단말기들도 융합을 위해 연동성이 확보될 것이다.

우리는 많은 시간을 직장이나 자동차, 공항, 거리 등 집 밖에서 보내고 있다. 하지만 이제 우리가 집 밖에서 보내는 시간 동안 집에서만큼이나 자주 미디어를 이용하게 되었다. 우리의 손 안이나 주머니에 들어갈 정도로 작은 크기의 단말기들은 단순한 휴대전화나 카메라 등의 기능을 초월하며 이메일, 비디오 등의 기능도 보유하고 있다. 이 같은 다양한 단말기들이 진정한 모바일미디어의 형태로 융합되고 있다. 이 융합에서의 승자는 현재의 사업자들의 폭넓은 조합으로부터 대두될 것이다. 핸드헬드 미디어와 더불어 우리는 포터블 비디어 단말기를 자주 이용하고 있다. 신문과 잡지는 전통적인 포터블 미디어이다. 휴대용 컴퓨터인 랩톱(Laptops)과 휴대성이 급격하게 증가된 단말기 등 이미 다양한 모바일미디어들이 대두되고 있다. 인쇄미디어는 e북(ebook)이나 e페이퍼(e-paper) 단말기 등으로 대체되고 있다.

모바일미디어 이용에 있어서의 주요한 장애물은 우리가 가지고 이동하는 데 용이한 단말기의 사이즈이다. 비디오 글래스들(Video glasses)과 모바일 프로젝터들(mobile projectors)은 우리가 이동하는 어느 곳에서나 커다란 스크린을 통한 미디어 경험을 제공한다. 무선 키보드와 음성인식기술은 이동하면서 이 같은 단말기를 이용할 수 있도록 돕는다.

　　위치와 관련된 정보를 지원하는 미디어들도 증가하고 있다. 특히 우리가 여행이나 운전을 할 경우, 그리고 기차나 비행기의 운행 스케줄을 확인하고 표를 예매할 때 위치와 관련된 정보들이 효과적으로 활용된다. 지도 및 방향정보와 이동성 등과 관련된 지역 정보 등은 자동적으로 제공될 것으로 전망된다. 그리고 이 같은 정보를 선택한 사람들은 지역의 광고주들로부터 적절한 보상도 받게 될 것이다.

미래의 미디어전경

　　미래의 미디어는 곧 우리가 움직이는 어디에서나 볼 수 있게 될 것이다. 우리는 비디오가 광고게시판이나 도로, 카페의 테이블, 버스 등 어디에나 존재하게 될 것이라고 예상할 수 있다. 우리의 성별(gender)이나 연령, 직업 및 소득수준 등에 기초한 개인화된 광고를 제공하게 될 것이다. 또한 광고의 실행은 지역이나 해당 시간대의 특성을 중요하게 고려하게 될 것이다. 광고는 점점 더 모바일미디어 콘텐츠들과 연동될 것이다. 따라서 광고뿐 아니라 소비자에게 매력적인 다양한 콘텐츠들이 광고게시판과 같은 아웃도어 미디어를 통해 제공될 것으로 예상된다.

　　이 같은 미래전경에 대응한 비즈니스 전략은 세 가지로 요약된다. 첫째, 비즈니스 공간을 정의하라(Define your space). 제공하고자 하는 소비자 경험을 정의하고, 어떤 요소가 필요한지, 이러한 요소를 제공하기 위해서는 누구와 협력해야 하는지를 결정해야 한다. 둘째, 비즈니스 공간을 재정의하라(Redefine your space). 정보와 가치의 흐름에 변화를 주는 영향요인은 무엇인지를 찾아내고, 소비자 경험을 어떻게 재결정할 것인지, 경쟁력 있는 요소는 무엇인지를 찾아내 현재의 포지션에서 새로운 수익원(혹은 가치원천)으로 나아갈 수 있는 방법을 모색해야 한다. 셋째, 재포지셔닝하라(Reposition). 내적 역량 구축, 기존 비즈니스 활동 확보, 콘텐츠 혹은 테크놀로지 라이선스, 능력 있는 회사들과의 협력체계 구축, 비즈니스 활동의 아웃소싱 등을 포함한다.

경제구조의 흐름은 정보와 아이디어의 흐름을 기반으로 한 모든 활동을 포함하고 있다. 표준(Standards), 관계(Relationships), 연결성(Connectivity), 인터페이스(Interfaces), 콘텐츠(Content) 그리고 서비스(Services)와 같은 여섯 가지 요소는 소비자에게 가치를 전하기 위해 요구되는 것들이다. 각 요소들은 독립적인 비즈니스에 이용될 수 있다. 그러나 가장 가치 있는 것은 이 요소들이 어떻게 결합됐느냐에 있다. 경제흐름에서 전략의 핵심은 고부가가치 전략 포지션으로 이동하기 위해 현재의 강점에 영향을 주는 것이다. 전망이 변화하고 발전하기 때문에 새로운 포지셔닝은 지속적인 과정이다.

2.0 패러다임에 대한 성찰

바야흐로 2.0이 대세다. 누구나 2.0을 슬로건으로 내건다. 웹2.0, TV2.0, 신문2.0, 음악2.0, 영화2.0, 광고2.0, 드라마2.0, 미디어2.0, 출판2.0, Search2.0 등 모든 게 2.0이다. 거의 모든 분야, 거의 모두가 2.0을 경쟁적으로 외쳐대고 있다.

2.0이라는 화두는 가히 쓰나미 같은 대단한 파급력을 보여 준다. 모든 단어에 2.0이 붙어 신조어가 만들어졌고, 소프트웨어를 비롯한 대다수의 애플리케이션은 웹2.0과 연동 또는 호환이 가능하도록 프로그래밍되고 있다. 웹에서 시작된 2.0 콘셉트가 다양한 영역으로 그 범위를 넓혀가고 있다.

2.0, 너의 정체를 밝혀라

도대체 2.0이란 무엇인가? 간단한 질문에 쉽게 대답이 나오지 않는다. 우물쭈물 설명이 많아진다. 대답이 길어지는 것은 분명한 답이 없기 때문이다.

웹이 일반인을 상대로 서비스되기 시작한 시기를 1990년대 초로 보면 벌써 15년도 더 지난 일이니 그 사이 통신 속도의 증가와 무선 기술의 개발 등 엄청난 기술적 발전이 있었던 것은 사실이다. 하지만 웹2.0은 단순히 기술의 발전을 가리키는 용어가 아니다.

1993년 4월 웹이라는 새로운 길이 열리자 기술력과 패기로 뭉친 젊은 개척자들이 금광을 캐기 위해 모험에 나서기 시작했고 이들을 따라 자본도 몰려들었다. 이러한 '골드러쉬' 속에서 나스닥 지수는 한때 5,000 선을 넘나들기도 했지만 2002년 10월에 이르러 1,114포인트까지 폭락하고 만다. 80%의 자본이 흔적도 없이 증발한 것이다.

이른바 '닷컴버블'의 붕괴로 불리는 이러한 혹독한 지각 변동 속에서도 살아남은 기업들이 있었으니 우리가 익히 알고 있는 구글, 야후, 아마존 등이 그것이다. 2004년 미국의 IT 전문 출판 미디어인 오라일리(O'Reilly)사는 "닷컴 붕괴에서 살아남은 인터넷 기업들의 성공요인에는 어떤 공통점이 있다."며 콘퍼런스를 제안했는데, 이 콘퍼런스의 이름이 바로 '웹2.0 콘퍼런스'였다. 이에 웹2.0은 닷컴버블의 붕괴로부터 살아남은 기업들이 공통적으로 추구했던 가치, 즉 공유, 참여, 개방 등이 새로운 가치로 자리 잡은 시대적 흐름을 가리키는 용어를 지칭한다.

사실 웹2.0이란 단어는 2000년 후반에 들어선 새로운 용어가 아니다. 게시판, PC통신, 카페, 동호회 홈피, 블로그까지 참여, 공유 등 웹2.0 정신에 입각한 툴은 많았다. 지금까지 성공한 사이트 툴이 참여, 공유, 개방이 빠져 있었던가 생각해 보면 그렇지 않았다고 반문하기도 어렵다. 따라서 웹2.0은 기술이 아니라 트렌드이다. 여기서 부각되는 기술이라 봐야 이미 존재하고 있었던 기술들이다. 이들 기술들은 웹이 원래 목적하던 상호 호환성, 분산과 공유를 자유롭게 하기 위한 주목받는 새로운 웹 기술들을 기반으로 한다.

버블2.0, 예언과 현실 사이

웹2.0이 거품이라는 지적이 적지 않다. 수많은 중소업체들이 멋진 아이디어로 웹사이트를 구축하고 이를 마케팅하면, 많은 수익이 창출될 것으로 기대한다. 그러나 여태 성공스토리는 별로 들리지 않는다. 웹2.0이 참여, 지성과 함께 부의 공유도 결과해 줄 것 같았지만 현실은 그렇지 않다. 결국 문제는 얼마나 많은 사람들이 그것을 쓰고 있느냐이다. 그리고 그것이 어떤 수익을 가져다주느냐이다.

2007년 10월 영국의 시장조사 기관 오범(Ovum)은 웹2.0 붐을 웹1.0 붐과 비교한 뒤, 웹2.0을 '버블2.0'이라고 정의하는 요지의 보고서를 발표했다. 이 보고서에 따르면 웹2.0에 투자하는 방식이 웹1.0 때와 꼭 닮아 있다는 것이다. 또 웹2.0 기업에 대한 무리한 고평가는 웹2.0 수익모델인 광고에 대한 거품으로 이어지고 있다는 것이 오범의 분석이다.

웹, IT 분야에서 나온 수많은 예언들, 당시 충격받았던 많은 예언들은 보기 좋게 거짓말이 됐다. 2000년 CD롬이 오프라인 서적을 대체할 것이란 예언은 몇몇 시도 끝에 무참히 깨졌고, 인터넷 신문이 오프라인 신문을 장악할 것이란 예언은 가장 큰 오류였다.

참여, 공유, 개방이라는 광고 캠페인 같은 용어들이 전면에 배치되다 보니, 모호한 희망을 지향하는 것으로 읽힌다. 이렇다 보니 어떻게 적용하는지, 구체적인 수익모델은 무엇인지, 그 실체를 규명하기 어려운 게 사실이다.

한국사회 2.0의 실체

지난 몇 년간 IT강국을 천명해 왔지만, 정작 우리나라는 2.0 패러다임을 수용할 수 있는 마인드와 인프라가 척박하다. 특히 국내 인터넷 시장과 흐름이 '참여·개방·공유'를 모토로 하는 웹2.0과 배치되는 방향으로 나가면서 2000년 초반 인터넷 강국으로 꽃폈던 우리나라가 인터넷 약소국으로 전락할 위기에 내몰리고 있다는 우려의 목소리가 높다.

국내에서 웹2.0은 블로그와 동영상, 이 두 가지가 전부라고 해도 과언이 아니다. 일반 네티즌에게 한국의 웹2.0 서비스는 전혀 매력을 주지 못할뿐더러 관심 밖의 서비스인 것이다. 이것이 바로 국내 웹2.0 서비스의 현실이다.

이러한 현실의 배경에는 대형 포털의 폐쇄형 구조가 자리한다. '개방'을 지향하는 2.0과 크게 상반되고 있다. 국내 인터넷 생태계는 소수 업체 위주로 독과점이 심해지면서 발전적인 인터넷 진화를 가로막고 있다. 극소수 기업이 시장을 독식하면 건전한 인터넷 생태계는 왜곡될 수 있다.

2.0 패러다임의 모토 중 하나인 '공유'도 국내 시장에서는 왜곡해서 전해지고 있다. 대표적인 게 'P2P' 사이트다. P2P는 개인의 각종 콘텐츠를 자유롭게 공유할 수 있는 인터넷 공간을 말한다. 하지만 이곳은 건전한 방향으로 콘텐츠를 유통해 생산적인 채널로 이용되기보다는 저작권 침해 소지가 높은 콘텐츠나 불법 복제물이 범람하고 있다. P2P와 관련해서는 이를 운영하는 사업자에게도 문제가 있지만 그만큼 디지털 콘텐츠를 이용하는 네티즌 마인드도 성숙되지 않았다는 비판이 끊임없이 제기되는 상황이다.

'참여' 문화도 마찬가지다. UCC 사례가 대표적이다. 개인이 자유롭게 만드는 UCC는 웹2.0 현상을 대변하는 현상으로 이미 인정을 받았다. 그러나 국내에서는 UCC 저작물의 70% 정도는 순수 창작물이기보다는 기존 동영상 파일을 편집하거나 수정해서 배포하는 등 순수 창작물로 보기 힘든 저작물이 범람하고 있다.

덧붙여 웹2.0은 또 다른 문제점들을 양산해 새로운 고민거리를 던져 주기도 했다.

우선, 정보의 홍수에 따른 악화의 양화 구축현상을 지적할 수 있겠다. 클릭 수를 늘리기 위해 자극적인 UCC 콘텐츠(집단구타 동영상, 성희롱 자작극 동영상, 성인용 동영상 등)나 연예가 뉴스가 성행한다. 단순 콘텐츠의 범람에 따른 웹트래픽 과부하로 자원의 불필요한 소모 역시 부작용이다. 집단지성의 오용과 위기도 문제다. 일부 기업 또는 대중에 의해 행해지는 추천 수 조작 사건은 심각한 우려를 낳게 한다. 익명성 뒤에 숨은 이용자의 아마추어리즘, 집단적 광기와 비도덕성 역시 문제이다. 또한 개방 및 공유에 따른 저작권 시비문제 역시 심각하게 대두되는데, 특히 뉴스, 동영상, 음악파일 등에서 그러하다.

버블2.0을 당하지 않으려면 ……

인터넷을 통해 참여, 공유, 개방이라는 정신을 구현하고 발전시킴으로써 개인의 권리와 지향, 가능성이 상승하고 다수 대중이 참여한 집단지성이 일부 공급자나 엘리트들의 의도보다 훨씬 창조적이며 역동적인 결과를 낳는다는 것이 웹2.0 현상의 요체다. 그런데 이러한 현상을 조직에서든 생산에서든 마케팅에서든 가장 발 빠르게 구현하고 그 과실을 따 먹는 것은 다시 기업이다.

그렇다면 2.0 기업은 1.0 기업이 밟았던 전철을 피해 갈 것인가. 그리하여 승승장구하며 끝없이 영향력을 넓혀 갈 것인가. 전혀 그렇지 않을 개연성이 더 높다. 기술적인 변화, 즉 네티즌이 참여할 수 있도록 사이트 자체를 개방된 플랫폼화하고 소스를 공개하여 이용자가 변화를 줄 수 있게 하고 생산수단이라 할 수 있는 웹 저작도구들(웹 카메라, 멀티미디어 도구 등)이 낮은 가격에 대중적으로 보급된 이 모든 기술적 진화는 물론 1.0 시대에 비해 더 많은 대중 참여를 가능하게 했다. 또한 대중의 참여는 기업 혁신을 재촉하고 단순한 소비자가 아닌 생산적 소비자(프로슈머)화하면서 기업을 풍부히 만드는 요인이 되었다. 이런 점에서 2.0 기업의 지속적 성장은 보장된 것처럼 보인다.

그러나 우리는 기술 외의 또 다른 요인, 즉 인간의 인식과 요구, 지향의 변화, 발전이라는 점을 간과해서는 안 된다. 인간의 창조적 요구는 끝이 없다. 대중은 천편일률적으로 찍어 내는 대량 생산물의 일방적 소비자로 만족하지 않듯이 질적인 제품, 차별화되고 맞춤화된 서비스를 요구하는 프로슈머에 만족하지 않는다. 대중은 기업에 아이디어를 주고 조언하는 데 그치는 것이 아니라 직접 생산의 대부분을 기획하고 관장하는 존재로 더 나간다. 결국 대중은 모든 생산과정과 커뮤니케이션을 스스로의 뜻대로 계획하고 주도하고자 할 것이며, 기업은 내부의 핵심 의사결정과 수익모델에 대해서는 보이지 않는 성역을 구축하고 독점 이윤을 행사하고자 할 것이다. 이 둘 간의 역학관계가 어떻게 결정되느냐에 따라 2.0 기업의 생존 유무 및 지속성장의 정도가 결정될 것이다.

사실 2.0 콘셉트는 오래된 미래다. 역사에서 찾은 미래이며, 본질에서 찾은 성공 전략이다. 2.0이 궁극적으로 건드리는 영역은 너무나 사회적이고 철학적이다. 2.0을 신기술이나 새로운 혁명으로만 포장한다면 결국 또다시 실망하게 될 것이다.

웹2.0이라는 용어로 시작된 2.0 바람은 이제 패러다임으로 하나의 시대적인 추세를 만들고 있다. 분명 그것은 시대의 흐름을 반영하는 것일 수밖에 없다. 2.0을 단순히 숫자가 하나 더 추가된 것으로 이해해서는 결코 안 된다. 2.0 패러다임은 이제 개인뿐만 아니라 사회, 국가의 변화를 요구하고 있기 때문이다.

새로운 패러다임에 맞는 준비를 하지 않을 경우 개인이나 사회, 국가의 존재는 미약해질 수밖에 없다. 2.0 패러다임에 유연하게 대처하지 못한다면 개인적으로나 사회, 국가적으로 지속성장을 담보할 수 없는 국면인 것이다.

미디어 – 콘텐츠2.0 패러다임을 성찰해야 하는 이유가 바로 여기에 있다.

김원제

▌약 력

중앙대학교 대학원에서 언론학 석사학위를 받았으며, 성균관대학교 대학원에서 언론학 박사학위를 받았다. 현재 (주)유플러스연구소 대표연구원(연구소장), 한국문화콘텐츠기술학회 이사, 사이버문화콘텐츠아카데미 책임교수를 맡고 있으며, 성균관대 대학원 등에 출강하고 있다.

▌저 서

≪감성펀치≫(2008, 공저), ≪리스크 커뮤니케이션과 위기관리 전략≫(2008, 공저), ≪미디어 스포츠 그리고 사회≫(2008, 공역), ≪디지털미디어 길라잡이≫(2007), ≪퓨전테크 그리고 퓨전비즈≫(2007, 문화관광부 교양도서), ≪대한민국은 지금 체험지향사회≫(2006, 공저), ≪스포츠코리아≫(2006), ≪호모미디어쿠스≫(2006), ≪위험보도≫(2006, 공역), ≪문화콘텐츠 블루오션≫(2005, 공저), ≪미디어스포츠 사회학≫(2005), ≪위험커뮤니케이션과 위험수용≫(2005, 공편), ≪유비쿼터스사회와 방송≫(2005, 공저) 등이 있다. 과학기술부장관상(2004), 문화관광부장관상(2005) 등을 수상했으며, 월간 『프린팅코리아』에 디지털문화칼럼을 쓰고 있고, 뉴미디어제작정보시스템(www.mediaguide.or.kr)에 미디어콘텐츠 칼럼을 싣고 있다.

(주)유플러스연구소(www.upluslab.com)는 미디어·콘텐츠, IT·유비쿼터스 관련 비즈니스 및 정책분야를 중심으로 연구조사 및 컨설팅을 제공하는 전문연구소다.

콘텐츠 실크로드
미디어 오디세이

초판인쇄 | 2009년 7월 31일
초판발행 | 2009년 7월 31일

지은이 | 김원제
펴낸이 | 채종준
펴낸곳 | 한국학술정보(주)
주　소 | 경기도 파주시 교하읍 문발리 파주출판문화정보산업단지 513-5
전　화 | 031) 908-3181(대표)
팩　스 | 031) 908-3189
홈페이지 | http://www.kstudy.com
E-mail | 출판사업부　publish@kstudy.com

등　록 | 제일산-115호(2000. 6. 19)
가　격　32,000원

ISBN　　　　　　　　　　　(Paper Book)
　　　978-89-268-0221-2 18300(e-Book)

이담Books 는 한국학술정보(주)의 지식실용서 브랜드입니다.